本书出版受到国家社科基金青年项目 2019 – SKJJ – C – 100 和国家社科基金重大项目 2019 – SKJJ – A – 010 支持

国防部门预算的非正式制度研究

王　哲　祁智宏　著

中国财经出版传媒集团
中国财政经济出版社

图书在版编目（CIP）数据

国防部门预算的非正式制度研究 / 王哲，祁智宏著. ——北京：中国财政经济出版社，2020.9
ISBN 978－7－5095－9968－6

Ⅰ.①国… Ⅱ.①王… ②祁… Ⅲ.①国防预算－研究 Ⅳ.①F810.454

中国版本图书馆 CIP 数据核字（2020）第 158899 号

责任编辑：蔡　宾　　　　　责任校对：胡永立
封面设计：陈宇琰

国防部门预算的非正式制度研究
GUOFANG BUMEN YUSUAN DE FEIZHENGSHI ZHIDU YANJIU

中国财政经济出版社 出版

URL：http://www.cfeph.cn
E－mail：cfeph@cfeph.cn

（版权所有　翻印必究）

社址：北京市海淀区阜成路甲 28 号　邮政编码：100142
营销中心电话：010－88191522　编辑部门电话：010－88190666
天猫网店：中国财政经济出版社旗舰店
网址：https://zgczjjcbs.tmall.com
北京财经印刷厂印刷　各地新华书店经销
成品尺寸：175mm×240mm　16 开　15 印张　244 000 字
2020 年 12 月第 1 版　2020 年 12 月北京第 1 次印刷
定价：50.00 元
ISBN 978－7－5095－9968－6
（图书出现印装问题，本社负责调换，电话：010－88190548）
本社质量投诉电话：010－88190744
打击盗版举报热线：010－88191661　QQ：2242791300

摘　要

在国防和军队深化改革过程中，国防预算制度体系也面临整体重塑。国防预算制度由正式制度和非正式制度组成，它们相互作用，共同决定和影响国防预算管理与改革过程。国防预算非正式制度和正式制度应当相互协调支持，原因在于，虽然正式制度是国防预算治理的最重要依据，但广泛存在的非正式制度是产生和实施正式制度的基础。如果它们不协调、不均衡，就会导致制度冲突并降低国防预算的制度绩效。国防部门自2001年进行预算编制改革以来，在预算编制、执行和监管等过程中建立健全了大量正式制度，有效提升了预算管理的科学化、精确化、规范化程度，但是我们对预算非正式制度及由此引致的非正式预算问题还不够重视。当前，我们面临的挑战是，对自发演化的国防预算非正式制度而言，它的变革速度滞后于正式制度的强制性变革速度。二者不相协调会导致国防预算非正式制度与正式制度相混同，大量原本应由正式制度调节的国防预算活动却由非正式制度主导，许多理论上设计很好的预算正式制度并不能充分释放应有的制度绩效。

本书认为，当前国防预算管理处于"双进程"演进阶段，一方面正从"前预算时代"加快向"预算时代"演进，目的是建立和完善一种控制导向的预算模式；另一方面，在一些领域中国防预算也在从"预算时代"向"超预算时代"转型，以相关文件明确的绩效管理改革为标志，目的是建立一种结果导向的预算模式。在这种"双进程"演进过程中，国防预算非正式、正式制度不相协调甚至冲突的问题更为突出，影响了预算制度绩效。国防预算非正式制度对正式制度的影响有修改、支持、补充、替代以及扩展等几类。主要表现有：一些预算活动虽然应由正式制度来规范，但由于制度环境和实施机制有问题，人们倾向于遵守约定俗成的非正式制度；一些预算活动本应由正式制度来规范，但是由于制度界定模糊或制度空白，只能由非正式制度调节；有的预算正式制度因为缺乏对应的非正式制度作支撑，所以在实施过程中被扭曲，等等。这些问题表明，国防预算管理和制度改革进行中，需要重视非正式制度现象，处理好与正式制度的关系。

国防预算中的非正式制度现象是本书的切入点，通过分析非正式制度形式及与正式制度相互作用，探讨协调国防预算非正式制度与正式制度关系的方法，以提升国防预算制度绩效。在行文安排上，本书先介绍研究的理论基础，然后通过研究国防预算权力结构、预算关系和绩效改革三方面对国防预算非正式制度进行现实分析。之后，本书着眼于协调国防预算中正式制度和非正式制度的关系，对国防预算正式制度和非正式制度的一般均衡进行逻辑分析，提出国防预算应采用整体性治理的对策措施。具体如下：

第一部分包括绪论及第一、二、三章，提出国防预算中非正式制度问题。绪论梳理了有关预算非正式制度的研究文献，认为预算非正式制度以及由此产生的非正式预算是国防预算研究中的薄弱环节。第一章是研究的理论基础，提出本书将基于经济学、公共行政学等多学科的综合视角。第二章回顾了国防预算改革历程，提出国防预算正处于双进程演进阶段，这个过程中预算非正式制度作用凸显。国防预算非正式制度的理论分析安排在第三章，梳理了预算非正式制度的七类形式，区分了其与国防预算正式制度的关系。以上分析表明，国防预算非正式制度不仅广泛存在，而且与正式制度联系紧密。

第二部分为第四、五、六章，作为现实分析，从预算权力结构、预算关系和绩效改革三方面刻画了国防预算非正式制度的形式及与正式制度的相互作用。第四章以财务部门为中心分析国防预算权力结构，梳理了决策过程和预算过程分离、预算零碎化、监督问责失效等导致的非正式预算问题。第五章研究了财务部门、支出部门和党委的两两关系，描述了各预算主体可能采取的策略行为。第六章研究了国防预算绩效管理，认为由于非正式制度与正式制度不适应导致绩效预算管理是长期坚持的目标，但当下不能很快建成。

第三部分为第七、八、九章和结束语。第七章是国防预算正式制度与非正式制度均衡的逻辑分析，提出了一个认知国防预算非正式制度的综合性解释框架。以此为基础，第八章提出国防预算应采用整体性治理策略，在日常管理中建立起首尾相连的闭环管理模式；在预算改革中采用抑制各种机会主义行为的机制，积累和强化正式制度，从而逐步替代或调整不相适应的预算非正式制度。第九章是整体性治理的具体对策，提出了优化预算权力结构配置、整合政策制定过程与预算制定过程、建立中期管理模式、改进预算技术、扩大预算民主和预算参与等具体措施。最后是全书结束语。

本书的主要创新点：一是从分析预算非正式制度和正式制度相互作用出发，建立了一个解释国防预算运行过程的框架，研究了国防预算非正式制度对正式制度的修正、支撑、补充以及扩展等关系，为解释国防预算管理及制度改革提供了一个比较完整的分析思路。二是通过研究非正式制度的作用形式，本书提出国防预算正处于"双进程"演进阶段。对国防预算在"双进程"演进阶段由于不同属性和价值追求导致的预算管理问题，本书提出了一个基于预算非正式制度与正式制度相互冲突、相互作用的解释路径。三是本书建立了一个分析国防预算制度系统从局部均衡，到非正式与正式制度实现一般均衡状态的分析框架，提出通过适应相对价格变化和强化正式制度刚性等措施，实施预算整体性治理策略，促进正式制度和非正式制度相互匹配、协调，不断深化国防预算制度改革。

关键词： 国防预算　非正式制度　正式制度改革

ABSTRACT

Budgeting institution system includes formal and informal institutions, and they should work cooperatively to boost defense budgeting management and reform. This is especially true in defense budgeting area because although formal institution is the basic accordance of management, informal institutions exist everywhere and are the foundation of formal institutions. If there is any conflict between them, a deduction of budgeting work – performance can be expected. Ever since launching budgeting method reform in 2001, plenty of formal institutions which concern budget drafting, execution and regulation have been established and as a result, defense budget have been improved to be more scientific, accurate and normative. As investigation shows, too many informal institutions exist in defense budgeting system but we still don't pay enough attention to them. The problem is informal institutions can only evolve by selves, and have lagged behind of formal institutions which can be changed by one night. This discordant situation has caused a replacement of formal institutions by informal institutions, which means lots of theoretically well – designed institution cannot achieve deserved results.

Defense budgeting is undergoing a "dual – stage". For one thing, it is changing form "pre – budgeting era" to "budgeting era", aiming at a control – oriented mode, and for another thing, in some specific area, defense budgeting is changing form "budgeting era" to "super – budgeting era", aiming at a result – oriented mode like performance budgeting. During this "dual – stage", the conflict between formal and informal institutions cannot be neglected. The influence of informal institutions on formal ones includes support, revision, substitution, supplement and extension. Some examples are as follows. Although we may have established relative formal institutions to regulate budgeting behaviors, these formal institutions lack constraining – force, and departments tend to abide by informal institutions. Some budgeting behaviors should be regulated by formal institutions but if there are no such regulations, informal institutions would dominate. Sometimes formal budgeting institutions lack coordinative informal institutions to support and thus would go to wrong way when enforced. These problems reveal that we should coordinate formal and informal institutions during defense budgeting management and reform.

Informal institutions in defense budgeting is the breakthrough point of this paper. By analyzing its form and interaction, the paper aims at coordinating the relationship between formal and informal institutions so as to improve the whole performance of defense budgeting. This paper firstly put forward the theory foundation and analyzed the budgeting right structure, budgeting relationship and the reform of performance budgeting. Then the paper makes a logical analysis of coordinating formal and informal institutions, and put forward aholistic governance mode.

The first part of the thesis, which includes introduction and chapter 1 to 3, makes a theoretical analysis of informal institutions. The introduction, by analyzing present thesis on public budget and defense budget, makes it clear that informal institutions and its result, informal budget, are the main factors influencing the institution transition of defense budget. However there is still no systematic analysis of these problems. Chapter 1 is about the theoretical foundation of the thesis, as they are informal institutions theory by neo – institutional economics, modern public budgeting theory and modern public administrative theory. The research of this thesis will be based on the science of economics, public financing, public administration, management and laws. Chapter 2 introduces the progress of defense budget reform and its on – going way. It put forward that the reform of defense budget follows a combined way with the combination of incrementalism and rationalism. We have to pay more attention to informal institutions. Chapter 3 makes a theoretical analysis of informal institutions in defense budgeting by defining informal institutions and discussing its seven types. Also this chapter discusses the relationship between formal and informal institutions. Overall, the first part tells us informal institutions are quite common in

ABSTRACT

defense budgeting and exerts a large influence of the transition of defense budgeting system.

Part two contains from chapter 4 to 6. This part concerned about the investigation of informal institutions forms in defense budgeting. Chapter 4 discusses the power structure of defense budgeting, and finds that certain problems, as the function of financial department is weaken, policy – making and resource allocation are not connected and the controlling and supervising of budget is out of power. Chapter 5 discusses budgeting relationships. This chapter thoroughly presents the relationship and budgeting strategy between financial departments, spending departments and Party committee. In chapter 6, performance budgeting is discussed. According to analysis, the most appropriate choice for defense department is taking performance budget as a long – run aim, not a practical choice now.

Partthreecontains chapter 7 to 9 and summarization. Chapter 7put forward a comprehensive explanation framework, and then makes logical analysis of the equilibrium of formal and informal institutions. Theoretical solutions are proposed in chapter 8, which is holistic budgeting governance. This method means we should establish a recycling budgeting circle in daily management, and for budget evolution, we should design and enforce formal institutions carefully to replace informal institutions gradually. Based on holistic governance, practical recommendations are contained in chapter 9. We should take account of annual budget and mid – term budget, budget skill and budget policy – making, as well as budget supervision and accountability. These proposals including optimizing the budget power structure, integrating policy making procedure and budgeting making procedure, establishing mid – term budget model and implementing Participatory Budgeting to improve budget democracy. The last part is a summarization of the whole thesis.

The innovation points of thethesis are as follows. Firstly, the paper established a whole framework to analyze defense budgeting process from a perspective of formal and informal institutions interacting. By doing so, readers may understand how informal institutions support, change or substitute formal institutions and have a better comprehension of the present stage of defense budgeting reform. Secondly, by researching informal institutions, this paper found that defense budgeting is undergoing a "dual – stage", which may lead to different understanding and conflicted value pursuing. The conflicts between formal and informal institutions can be explained by this dilemma. Thirdly, by analyzing shifting the defense budgeting system form partial equilibrium status to a general equilibrium status, the paper proposed we should enhance holistic – governance to tighten the enforcement of formal institutions, and promoting the adaptability of formal and informal institutions.

Key Words: defense budgeting, informal institution, formal institution, reform

目　　录

绪　论 …………………………………………………………（1）

第一章　国防预算非正式制度研究的理论基础 ……………（19）

第一节　非正式制度基本理论 ………………………………（19）

第二节　现代公共预算理论 …………………………………（24）

第三节　现代公共行政管理理论 ……………………………（26）

第四节　以综合视角研究国防预算制度 ……………………（29）

小　结 …………………………………………………………（34）

第二章　国防预算制度改革发展的历程 ……………………（35）

第一节　现代公共预算发展的一般经验 ……………………（35）

第二节　国防预算制度改革发展的主要历程 ………………（39）

第三节　国防预算制度的特征 ………………………………（44）

第四节　国防预算制度改革发展的模式 ……………………（48）

第五节　国防预算改革发展凸显非正式制度问题 …………（51）

小　结 …………………………………………………………（53）

第三章　国防预算非正式制度的理论分析 …………………（54）

第一节　国防预算非正式制度的含义 ………………………（54）

第二节　国防预算非正式制度的研究视域 …………………（57）

第三节　国防预算非正式制度问题的重要性 ………………（61）

第四节　国防预算中的非正式制度表象分析 ………………（65）

第五节　国防预算非正式制度的分析框架 …………………（69）

小　结 …………………………………………………………（71）

第四章 国防预算中的权力结构与非正式制度 （72）

    第一节 财务部门的职能与预算权力 （73）
    第二节 决策过程与预算过程相分离 （78）
    第三节 相对乏力的预算控制能力 （82）
    第四节 不够健全的预算监督机制 （88）
    第五节 对公共部门核心预算机构及其权力的考察 （93）
    第六节 以零基预算实践为例分析非正式制度 （97）
    小　结 （103）

第五章 国防预算中的预算"关系"与非正式制度 （105）

    第一节 财务部门和党委的关系 （105）
    第二节 财务部门和事业部门的关系 （110）
    第三节 党委和事业部门的关系 （115）
    第四节 以某演习项目的预算管理为例分析非正式制度 （121）
    小　结 （125）

第六章 国防预算绩效管理改革与非正式制度 （126）

    第一节 绩效预算管理的发展历程 （126）
    第二节 新绩效预算的根本特征 （129）
    第三节 国防预算实施绩效管理的困难 （132）
    第四节 非正式制度与正式制度的龃龉之处 （135）
    第五节 绩效管理要协调正式与非正式制度关系 （138）
    小　结 （143）

第七章 国防预算制度系统的一般均衡分析 （144）

    第一节 国防预算治理的一个综合性解释框架 （145）
    第二节 对国防预算非正式制度现象的解释 （152）
    第三节 国防预算正式与非正式制度的非均衡分析 （158）
    第四节 国防预算制度系统的一般均衡分析 （161）
    小　结 （164）

第八章 国防预算非正式制度的整体性治理思路 (166)

- 第一节 国防预算为何采用整体性治理 (166)
- 第二节 国防预算整体性治理的要求 (168)
- 第三节 整体性治理下的国防预算制度改革 (171)
- 第四节 国防预算日常管理的整体性治理模式 (173)
- 第五节 国防预算改革中的非正式制度治理 (178)
- 小 结 (183)

第九章 国防预算非正式制度的整体性治理对策 (184)

- 第一节 以核心预算机构为重点理顺预算权力结构 (185)
- 第二节 以中期预算管理为依托重塑预算管理流程 (190)
- 第三节 以项目预算绩效评价为抓手探索绩效管理 (194)
- 第四节 以修正的预算会计制度改进预算信息系统 (198)
- 第五节 以预算信息公开把预算活动置于监督之下 (202)
- 第六节 以参与式预算的试验为制度均衡提供素材 (205)
- 小 结 (211)

总结与展望 (213)

- 一、总结 (213)
- 二、研究展望 (214)

参考文献 (216)

绪　　论

一、研究背景、问题提出与研究意义

（一）研究背景

1. 国防建设的新阶段要求国防预算制度与时俱进

党的十九届四中全会明确提出推进国家治理体系和治理能力现代化的任务。国防预算管理与国防部门治理具有内在的紧密联系，预算是以经济数字形式呈现的各类决策规划，预算管理就是通过经济手段筹划和实施的国防战略目标，也就是"数字中有政策"；同时，预算能否达成预期目标直接决定了能否实现规划计划目标。可以说，预算管理能力直接体现了国防部门的治理能力，优化国防预算体系也是优化国防部门治理的关键。当前，国防建设加快转变战斗力生成模式的要求成为深化预算制度改革的一个重要外部动力。同时资源约束一直是国防建设要认真对待的问题，需要通过优化国防预算制度提升经济资源的配置及使用效率，为实现国防战略部署及履行新世纪、新阶段军队历史使命提供可靠的经济支撑。

当前，国防预算正处于各项制度深化改革的关键时期，预算管理制度体制机制面临整体重塑。自2001年改革预算编制方法以来，国防部门制定的各项预算改革配套措施正逐步落实。同时，党的十八届三中全会明确提出要深化国防预算管理制度改革，指出要健全经费管理机制，建立需求牵引规划、规划主导资源配置机制。这是国防预算制度管理和深化改革的方向。2014年发布实施的《关于开展事业经费绩效管理的指导意见》①，标志着国防部门开始推开经费支出绩效管理的路子，这显示国防预算制度改革已经上升到了一个全新层面。以国防预算绩效管理的实施为标志，国防预算迫切需要由资源投入型向目标管理型转变，从控制导向型向结果导向型转变。

2. 深化国防预算制度改革面临一些新的挑战

从预算管理的内在动力来看，适应国家财政预算制度改革的形势，国防预算自 2001 年开启改革进程以来，实现了跨越式发展，建立起以"分类预算、细化预算、零基预算、综合预算"为内容的管理框架，完善了经费宏观调控能力，加强了经费监督制约，预算的科学化、精细化和规范化得到明显提升。但是，国防预算管理中依旧存在不少需要解决的问题，阻碍了国防预算制度深化改革。这些问题既有长期以来存在的预算约束软化、预算执行不严，预算的法治性、严肃性需进一步加强等问题，同时也面临在既定资源约束下如何通过提高预算的配置效率和执行效率，使国防预算更好地满足国防建设需求。因此，当前的政策制度改革中，国防预算制度改革肯定不应仅仅局限于预算技术方法层面，必然是要涉及预算理念、流程再造、机构设置、法律法规等全方面的创新，国防预算也因此会呈现出一些全新特征。国防预算制度改革的复杂性较之前有增无减，我们要把国内外公共预算发展的有益成果，同国防预算改革的自身特点和实际需求结合起来，坚持扬弃原则，找准国防预算管理问题的症结所在，不能简单复制外军或公共部门的预算改革经验，这样才能建立起适合自身需求的预算管理模式。

（二）问题提出

深化改革国防预算制度已经成为共识。当前的一个突出问题是，国防预算制度改革的重点是建立健全大量正式制度规则②，通过强制性变迁可以取得立竿见影的效果，但是作为支撑的各种非正式制度并没有及时变革。这样预算的非正式制度就与正式制度之间变得不够协调，很多理论上看起来很好的正式制度在实践中的制度绩效却不能令人满意。换言之，国防预算制度改革建立了正式制度的局部均衡，但我们还需要探究如何使国防预算非正式制度与正式制度达成一般均衡。

---

① 以下简称《意见》。
② 可分为顶层法规、骨干法规和具体规章细则等三个层次。

关于深化国防预算制度改革的课题，之前的有关研究一般遵循"提出问题－经验分析－对策方案"的思路，但是对于为什么会出现这些问题的原因分析往往语焉不详。本书认识到，不仅正式制度决定了国防预算制度绩效和制度改革，还有大量处于深层次的非正式制度也在发挥关键作用。当前，关于国防预算制度变迁的研究大多数都局限于对预算正式制度的研究，有的研究虽然涉及了非正式制度层面，例如探讨培植和运用军队财务文化[①]，加强财务风气建设[②]以及财务职业道德建设等[③]，但是要么是把非正式制度处于从属地位来看，要么以分离的、单一的视角研究预算非正式制度。这些不足导致我们理解国防预算过程和预算本质时不够全面，比如很多研究很早就提出国防预算应实行绩效管理，但是这些研究却很少提及绩效预算和零基预算的理念与方法有巨大差别，绩效预算体现的治理理念与零基预算有很大不同。既然如此，为什么我们还要提出推行绩效管理？这一潜在冲突如何解决？对这些问题，有必要把非正式制度纳入国防预算管理和改革的研究中，这有助于以完整视角理解预算管理和改革中的制度绩效问题，对深化国防预算管理和改革提出建议对策。

（三）研究意义

1. 理论意义

本书研究如何协调国防预算中非正式、正式制度的关系。国防预算中二者相互影响依赖，正式制度的有效实施离不开非正式制度做基础，二者共同影响了预算制度改革的路径。因此，深化国防预算制度改革，我们必须要高度重视非正式制度的机理。当前对国防预算制度变迁的研究中涉及非正式制度的研究寥寥，这至少会造成以下几方面不良影响：第一，由于非正式制度能够影响正式制度实施的深度和广度，如果制度的制定和实施不考虑包括非正式制度等在内的制度环境，那么该项正式制度至少在理论上是不完善的；第二，虽然一些文献提及了国防预算非正式制度现象及其重要影响，但是没有对此进行理论化分析，而是仅仅停留在现象层面的描述，因而提出的对策

---

① 见寇进忠、张洋文章《制度、文化与军队财务文化建设》，载于《军队财务》2013年5月第5、6页，他们提出的财务文化体系包括忠于使命的价值观文化、依法理财的法制文化、勤俭节约的传统文化、严谨细致的职业文化。

② 见吴国钧文章《加强财务系统风气建设的思考》，载于《军队财务》2013年5月第44页。

③ 《财务条例》明确的财务人员职业道德有"坚持原则、严谨细致、爱岗敬业、廉洁奉公"。

建议可能就是"空对空",知其然不知其所以然;第三,如果不考虑国防预算非正式制度对正式制度的兼容性问题,我们提出的政策建议就可能会存在误导性和偏差。基于此,研究国防预算中的非正式制度,不仅是基于为国防预算正式制度研究"补缺",同时通过给予非正式制度研究以应有重视,对研究深化国防预算制度改革还能起到"纠偏"作用,在分析预算管理和改革时视角更加综合。因此,本书以国防预算非正式制度为切入点,能够呈现一个理解国防预算过程的较完整视角。

2. 实践意义

通过研究非正式制度在国防预算中的形式与作用,有助于改进国防预算制度系统建设。当前既是国防预算改革的深化期,也是各类矛盾、问题的凸显期,特别是国防预算制度改革呈现"双进程"演化的特征,即以控制为导向的传统预算模式和以结果为导向的绩效预算模式并存。这场改革带来的将是预算技术、管理理念、治理框架的全方位革新。如何处理好这两种预算改革任务而不导致相冲突的结果,需要对国防预算的特征和运行机理进行深入分析。以非正式制度的视角弥补预算正式制度研究的不足,既有助于解释为什么一些预算改革举措无法完全落到实处,也有助于针对性地制定措施,并行不悖地强化预算管理和推进绩效预算改革。特别是在预算管理实践过程中,我们已经发现预算非正式制度无处不在,其对正式制度起到了补充完善、支撑、修正甚至替代的作用。因此,研究如何协调国防预算非正式制度与正式制度,有助于促进各项制度更好地实施,在管理中少走弯路,平稳推动国防预算制度改革进程。

二、文献综述

(一)国外公共预算研究涉及的非正式制度现象

与国内预算研究的学者主要是经济学家或财政学家不同,主要西方国家中公共预算的研究主体是公共行政学家,代表人物包括阿伦·威尔达夫斯基(Aaron·Wildavasky)、艾琳·鲁宾(Irene·Rubin)、艾伦·希克(Allen·Schick)、路易斯·费舍尔(Louis Fisher),等等。这些学者的研究目的之一就是努力阐释预算的真实过程。以美国为例,其财政预算拨款过程,围绕由谁、如何运行拨款权力进行运作,也被称为拉开"国家钱袋"的拉链,被看作是民主财政最关键的环节[1]。由于党派之间、府院之间以及利益集团之间围绕公共预算的斗争以及由此产生的种类繁多的预算策略行为，虽然预算表面上仍然是关于谁受益、谁支付的记录，但预算的形成和运作过程已经远非根据预算法规等正式的条条框框所能解释得清，要理解和预测预算行为就必须观察并描述预算的产生、运行过程。当简单以至有时充满偏见的政治规则遇到规范复杂的预算规则，将会发生什么？我们看到"所有的新政府都要反对他们的前任"。艾琳·鲁宾的研究发现，预算过程中充满了各种游说、交换、合作甚至破坏性竞争行为，而这些归结起来就是预算的政治属性①问题，这些问题不是"债务期限或财产税率水平的技术"所能解释的[2]。菲利普·乔伊斯（2017）的研究也直白地表明，预算过程就是要"对抗关于包装财政新闻的政治体制"[3]。因此，预算不仅是技术的过程也是政治的治理过程，所有的预算参与者都试图使用这样或那样的策略以影响预算进程并实现自身目标。

托马斯·林奇也有类似的"预算政治学"观点，他认为，预算过程实际上充满了感情色彩和不确定性。由于是预算通过政治过程决策，所以很多预算决策仅仅是由简单的分析支撑重要的价值判断，而大量的图表、数据和文字"只是说服其他预算参与者的一个方法"[4]。真实的预算过程充满了复杂的策略行为，在考察美国公共预算时，托马斯·林奇分析了立法、行政、执行和客户四个部门在预算过程中都会通过选择性地利用预算规则为自己争取优势。比如，支出部门会把法律规定的很难削减的预算项目放在项目排序的后面，而把自己偏好的项目放在前面，这样增加自身项目通过的概率。学者们称这样的预算行为是策略性行动[5]。亚伦·威尔德韦斯、罗伊·迈尔斯（1970）、理查德·芬诺（1966，1978）和艾伦·鲁宾等学者对预算这一"国家钱袋权"的研究，总结了几种最常用的策略性方法。诸如，"骆驼鼻子策略"，即把某个项目进行拆分，只披露当前需要承担的义务和成本，从而隐藏大量未来需要承担的支出；"会计战术"，只揭露某些当前不需要进行预算审批的项目，以掩盖未来会实际产生的大量支出；"延迟策略"，在产生支出责任时避免计算成本，而是将其推向未来；"浸泡和搅动"，通过审慎的渐进集

---

① 行政学关于预算的研究称之为"政治属性"，本书借用了这一概念并改称为"治理属性"。因为之前这类研究的重点是官僚机构围绕预算开展的政治活动本身，例如运用结盟、妥协、互投赞成票等政治斗争策略。而本书的关注点是预算活动背后必然有相关政策和规划目标出台，预算必须体现公共部门的目标追求，并且本书运用经济学、财政学、管理学、行政学等多学科的研究视角，所以淡化"政治"，而代之以政治活动的对象——"治理"。

体决策方式作出拨款决定，这种模式倾向于守财而非散财。一个代表性的预算非正式制度行为的研究，就是菲尔·约翰（Fere·John）的"猪肉桶"理论[①]。该研究认为，在预算拨款过程中，议员倾向于向自己的选区带回专项拨款，即所谓的"猪肉桶"，而通过回归分析，拨款委员会的成员特别是主席所代表的政党和选区，成为影响"猪肉桶"流向的关键因素。显然，这种现象不是基于理性的经济效益理论所能完全解释的。另外，公共预算还需要放置在一个国家的文化价值背景中考察，各国预算实践的差别源于在政治与经济的价值观念方面存在较大差别，即使可以通过学习引进预算技术和预算制度，但如何对这些技术和制度进行有意义地操作仍取决于文化和价值等非正式制度因素。

威尔达夫斯基曾把预算解释为"通过政治程序分配资源的尝试"[6]。他提出公共预算的本质属性在于政治属性，预算作为政治生活中讨论的重点，实际上就是以货币形式表现的政府活动。有关政府政策冲突与协调的结果都记录在预算中[7]。他同样研究了一些预算中使用的"伎俩"与"花招"，例如在做出削减开支规定后，一些部门却削减差旅费、培训费等刚性支出，这样表面上看起来支出少了，但是却增加了远期的成本[8]。这些对于拨款中政治过程的研究，主要基于国会与政府之间围绕预算"斗争"的实际经验分析，为我们分析提供了大量的直观参考依据。

（二）国内公共预算研究涉及的非正式制度现象

国外有学者研究认为，非正式制度是中国政治过程的核心，理解中国政治就需要研究各种非正式规则（Ditter，1995；Fukui，2000），在预算过程中同样如此。Lampton（1992）很早就意识到，中国预算政策的制定是"零碎化"的，私人关系会明显左右预算资源的讨价还价结果。边曦（2000）较早地提出了中国公共财政和公共预算领域的非正式制度现象，将其命名为非正式财政制度安排，并认为主要包括财政观念、习惯、价值理念等。他研究认为非正式财政制度既可以约束也可以提升正式财政制度，影响财政制度改革。不过该文章的前提还是认为非正式制度会独立产生作用，并且没有对非正式与正式财政制度相互作用的机理进行深入分析。

---

① 涉及其两篇相关研究，《猪肉桶政治：河流和港口立法（1947-1968）》，1974；《猪肉桶永久化：政治次系统和美国民主》，1995。

绪 论

国内较早研究预算非正式制度的还有黄继忠（2003），他把省级预算制度作为样本，研究提出预算编制存在纵向、横向之间的各种公开与私下的沟通与协同。在各个部门谋求自身预算最大化的过程中，各个分管省长出于政绩的考虑，会处处维护自己政策领域的利益。预算必然会表现为不同利益主体及其代表者之间的冲突。

马骏（2004，2005）的研究借鉴了边曦的研究思路，但不再局限于概念介绍，而是通过研究国家公共预算的发展的轨迹，比较正式和全面地阐释了非正式预算（Informal Budget）[①]的概念，在边曦的基础上拓展了非正式制度的范畴，特别是不再仅仅从文化层面理解预算非正式制度现象，而是将其产生和发展与正式制度结合起来，故而增强了对非正式预算的解释力。马骏研究认为非正式预算表现为三点：预算体制零碎化，正式制度零碎化，还有正式制度落后。马骏（2005）将这种预算非正式制度归类为单位领导利用"批条子"等权力影响资金分配和预算执行并以案例的形式，对这种非正式预算行为进行了生动描述，领导人在各自"盘子"中批示的项目就构成了零基预算的实际内容。

沿袭马骏关于非正式预算的理念和分析框架，后续研究者白华（2006）将非正式制度的影响引入选择绩效审计项目中，认为确定支出绩效的审计项目时不能忽视分管主管的利益和影响。公共预算改革以来，正式的预算制度尚未完全建立，因此存在大量非正式制度，并形成了预算产权。分管领导都有自己的政策领地，分管领导与分管部门间具有密切的利益关系，预算管理过程表现为正式制度与非正式制度并重的趋势。石玉婷（2006）在分析不发达市的预算非正式制度时，以黄继忠、马骏等的研究为基础提出，省级预算的非正式制度是市级预算交易的环境，因此省级预算非正式制度对市级预算的非正式制度有直接的示范作用。这表现在存在多个核心预算机构、部门领导的机会主义行为等方面，而且财力越紧张的地区，非正式制度越严重。以上研究的共同点是，都指出了非正式制度很普遍甚至大行其道，与预算正式制度建设有直接或间接的关系。

当前我们对预算非正式制度以及由此引发的非正式预算的认知还比较笼统。非正式预算在一般意义中是指各类没有被纳入正规预算程序的预算外资

[①] 本书正文中沿用了"非正式预算"这一概念。非正式预算和预算非正式制度都是对预算正式制度的背离，由非正式制度主导的预算活动称为非正式预算，第五章对此会有阐述。

金及预算外活动,因此逃避了正式预算制度监管(比如预算方案必须经由立法部门审理)。虽然有研究提出将要把非正式预算转化为正式预算[9],但很多研究文章中据此就简单化地把非正式预算理解为违规行为,没有理解其背后的制度系统深层原因。

之所以产生和存在各类预算非正式制度,之所以非正式制度会显著影响预算决策,这往往与正式制度虽然建立但是仍未确立应有的权威地位的情况有关。所以,尽管运行的是改革后的预算流程,可是大部分预算主体的行为模式并没有发生显著改观,还是和预算改革前一样做决策(马骏、牛美丽,2007),这表明预算中非正式制度的作用比我们所认为的更大。要注意的是,鉴于预算法规不健全以及别的制度原因,国家公共部门(包括预算部门)在财税、预算及相关领域掌握的各类正式的或非正式的自由裁量权,其深度和广度有时达到了使人瞠目的境地,也就是说,自由裁量权使他们掌握和管理的资源可能远远大于在理论设计上应有的限额[10]。

国内公共预算研究人员中有很多继承并发展了预算的政治属性的理论。吴少龙(2009)、於莉(2009)通过研究省级预算层面的非正式制度提出,我国特定的治理框架决定了各治理层级实行的是"分管领导制",同时承担资源保护者与配置者责任的部门分管领导在各自主导的领域内,往往能获得排他性预算权力,而他们有意无意之间就会成为有关部门的利益代表,这种分工称作预算管理的"多支笔"。这种分工格局催生的非正式预算制度又可分为两种策略,以实现预算资金支配权最大化。一是在财政资源相对充足地区,预算资金在切块后配置于不同的政策领地,并由部门分管领导掌握,依据以往惯例形成的非正式财权主导预算支出,省级党政最高领导只用审查预算配置的合法性即可,目的是最大程度降低预算冲突。二是对于那些资源相对紧张的省份,一般实施相对集中的资源分配机制,预算资源向上集中到省长和分管财经的副职身上,不过即便如此,在预算编制与执行进程中,别的分管领导和部门领导往往会以各种非正式手段分化资金流向。比如,有的分管领导直接"批条子",要求财政上给他支持的项目配套资金;有的则发挥自身掌握政策制定权的优势,通过出台各类政策规定,以此要求财政上提供配套资金;有的直接动用个人关系开展游说,从而为其所辖部门的某一项目争取资金[11]。

还有一些学者则探讨预算"程序正义"是否会引致"实体正义"的问题,即通过设计严密的预算流程是否就自然会引致有效率的结果?预算部门一直努力通过制定严密的法律法规，把预算流程明确为所有公共部门都要遵循的实施规则，预算外资金要统统纳入同一本预算，并建立反馈及时、质量可靠的会计信息系统。不过有大量相关研究认为，以法治为基础的预算程序和规则并是非保证预算结果高效率的充分条件，即使设计了很好的预算程序，我们仍然可能会得到不够完美的结果[12]。究其原因，一些研究认为这些规则与程序在制度"嫁接"过程中，没有充分考虑各预算主体利益函数及分配结果。加之预算进程中不同利益诉求者的目的也不同，因此表面上运转如常的预算准则仍可能会导致非效率的结果。例如，邓研华、叶娟丽（2012）提出我国特定的历史、文化积淀和政治特征导致在公共预算改革时虽然建立了预算框架，但是始终缺乏预算民主的实质，因而预算结果的不确定性很强[13]。

有一些论文把非正式制度盛行归因于正式制度落实不力。郑石桥与贾云洁（2012）研究提出，预算软约束是预算正式制度无法落实的主要诱因；正式预算落实不力，各类预算机会主义行为就大大盛行。吴少龙（2011）在研究中使用"非正式制度"一词针对专项预算资金，认为专项资金始终是公共预算管理中既薄弱又敏感的部分，相当一部分由非正式预算制度调节，这种非正式性体现在缺乏一套规范、透明的资金分配程序和规则[14]，预算过程充满不确定性。显然，以上研究关注到的一个共同点是，预算过程如果充满了不确定性，就会为非正式制度发挥作用提供了空间。

与各种非正式预算行为相联系的是，公共预算管理普遍存在三方面问题（马骏，2008；吕昕阳，2011；孙克竞，2012；马国贤，2018）：第一是预算资金配置权过于松散，预算编制模式还很粗糙，预算的内部控制力度较弱，还没有建成真正的部门预算。这是由于除了财政（财务）部门，很多重要部门也有资源配置权，甚至会超过财务部门的权限。预算外收支过大，各类预算外资金没有完全涵盖到正式预算管理程序；同时，公共部门编制预算还是采用原来的功能预算模式，没有完全落实部门预算要求。第二是由于没理顺管理体制，预算执行中难以监管。财政部门一旦把预算资金拨付下去，就难以对其进行有效监督控制。郑石桥、贾云洁（2012）通过研究预算机会主义行为，发现了一种隐蔽性的预算机会主义行为。文章认为，除了那种直接违反预算法规、可以被明显发现和判断的机会主义行为外，如预算寻租和预算违规行为，还有一种很隐蔽预算机会主义行为，由于缺乏具体的判定标准，所以不好被直接发现和判定，这包括预算松弛、支出的棘轮效应和管理卸责等。第三是缺乏外部治理监督。目前预算是根据功能汇总而成，所以预算不直接对应各个支出部门，而是一个科目会涉及多个部门，没有建成真正的部门预算。通常情况下，预算只会编到"类"或"款"一级。在预算开始时，资金实际上并没有对应到有关部门和项目，而是由财政（财务）部门依据核准的总预算方案，参照以往预算执行情况和本年度业务变化，再把经费逐一下达给每个部门。这些问题由于是公共部门的通病，难免在国防预算中也有所体现。

（三）国防预算研究涉及的非正式制度

1. 有关国防预算非正式制度的直接研究

研究国防部门预算改革的研究文献很多，呼声一直以来比较强烈，但直接研究非正式制度现象的较少，从非正式角度研究国防预算制度改革的就更少了。虽然如此，仍然有一些具有前瞻性和启发性的研究文献给预算非正式制度研究提供了思路。早在2001年国防预算编制改革之前，李英成（2000）在《国防预算系统研究》一书中，就已经在构建一个行政与技术有机结合、具有层次性的国防预算组织系统的研究中，很早就提及到非正式制度在国防预算制度改革中的作用。该书明确提出，国防预算制度改革进程会受到非正式制度的限制。国防预算制度系统从其他国家学习引进正式制度安排时必须要考虑到其与本国非正式制度安排的相容程度，这种相容程度决定了制度创新的可借鉴程度。只有两者完全融合，制度移植才能实现。另外，李英成还提出，考察创新某项特定的正式制度安排，除了考虑正式的基础性制度安排以及其他特定的正式制度安排，还要考虑各种非正式制度因素，以及技术状况对此的制约情况。例如，当前预算管理关系不顺、财权事权不统一、管理的责任权利不对等，经费分配和使用不规范、预算约束软化等问题，都是由于预算制度没有根据基础性制度安排的变化而变化导致的[15]。回头来看，这项研究在国防部门着手大力完善预算正式制度之前，就已经明确提出要注意非正式制度对预算管理的一些可能影响，体现了很强的洞见力。

虽然该研究意识到了国防预算非正式制度问题、正式制度与非正式制度的协调性问题，他也提出制度创新会受到其所处的基础性制度安排制约，一旦基础性制度发生了变化，那原来与之相适应的制度安排也需要进行调整，但是该研究基本上忽略了非正式制度的反向作用。该研究没有明确指出：一是改革预算正式制度时不仅受到现存的基础性制度安排制约，也会受到非正式制度的较大影响；二是非正式制度也能成为帮助实现潜在制度收益的重要安排，即非正式制度并非只有制约作用；三是非正式制度是正式制度的重要来源，对完善正式制度不可或缺。

此外还有，熊友存、易光明（2009）分析了军队财务控制制度结构，包括预算正式制度、非正式制度及实施机制，并分别以财经规章、财务文化和监督惩处措施为分析对象进行了例证分析。文章实际上已经包含了这样的思想，正式制度不健全、实施机制不严格，就会导致正式制度的非正式化。文章分析预算问责机制后说明，当前预算管理经常是在决策过程中由一人独断，可是如果出现问题就以党委作为挡箭牌，"人人有责"实际上变为人人无责、集体卸责。这反映的问题实际就是"党委管财"蜕变为"党委领导管财"，在一些单位事实上形成了部分党委领导"跑马圈地"，垄断了自身分管工作范围内经费审批的排他性权力。这类问题与马骏等人的研究十分相似。

2. 对预算文化的研究

预算文化（包括理财环境、财务职业道德、财务风气等）是预算非正式制度现象的重要组成部分。在阅读国防（军队）预算制度改革文献的过程中，笔者发现一个很普遍的现象。大量文章在谈到预算改革时，都会提及要增强"预算即是法规"的意识（董连泽，2001；白秋冬，2002；王强，2005；盛利，2012等），并且往往都提到要积极寻求党委和首长的支持，认为财务部门依靠党委更能有效地开展工作。这至少从一个侧面清楚地向我们表明，在国防（军队）预算管理过程中，存在各种预算的正式制度与非正式制度并存且相互影响的情况。例如郭文志（2010）提出要十分重视良好的预算执行文化环境的问题，认为良好的财务文化环境作为重要的非正式制度，对提高预算执行力有积极作用。曹可忠（2004）强调财务人员要加强对预算改革精神的领会学习，转变观念，拓展思路，并号召财务人员和事业部门人员，要从讲政治的高度提高学习、引进先进预算管理制度的积极性。同样，在探讨绩效预算的过程中，以认知信念为主的非正式制度也具有重要作用。马学兵（2012）提出，探索绩效预算首先要树立结果意识、责任意识和效率意识，强调各级要自觉地把改革试点作为一项重要工作，纳入党委议事日程，以此推进绩效预算改革深入发展。可见，国防预算非正式制度不仅在实践中，而且在理论研究上，都成为一个无法回避的重要问题。而寇进忠和张洋（2013）进一步提出，强化预算管理效能需要同时关注正式制度与非正式制度。文章认识到预算管理需要争取支出部门[①]和党委的支持,为此建设和弘扬先进的财务文化并感染带动其他部门,将是破除当前预算管理难题和改革困境的重要推动力量[②]。财务风气作为各预算主体道德信念、思想认知、精神面貌、价值取向的集合体,虽然无影无形但是作用巨大。吴国钧(2013)分析财务文化时提出,一方面财务文化为党委树立正确的理财思想提供参谋作用,党委班子能否集体议财、依法理财以及统筹监督,需要党委领导时刻树立讲求效益的意识(张卫东,任振源,2013)。这背后反映的问题包括:部分单位党委不按照制度决策财经事项,决策随意,各种打法规"擦边球"甚至集体"闯红灯"的行为时有发生;有的军政主官习惯于个人说了算,导致党委班子成员在财经决策上的参与权、知情权和监督权形同虚设;有的单位财经决策事前未咨询,事中未听证,事后未评估,甚至简单草率,以批阅件代替上会研究等。

3. 对预算法治理念的研究

依法从严治军,必须要树立相应的法治理念。国防预算中的另一类非正式现象就是预算的法纪观念,虽然预算法治可以包含在广义的预算文化范畴内,但是由于预算法治的重要性和问题的突出性,因此单独列为一类。在研究中,我们会经常遇到这样的文献,强调各级要树立"预算即是法规"的意识,这反映的是预算正式制度权威不足,而非正式制度大行其道的现象。夏济人和黄瑞新(2000)很早就提出国防预算管理中存在财权弹性过大和各种"院外活动",导致钓鱼工程、献礼工程、首长工程和娱乐工程大量存在,预算法治遭到破坏。该研究不仅点明了非正式预算现象的存在,指出国防预算从人治走向法治,就要在价值观、道德观和利益观等方面全面转型,而且难能可贵的是文章提出,虽然首长工程和面子工程等看似是个人决策和非正式制度的问题,但根源是预算体制建设滞后的问题,也要从完善预算正式制度建设方面解决。也就是说,文章同样认为,非正式制度的治理需要协同正式制度治理,二者协调进行,而不能以单独的视角分析非正式制度问题。

---

① 这在国防财政和军队财务研究中通常称为"事业部门",但是考虑到一是本书以公共预算为研究背景,二是"事业部门"体现的是根据任务性质设置的机构名称,而"支出部门"则较好地体现了预算、经费管理上的角色关系,且涵盖的预算主体更广泛,所以本书统一使用支出部门一词。不过鉴于本书的一些例证材料主要是财务管理实践,因而在必要时也会用事业部门一词,并做出说明。具体可见第五章。

② 见寇进忠、张洋文章《制度,文化与军队财务文化建设》,载于《军队财务》2013年5月第5、6页。

国防预算管理中存在大量法规松弛的行为，甚至在一些环节和领域不能严格遵守预算法规成为常态，这是研究非正式制度要关注的重点。李恩杰和邱玉杰（2013）研究认为，预算制定和预算执行两张皮的问题是反映较为严重的问题。超预算、无预算的现象屡说屡犯、屡禁不止。开支随意性强，只要还有预算就什么事都可以办、什么钱都可以花，即使项目专款也往往不能专用，"一年预算，预算一年"。最明显的就是在物资统筹上，很多单位和部门不经预算安排就随意列项目购买各种物资器材，而且购置后不登记单位资产账、没有验收就入库，导致物资使用去向不明，或者是上级单位账上虽有数据，但下级账上没有记录。这种物资管理失管失控的现象虽然得到了一定程度遏制，但显然还没有被根除。各种权大于法、以权压法的行为在国防预算管理中还比较常见。赵燕（2007）、朱跃强（2009）、明兆春（2012）等认为国防预算法制建设滞后影响了国防预算制度改革，表现在一些部门和人员缺乏"预算即法"的意识，借长官意志干预预算，因此预算缺乏刚性，无预算、超预算支出，或者擅自调整预算安排，经费分配后被改头换面、挪作他用的问题并不鲜见。李恩杰、邱玉杰（2013）的研究结果也显示，一些单位的预算管理上只要支出部门有领导批条，就能在财务那里一路绿灯，财经法规遇到了行政权力就会退避三舍；财务部门在监督检查中绕开问题走，即使遇到问题也避重就轻，因为怕得罪人所以不敢秉公用权，最后预算执行总是失之于软，失之于轻。

需要注意一点，虽然已经有很多相关的研究提到从文化、理念、法律意识等非正式制度层面认识和解决预算效益不高、合规性不强等问题，但这些研究还是以割裂的视角看待非正式制度与正式制度，没有明确提出这些非正式问题的背后其实是正式制度实施带来的问题，因而有些研究提出的把非正式制度（如财务文化建设）作为解决问题的主要办法可能并不合适，这也是本书研究要厘清的内容。

4. 对国防预算各种策略行为的研究

国防预算活动是各方的博弈。围绕自身利益最大化，各预算主体都会实施各种策略行为，而这些行为往往游走于正式制度和非正式制度的边缘，或是合理不合法，或是习惯使然，于情有据但不一定合法，这些行为构成了非正式制度另一种重要形式。

研究党委管财问题有助于从决策层面管窥国防预算管理中存在的各种代表性问题。有的单位党委不按照法规办理财经事项，理财时的随意性、片面性以及打政策"擦边球"、集体"闯红灯"的做法虽然时有发生但仍不能完全解决（张卫东、任振源，2013）。当前已经有大量的研究文章分析了国防预算过程中的种种策略性博弈行为，揭示了预算过程中存在的各种妥协、竞争、"搭便车"还有各种迷惑性策略的现象。因而从广义的角度讲，这些行为并不能完全受到财经法规的约束，各个预算主体仍能有较大的自由裁量权决定自身行为的方式。本书也把这类问题列入预算非正式制度的分析范畴。比如樊大为、陶薇薇（2011），分析了打招呼、批条子等行政权力干预预算执行的行为。预算的策略性行为丰富多样，有时需要刻意夸大项目的支出需求，提出的预算申请大大超过实际需求，俗称为"头戴三尺帽"；或者在项目的支出标准上就高不就低，也是刻意夸大对项目经费的需求；而有时则需要事先少报预算，隐瞒真实的预算需求，搞"钓鱼"工程；或者直接向上寻租、"跑部钱进"，通过拉关系、做工作争取项目（周佳，2013）。还有，面对"一支笔"审批权限的限制，部分单位把支出由大变小、化整为零，通过多次审批从而规避了限制，将"一支笔"变为"万能笔"，导致按权限审批的制度形同虚设（张卫东、任振源，2013）。另外，陈计龙和田志宏（2013）分析预算调整随意的问题时提出，国防部门预算调整有两个特点，一是在行为场景上的契机特征，二是行为工具上的简化特征。所谓契机特征包括上级视察，或者是支出部门向单位首长、分管领导汇报工作或者是"小报告"式地反映问题，本质上都是攀附行政权力谋求在预算安排中达成自身利益最大化。行为工具的简化特征是指预算调整依据可能仅是上级临时下达的一些通知文件，或者仅是领导的某个指示，这些都显示严格规范的预算秩序还没有建立起来，国防预算制度充满了不确定性。

以预算权为切口，不少学者研究了财务部门权责不对等的问题，特别是财务部门"出纳化"的问题需要引起重视。潘顺瑞（2013）研究认为，财务部门虽然负责监督检查，但是往往对检查发现的问题睁只眼闭只眼，讲评时蜻蜓点水，无关痛痒，因为讲深了就会影响感情。以至于在某些领域类似的问题年年查却总也改不了。由于预算管理问责对象及问责内容就是事业部门的经费支出，在经费管理"双轨制"下需要争取各支出部门的主动配合和积极参与，其难度可想而知。这也是为什么一再强调要加强财经法规宣传，强化按制度办事的意识（陈杰、欧阳烈，2013），要牢固树立预算就是权威的意识，预算的权威性取决于各级领导、各业务部门对预算的重视程度（杨俊伟、黄照飞，2013）。

（四）对现有研究的评析

国防预算管理主要包括预算内容和预算关系两方面，预算内容是技术性、实务性的工作，而预算关系是预算主体在预算技术和规章下的互动。以前的相关研究过多地集中于预算内容，将重点放在预算技术、预算程序和预算方法，但是忽略了或者没有意识到预算关系对预算进程的影响。这种不完善导致了研究中只见"钱"不见"人"，实际上，国防预算管理的实质不仅是经费资源和技术手段，其背后隐含的是决定经费支出的"人——财"关系。另外，当前国防预算研究的一个现实问题不是我们没有预算理论，而是有太多不够整合的预算理论。当前国防预算研究不论是在理论模型构建、实证研究上都处于相对分散的状态，这也在一定程度上制约了我们深化对国防预算制度改革的认识。

当前，国防预算制度改革的研究绝大多数都集中于正式制度层面，对公共预算或国防预算领域非正式制度现象的直接讨论还比较欠缺。现有的多数研究没有认识到大量预算非正式制度现象之所以产生，是因为它们与正式制度有紧密的内在联系。虽然有研究论述到非正式制度现象，但是没有将其作为影响国防预算进程的重要因素，也缺乏对预算正式制度与非正式制度相互影响的深入研究，加之不同研究者对预算非正式制度在理解和阐述上不完全一致，导致直到现阶段虽然我们知道国防预算中存在各种非正式制度和非正式预算，但是还没有对预算非正式制度表象形成共识，更遑论对非正式制度内在机制进行深入探究。

非正式制度之于国防预算制度改革固然重要，不过非正式制度对良好的制度运行和效益效果而言是必要条件却非充分条件[16]。另外，当前研究没有明白地说明一点，国防预算的一个现实问题是正式制度的发展步幅超过了非正式制度的演进速度，需要通过正式制度带动非正式制度加快演进而非相反。因此，缓解非正式制度问题不应当仅从非正式制度自身入手，更重要的是要从正式制度和非正式制度相互作用处着手，探究如何协调二者的关系，实现制度系统均衡发展。

三、研究方法和研究框架

（一）研究方法

一是在收集素材时采取田野调查法。笔者在调研过程中涉及军委机关部门、军种等大单位财务部门以及旅团级单位的财务部门，或是亲身参与实际的预算管理活动，或是近距离观察预算运作流程，尽可能地接触了不同层级的财务部门和财务管理人员，通过访谈、咨询和问卷调查等形式积累丰富的国防预算活动的第一手信息，并在研究中尽可能以原有面貌展现出来，努力描述国防预算运行的全景，并揭示其中存在的问题。

二是在分析问题时采用叙事分析法（Analytic Narratives）。参考新制度经济学的方式，本书以不同科层的预算管理实践为样本，把国防预算管理的素材与新制度经济学历史制度学派使用的历史分析形式相贯通，通过叙事的形式进行分析，挖掘国防预算发展的内在深层次规律。

三是在解决问题时采用比较研究法。将国内外经验同国防预算的改革进程比较，标准预算理论与国防预算的实践过程比较，通过比较梳理国防预算改革中的正反经验，查找国防预算制度体系的特征，进而为国防预算制度改革提供针对性的建议对策。

（二）研究框架

本书的研究框架如图1所示。

四、研究的创新点

一是以预算非正式制度和正式制度相互作用的观察视角，构造起一个研究国防预算完整流程的框架。以往研究多是仅注意到正式制度在国防预算管理和改革中的作用，本书不仅提出非正式制度也是影响国防预算的重要制度因素，而且通过分析预算权力结构、国防预算关系和绩效管理的实践，展现了国防预算非正式制度与正式制度之间的支持、修改、补充或者扩展等关系，为理解国防预算管理实际过程以及改革现状提供了一个相对完整的理论框架。

二是通过研究非正式制度现象，对国防预算管理现状和改革提出了系统

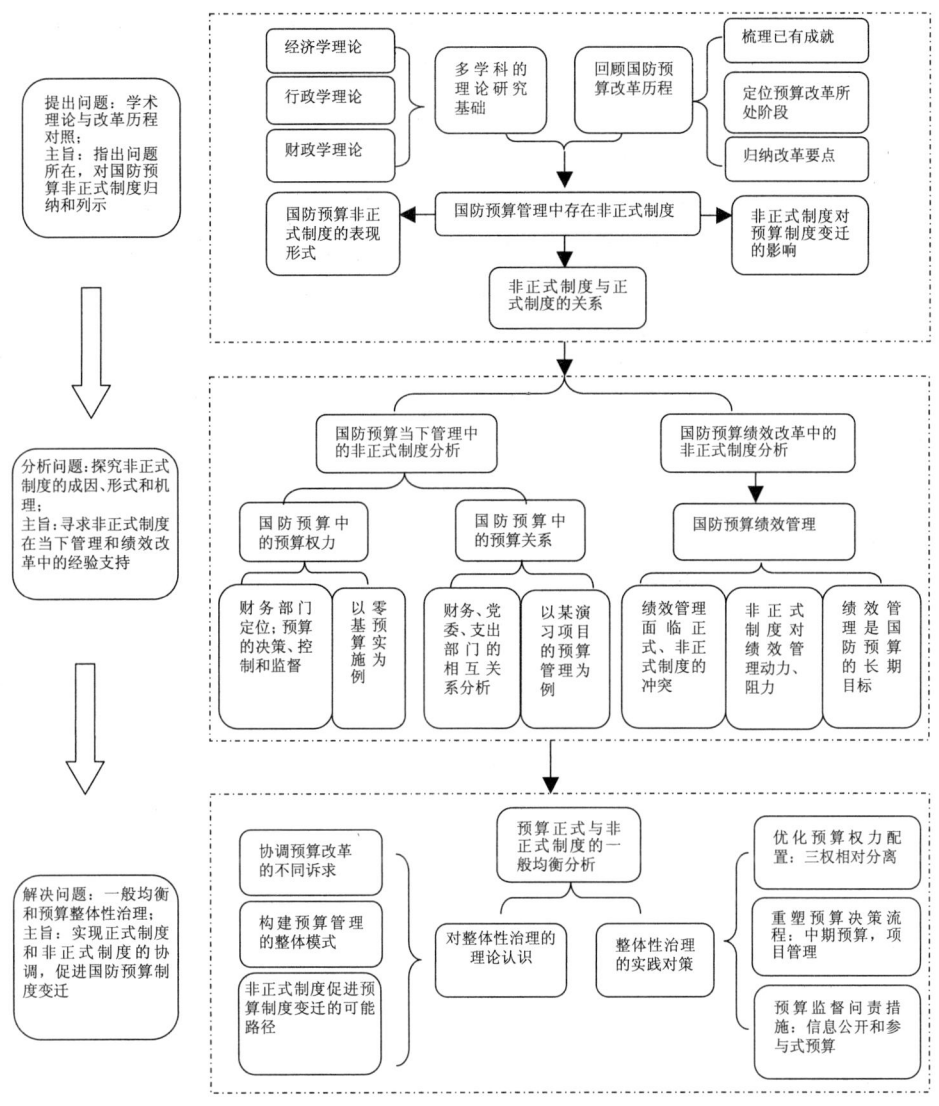

图绪论-1　本书的研究框架

的解释思路。本书提出国防预算正处于"双进程"演化阶段，研究表明国防预算过程表现出了多重属性和价值追求，包括国防预算兼具经济属性和治理属性、追求控制导向和结果导向等。对国防预算在"双进程"演化阶段由于不同属性和价值追求产生的问题特别是非正式预算问题，本书提出了一个从预算非正式制度与正式制度相互作用出发的解释思路。

三是通过建立一个国防预算非正式制度与正式制度实现一般均衡的分析

框架，本书对深化国防预算制度改革的可能路径提出了新的建议。国防预算正式制度经由强制性变迁虽然达成了预算制度的局部均衡，但非正式制度和正式制度的不协调导致难以实现预算体系的一般均衡。本书坚持改革导向，以预算制度渐进变迁的观点观察和分析问题，对于如何解决因正式制度和非正式制度失范导致的矛盾，不仅仅局限于通过"纠偏"确立正式制度的权威，而是根据公共预算管理发展和政策制度改革的趋势，进一步提出具有适当前瞻性的政策建议，引领预算制度系统改革发展，促进实现预算非正式制度与正式制度的一般动态均衡。

第一章　国防预算非正式制度研究的理论基础

第一节　非正式制度基本理论

一、非正式制度的含义

按照博弈论的观点,"制度"可以从三种角度理解,即制度是博弈行动本身、博弈规则的集合以及博弈均衡①。本书采纳"制度"属于博弈规则的观点,认为制度是规范人与人相互关系的各种行为准则,主要作用是通过建立一个确定(即使并非总有效)的人与人之间相互作用的行为框架来消除不确定性,并形成有效的激励模式(D.C.诺思,1992)。非正式制度思想就是在制度是博弈规则的基础上发展而来的。

从内容上讲,制度(或称经济制度)作为一套规范人们行为的准则规范应当包括三个组成部分(D.C.诺思,1992),一是正式制度(或正式规则),也相当于哈耶克在《致命的自负》所称的"建构秩序",包括宪法、法律、

---

① 如果用博弈论考察经济社会运作过程,制度经济学家对何为制度有三类不同的观点,即认为制度是博弈参与主体,制度是博弈的规则,以及制度是博弈的均衡策略。主流的新制度经济学研究一般采用制度是博弈规则的观点。本书同样采用这种观点。见青木昌彦(日),周黎安、王珊珊(译),什么是制度?我们如何理解制度?比较制度分析,2000.6,第30页。

规章制度等经过群体成员共同确认的约束性规则；二是非正式制度（或非正式的行为规范），例如各类约定俗成的行为准则、信念理念、道德规范；三是正式、非正式制度的实施（执行）机制[17]。实际上我们看到，诺思的分类原则也是把制度看作是一种博弈规则，用以规范个体的行动。

作为规范人们行为以及相互关系的行为规则的集合，正式制度与非正式制度①的产生有紧密关系。参考诺思的定义，正式制度是人们自发察觉并进行规范化的一系列具有强制性的规则，非正式制度诸如行为规范、伦理道德、风俗惯例和习惯性做法等，成为特定社会文化的组成部分，具有强大的延续能力。非正式制度对正式制度可以延展、解释或修正，它是社会与自身都认同的行为规范与行事准则[18]。也就是说，正式制度作为人们有意识创设的结果，其建立和修改都必须得到受这一制度安排约束的各主体的同意，而非正式制度则是人们在长期的人际交往中渐渐形成的，表现为文化传统和道德习俗等，对各种人际行为进行非正式约束，以约定俗成的形式存在[19]。正式制度只有在与非正式制度协调、耦合时，才可能实现全部制度绩效。

二、非正式制度与正式制度的关系

虽然"非正式制度"一词最先是由 D. C. 诺思在《制度变迁的理论》中创造的，并对正式制度与非正式制度进行了区分，提出正式制度、非正式制度及实施机制一起决定了经济绩效，但实际上以凡勃伦（T. Veblen）、康芒斯（J. Commons）为主的旧制度经济学家很早就提及到类似观点，他们主张非正式的习俗、惯例在经济活动中更加普遍；非正式规则如惯例、道德是建立正式制度的依据；非正式制度与正式制度共存且相互影响。按照布坎南的观点，非正式制度就是以文化传统为代表的，虽然不能明确地进行建设性修改但是始终约束我们行为的规则[20]。

以博弈规则的视角来看，制度②（正式和非正式制度）的主要作用在于减少不确定性。相较于正式制度的确定性、权威性，非正式制度则带有自发性、广泛性、持续性和非强制性特征。自发性是指非正式制度是在人际交往

---

① 由于实施机制不具有独立性，它只是用以保障正式或非正式制度实施的措施，并不能独立于正式或非正式制度之外，因此在研究博弈规则时我们可以把制度分为正式制度和非正式两类即可。
② 正式制度因为具有明确性、强制性、可操作性，是社会治理包括国防预算治理的最重要依据，因此下文若无明确区分，"制度"即指正式制度。

中自然而然形成的，并非来自个体的理性设计。广泛性是指非正式制度一直存在于经济生活的不同维度，其作用范围比正式制度要广。持续性是指非正式制度的演进速度较慢，故而可以长久保持稳定不变。非强制性是指非正式制度并不依靠强制性的实施机制保障实行，正因为如此非正式制度不能有效应对机会主义行为，但仍对正式制度有替代、补充等作用。

1. 非正式制度是正式制度的"元制度（Meta-rules）"，即非正式制度是产生正式制度的基本依据。正式制度可以看作取得广泛认同、交易成本足够小的非正式制度通过规范、权威的确认并建立强制性的实施机制后形成的[21]。这些得到确认的非正式制度构成了正式制度的基本素材，因此建立和实施正式制度不能脱离非正式制度，也不能与作为基础的非正式制度冲突。非正式制度的发展层次反映了制度资本积累的层次。如果非正式制度不能积累充足的制度素材，也就不会在此基础上发展出完备的正式制度。

2. 正式制度虽然由非正式制度演进而来，但正式制度无法涵盖经济生活的所有方面，故而不是所有的非正式制度都需要被确认成为正式制度。实际是，经济生活中正式制度只占一小部分，尽管这部分相当重要，绝大部分社会规范是而且以后仍然会是非正式制度的形式。这是因为：一方面，正式制度这种具有强制约束力的规则，其建立和执行需要较高的制度成本。出于经济原因考虑，许多非正式制度无法明确。另一方面，人们并非完全理性，对于非理性领域如意识形态、价值观念等难以进行明确规定，也就不能建立正式制度。

3. 建立和施行有力有效的正式制度是经济活动的必要条件。虽然可能在一些群体生活中只有很少的（甚至没有）正式制度，而且非正式制度能很好地调节个体行为，但这种情况只在相对封闭、技术并不复杂、经济生活简单的小群体中才有效。随着人们认知范畴和经济活动领域的拓展、技术的进步、群体间交往的增多，非正式制度由于没有强制性，不能促进群体间实现更高层次的合作，因而导致经济社会的机会成本越来越高，这时候建立明确的正式制度在促进合作、解决利益冲突方面有经济效率，因此我们要在时机成熟时把非正式制度提升为正式制度。一般而言，经济社会越进步，正式制度也就随之越完善，二者相辅相成。

4. 二者的相互影响并不对称。相对于正式制度都有规范性、有法律效力的成文规则予以确认，非正式制度一般是不成文的，也没有正式的组织机构负责实施。故而，正式制度与非正式制度的相互影响并不对称，非正式制度一般可以在正式制度之外单独存在,但正式制度的实施和改革如果没有相应的非正式制度支撑,往往难以推开。从制度的起源和演进分析,在自发演进的制度环境中,总是先有非正式制度才有正式制度,非正式制度是正式制度产生的根源,正式制度是非正式制度发展成熟并得到广泛认可后,再用强制性的实施机制确认而得到。正式制度与非正式制度的区分如表1-1所示。

表1-1　　　　　　　　正式制度与非正式制度的区分

	形成方式	存在范围	变迁方式	对另一方的影响	突出优势
正式制度	有意识地形成的明文规则	正式制度构成了经济生活的基本结构,但只覆盖了一小部分	强制性变迁或自主演变	是对某些取得广泛共识并且实施成本足够小的非正式制度的明确	为经济社会生活提供确定性和可靠依据,减少风险
非正式制度	自然演化形成的社会观念	松散但是调节经济社会生活中的大部分活动	以自主演变为主	是正式制度形成的"元制度",也是其实施的支撑;在与正式制度冲突时也形成替代和竞争关系	在其活动的领域中是减少交易费用的有效方式

资料来源:伍装.非正式制度论[M].上海:上海财经大学出版社,2011:22,23,28

三、非正式制度与制度改革的关系

非正式制度是诺思中后期思想的关键构件,诺思很重视非正式制度与经济制度改革的关系[①]。虽然由非正式制度的性质我们可知,正式制度可以被人为地创设,可以被强制性地变迁,但是非正式制度需要在长期演进过程中逐步形成和变迁,演进的速度较慢,但二者的变迁进程并没有割裂。非正式发展成熟后可以广泛凝聚社会共识,指导人们共同的行动,此时就应当被上升为正式制度加以明确。

由于正式制度只能调节人们生活的一小部分,大部分经济生活处在非正式制度调节之下,所以实际上非正式制度为制度变迁提供了最根本的制度资源。因此,实施正式制度要有与之适应的非正式制度作支撑,也就是说非正

---

① 见道格拉斯·诺思.理解经济变迁过程[M].钟正生等译.中国人民大学出版社,2008.1.

式制度为正式制度提供了根本的"合法性"[①]；由于正式制度和非正式制度可以相互转化，因而非正式制度的作用可以是双向的。当正式制度与作为支撑的非正式制度相协调时，制度的摩擦成本最小，正式制度才会达成最佳实施成效。格雷夫（A. Grief，1994）对历史上热亚那和马格里布两地商业的发展经验进行的经典案例研究表明，关键是不同的文化传统和信念系统（非正式制度）致使两地的后期制度绩效发生显著差异。

既然正式制度和非正式制度都是来调节主体行为的，那为什么有的体现为正式制度形式，有的体现为非正式制度形式？为什么不把所有的行为规范都用正式制度的形式确认下来？换言之，为什么社会中需要非正式制度？因为制度也需要成本，即各类交易费用。按照成本收益规则，正式制度与非正式制度之间达成一般均衡时，二者创立和维护的边际费用等同。总体而言，非正式制度有助于个体间达成契约时节约交易费用，因而各类非正式制度必然还会持续存在。理解了正式、非正式制度的共生性，下一步的问题就是：二者调控范围的界限如何甄别？应当以什么依据判定二者的合理分界线？

四、研究非正式制度的出发点

"制度是重要的（Institution Matters）"[②]，这一点已经得到普遍认同。那为什么一些地方把在别处实施后被证明具有较高经济绩效的制度（正式制度）移植过来后，并不能达到类似的制度绩效呢？甚至有时实施的结果完全冲突。诺思给出的一个解释是，即使能借鉴外部的正式制度，但是如果自身的非正式制度与之有内在冲突，那么正式制度实施的效果也不会理想。Nee & Ingram（1998）也认为非正式制度与正式制度的协调、耦合能提升组织效率。也就是说，正式制度的实施效果不仅取决于自身的规则设置，同时研究也表明作为基础的非正式制度也是决定制度实施绩效的关键因素。

但是，诺思分析框架的重点是正式制度，他之所以区分正式、非正式制度是为了解释正式制度失效的问题，把正式制度不好解释的问题可以归结为非正式制度的原因，可是他对非正式制度如何反向影响正式制度的实施绩效

[①] 见道格拉斯·诺思. 新制度经济学及其发展，载于孙宽平主编《转轨、规制与制度选择》[M]. 陆平，何纬编译. 社会科学文献出版社 2004 年第 1 版，第 13 页.

[②] 见道格拉斯·诺思，罗伯斯·托马斯. 西方世界的兴起 [M]. 厉以平等译. 华夏出版社，1999.1

以及二者的相互作用,并没有充分展开分析,这不得不说是一个理论的缺憾之处。因此,如何协调正式制度与非正式制度以提升制度绩效,将是本书研究的落脚点。

第二节 现代公共预算理论

一、公共预算的含义

所谓公共预算,是为了实现预定的公共目标而制定的一系列财政支出计划,这些计划详细列示了预期目标,并预计了所需资源和可用资源[22]。公共预算反映了财政收支活动的根本属性,是国家治理和战略管理的基础和重要支柱,已经上升为影响公共治理绩效的关键机制。

从公共预算的产生来看,由于市场在配置资源时也面临一些自身难以克服的难题,如外部性问题。因此,需要公共部门以"有形之手"对市场机制进行必要补充,公共预算正是这一"有形之手"的实施方式。

关于现代公共预算,预算学家克里夫兰(Cleveland,1915)理解为这是一个公共部门的未来收支安排,这个安排首先要包括所有部门的所有收支,在形式上要相统一;要把这些支出分配到合适科目中,并逐条分项列示;预算中的逐项开支都要标明支出理由,从而按项目的重要性分列排序;预算方案必须对部门的支出行为具有约束力,无预算安排不可支出,预算确定的支出用途也不能随意变更;预算方案必须要由审查机构(如预算委员会)批准授权,并在内、外部监督下执行;为了提高预算对公众的负责程度,预算方案与实施过程等信息需要及时公开[23]。当然,仅具备了这些形式要件还不能说就算建立了公共预算制度。王绍光(2007)研究认为,有预算的国家并非全是"预算国家",只有那些使用现代预算体制来管理财政收支运行的国家才算是"预算国家"。

在公共预算研究领域有一个差别,国内的研究主要由经济学者和财政学者进行,而在国外,公共行政管理学者也是研究公共预算的主要力量,甚至是最主要力量。因为预算制度是公共治理的最关键构件。在观察公共预算发展实践的基础上,国外的公共预算学者发展出多种理论模型刻画预算活动。有基于公共选择理论建立的尼斯坎南模型及修正的尼斯坎南模型①,在预算实施过程方面有威尔达夫斯基发展的渐进预算模型,在预算总量决策方面有基于公共决策的中间投票人模型(布坎南)、预算梯度增长理论(A.皮考克)等。

二、公共预算的两种范式

公共预算理论发展过程中形成了两种代表性的分析范式,一是渐进主义预算,二是理性主义预算。

(一)理性主义

理性主义预算理论的发端时间先于渐进主义。理性主义强调要事先确定可共同接受的价值目标,然后要获取尽可能多的关于预算项目和资源的信息,之后决策者从一整套可选择的方案中全面而系统地权衡其价值以确定最有经济效率的方案(Lewis,1952);其主要依据是边际效益相等和效用最大化两个经济法则。理性预算通过对可选项目的权重进行排序并运用成本分析法比较权衡不同项目的效益,力图达成一种"最优化"的预算方案,即最后一元无论投到哪个项目得到的收益都相等(Walker,1930)。20世纪先后发展起来的分项列支预算(Line - item Budgeting)、绩效预算(Performance - based budgeting)② 以及零基预算(Zero - base Budgeting)都有浓重的理性主义的影子。

(二)渐进主义

渐进预算强调预算主体能够掌握和处理的预算信息是有限的,在有限理性的限制下人们不可能对所有的预算选择进行逐一比较判断。从本质上讲,渐进主义的决策模式是一种政治决策主导的管理模式,因而预算的目的是追

---

① 二者的区别主要在于修正模型认为预算官僚的关注点是可支配的预算最大化。
② 这种绩效预算是20世纪40年代美国杜鲁门政府首先正式提出并实施的,它使"绩效"观念深入人心,并使预算管理更重视预算产出。但是,这种绩效预算与当前OECD国家包括美国的绩效预算模式(也称为结果导向型预算或新绩效预算)不同,最根本一点区别在于原来的绩效预算虽然重视完成了什么工作,但是缺乏对预算产出成果合理性及与自身政策目标一致性问题的分析。当前绩效预算研究中如果不特别区分,就是指的新绩效预算,本书也是如此。

求各方的满意度与合意性最大（不一定是最优的决策）。威尔达夫斯基通过《预算过程中的政治学》较完整地解释了渐进理论。在一个利益存在冲突且有限理性的环境中，预算过程就像渐进预算理论描述的那样，"（预算）几乎从未被当作一个整体逐年开展全面审查，没有依照现有备选方案重新评估已有项目的价值。预算建立在之前年度基数之上，只会顾及有限幅度内的增减"[24]。渐进主义理论对这几个方面有较好解释力：一是刻画预算中的博弈过程，特别是对决策制定和资源配置过程的刻画可以很深入详细；二是借助于计量回归工具，将经济、社会、管理等变量也纳入到分析框架，从而使渐进理论对预算结果中的边际调整行为有更强的解释力和预测力。

这两种理论范式都对预算过程有一定解释力，因而从本质上讲是竞争的关系，但是又有各自的明显不足之处。近年来，随着这两方面理论研究的深入以及预算实践的积累，两种研究不仅没有割裂对立，而是相互借鉴对方的有益观点补充自身体系，因而学术研究更倾向于以二者相调和的观点来研究公共预算过程，也就是预算管理的中间道路或者称"间断均衡"（Breuning&Koski，2006；於莉，2010），希望可以全面刻画公共预算运行过程。在实践中，将规划计划与预算制定相整合就是这种努力的证明。

第三节　现代公共行政管理理论

预算管理是公共治理的核心内容，公共治理方式的发展直接影响了公共预算的进程。这里重点介绍新公共管理和后新公共管理运动，从中可以发现其与现代公共预算的联系。

一、新公共管理运动

作为一种"管理主义"的改革方式，发端于20世纪70年代末的新公共管理运动（New Public Management，NPM）强调责任制和权责统一。以产出为导向，重点借鉴市场化的管理方法、理念、机制，重点是提高公共部门绩效（C. Hood，1991）。

（一）新公共管理运动的内涵

新公共管理运动强调市场主义。首先在价值观方面，新公共管理运动坚持顾客导向，强调要满足公众和社会需求，提供公众需要的产品服务；倡导在公共部门进行市场化导向的改革，实施绩效管理、契约管理和责任管理。适度分权、结果控制、绩效负责等理念都是这时候提出的，而且绩效管理中采用的"4E"（即经济、效率、效益、公平）评估标准也是新公共管理理念的产物。

它的主要做法是，把大的官僚机构小型化、分散化，压缩规模并在公共机构内部引进市场机制，防范政府失灵、X-效率等问题；借鉴私人部门管理经验，对公共部门管理的理论、技术、流程进行市场化改造，不断提高公共部门效率，称为"政府再造"过程。新公共管理的治理方式，如结果管理、外包、分权、绩效、扁平化科层等都体现了对市场主义的认同[25]。新公共管理的分权性、激励性和竞争性，无疑是对绩效评估标准的间接肯定。

（二）新公共管理对预算管理的影响

新公共管理运动对公共预算管理包括绩效管理有直接带动作用。新公共管理运动强调的市场化导向、契约理念、分权、对公众负责，都被称为企业家预算的新绩效预算所借鉴；政府绩效评价是实现新公共治理的有效战略工具，绩效评价是随着新公共管理运动而兴起的，而且绩效报告必然在财务上有所反映，形成透明、可监督的预算环境[26]；以新公共理念为引导，绩效评价不仅是公共部门追求施政绩效合法性这一战略目标的手段，同时也响应了社会公众要求参与公共治理、提升公共服务质量的诉求，这与当前在多地兴起的参与式预算直接相关；强调产出导向，强调支出部门必须响应公共责任，以及借鉴一系列市场化机制，直接触发了新绩效预算把产出结果同预算目标联系起来，并促使公共部门着手采用权责发生制会计、提高信息发布质量等。

同时也需注意，新公共管理运动把科层制的弊病归咎于公共部门组织结构、管理技术和运行机制的问题，并努力通过引入市场化的组织结构、管理技术以运作方式来解决这一问题。不过，许多国家的改革经历却证明此种改革方式也有不足之处，并带动了新公共管理的回潮。

二、后新公共管理运动

新公共管理改革施行近 20 年后，20 世纪 90 年代末兴起了新一轮公共治理改革，即后新公共管理运动（Post-NPM）。改革的重点从分权、压缩机构和市场化转向整体治理（Whole-of-governance，WOG）（Christensen & Lagreid，2006）。所谓"后"不代表"否定""放弃"或"代替"，而是在一定程度上继承并发展了新公共管理运动，有的是部分否定，有的则提出新的主张，有的是新公共管理改革的某种回潮，有的就管理漏洞进行补充，这些是后新公共管理的内容。

后新公共管理基本继承了新公共管理的理念，其革新是针对新公共管理改革倡导的市场化和分权化。由于部门之间欠缺协同合作，降低了效率、增加了成本，而且引致的"碎片化（Fragmentation）"[①] 问题愈发严重，部门间横向与纵向碎片化致使公共部门无法有效开展监管。后新公共管理运动提出整体性政府（Holistic Government）及整体性治理，主张适度集权、适度规制。虽然后新公共管理运动作为一种逆碎片化进程，是对新公共管理运动的回潮和修正，但是不能否认仍然保留了新公共管理的很多积极理念，比如绩效预算的理念不是被否定了，而是通过在预算目标和支出结果之间建立更直接、紧密的联系，绩效管理在内容和形式上都有了发展。美国政府推行的《政府绩效与结果法案》（GPRA）就是这一运动的直接产物。

三、公共行政管理对公共预算的影响

两次公共管理运动都意在建立责任型公共部门，新公共管理运动及后新公共管理运动的发展对预算管理产生了直接而深远的影响，特别是现代行政管理运动强调放松规制成为预算分权理论的依据，公共服务中引入私人竞争催生了预算的项目竞争，公共部门与私人部门合作催生了预算的隐性契约关系，结果导向型管理要求财务预算信息公开，这些创新措施已发展为现代预

---

① 碎片化是一个公共行政术语，指的是具有各自独立的职能区域和政策空间，以及在该领域的裁判权的不同部门，通过制定自己的政策议程，试图以最有效的方式运用自身资源，达到自己设定的政策目标，同时，它们也发展出了自身的组织个性或意识形态。在缺乏沟通和协调的情况下，各部门为了保护地盘，通常在合作的时候保留实力或者牺牲整体利益，而在冲突的时候相互侵犯。

算改革的基本制度来源。后新公共管理运动提出的整体性治理，更是对公共预算具有直接推动作用。这显示出现代公共行政管理运动与现代公共预算特别是绩效预算的发展之间，在理论渊源和实践依据方面都存在密切联系。

第四节 以综合视角研究国防预算制度

公共预算发展至今已经确立起了"无代表权不纳税"，"无预算不得支出"，"预算法定"等广泛被接受的原则。实际上，现代公共预算的建立、完善过程，也是公民预算理念逐渐进步的过程。通过建立和完善预算制度，不断修正落后的预算理念，同时提出、调整、巩固先进的预算理念。参考诺思的说法，非正式制度能"把将来和过去联接起来，是理解制度变迁路径的关键。"[27]那如何理解当前国防预算管理和改革过程？

一、公共预算研究涉及多学科领域

预算活动必然涉及多重利益，由于国防预算规模庞大，涉及编制、审批、执行、监督、评价及反馈等诸多环节，各个预算主体的行为动机、收益函数、目标取向不一而足。所以要理解国防预算过程就要基于不同学科和理论基础，建立起综合的分析视角。国防预算理论和实践的发展导致国防预算早已不是原来仅需要理性的成本效益分析就能得出结论的技术学科，原来经济学的纯技术分析路径虽然仍然存在，但对预算实际情况的解释力越来越不够全面。因此，借鉴国内外公共预算的研究成果，国防预算研究也需要在传统财政学、经济学基础上，向行政学、管理学、社会学等其他学科辐射，例如，整合公共产品理论、公共选择理论、产权理论、委托代理理论和交易费用理论，提高对预算关系、预算权力结构等预算环节的解释力。

（一）经济学和财政学视角

经济学和财政学长期以来都是预算研究的主要理论，二者以追求经济效率为主要目标。新古典经济理论自19世纪末以来经过不断完善，已经发展成为一种完整、简洁、有力的分析范式，迅速成为主导预算研究的重要理论。

新古典经济学的边际分析、成本收益分析、一般均衡分析成为优化资源配置的基本工具。同时，预算管理理论通过结合福利经济学原理，发展出了预算支出最优规模、结构、绩效以及公共预算支出对整个国民经济社会的总体福利影响等相关理论。国防预算受此方面影响最深，国防经济学中关于军费支出规模、结构及社会效益的一系列经典分析框架正是脱胎于此。在参照经济分析方法的基础上，预算管理分析同样移植了新古典经济学的诸多假设，包括以公共产品理论为分析基础，基于理性人假设、完全信息假设以及隐含的零交易费用假设等，通过边际分析、成本效益分析、帕累托最优分析构建自身理论框架，尼斯坎南模型即是例证。

不过，经济学主导下的公共预算理论倾向于把预算本身看作是纯粹的技术性、程序性问题，和市场的"投入——产出"过程类似，但却忽视了公共预算的本质上是资源的政治性配置、支出和改革的进程，因而无法揭示公共预算活动的本质[28]。

（二）行政学视角

行政学视角下的公共预算管理是公共治理体系的重要组成部分，本质上是围绕公民、代议机构和预算官僚之间公共选择过程。经济学分析工具的广泛运用，在预算理论发展的初期阶段推动了预算理论研究的科学化、规范化，对预算微观层面问题的研究提出了大量科学解释。但是如果一种理论缺乏对制约预算实际过程的预算权力结构和预算关系的分析，就不可能深入地解释预算行为何以成为可能以及如何行动，不可能是一种全面的解释理论。正像威尔达夫斯基说的，"预算不可避免地会与政治治理发生关联，影响预算的最直接方法就是改革基础的治理制度。不如此，预算活动就不会发生显著变化。如果最终的预算结果与之前并无二致，那修补预算机制就没有意义"[29]。因此，从行政学的视角研究预算进程具有理论和现实的重要性。

行政学视角下的预算研究可再细分为两类。一类是分析预算政治进程和治理环境。自20世纪60年代起，以威尔达夫斯基为代表的关于预算权力结构及政策过程的分析重新兴起。行政管理学者强调预算的治理属性，重点提出预算是所有预算主体围绕与各自相关的核心议题进行谈判、妥协、交换的决策过程，特别是预算过程显示了对不同偏好的支持，以及在预算约束条件下公共部门的权责划分、监督制约、公共参与等问题。关于预算行政学属性的研究有效弥补了经济学理性人假设的不足，因而成为预算管理研究的重要方向。由于行政学研究强调预算的治理性质,所以认为预算是各个预算主体就支出项目进行竞争、妥协、交换的行政治理过程。行政学视角把研究重点放在预算过程对不同偏好取舍以及预算条件约束下公共部门的职能、结构、责任、改革等问题。另一类是在融合、修正的基础上进行多学科综合研究。20世纪70年代以来,以布坎南、尼斯坎南、奥尔森等为代表的学者以新古典经济学的理论框架和分析工具为基础,同时对预算官僚行为进行了修正(例如,假定追求自由裁量权最大化)、引入了治理框架(法律制约、权力结构等)因素,因此开创了新政治经济学的研究范式,预算的研究呈现出多学科交叉融合的趋势。而且要注意的是,这两类研究虽然不是制度经济学的范式,但是提供了大量关于预算非正式行为分析的素材。

(三)法学视角

预算内在地具有法治属性,这种法治属性体现为制定预算要通过法定程序、由立法机构审查后批准,整个公共预算流程都应在法律框架下进行。公共预算支出是为了实现公共目的,因此预算支出的合法性来源就需要确保预算方案是经过公共选择产生的,而在代议民主环境下,这种合法性体现在公共预算方案需要经过代议机构的审查和批准才能实施;并且,预算一经批准就被赋予强制性和权威性,需要严格遵守执行。从法学视角看,主要研究的问题是代议机构等外部控制力量对预算过程的监督控制,实现有实质意义的预算法定,预算非经立法授权不能实施;还要分析预算方案的修正与审批授权机制;推进预算监督、绩效评价和绩效问责,确保经费支出权责对等。

(四)管理学视角

管理学视角下的公共预算是一种行政治理的辅助工具,以规范的经济数字展现公共选择的结果。预算的管理属性强调预算的功能性特征,旨在优化预算的控制、管理、组织、协调、沟通、规划等职能。随着"科学管理理论"和新公共管理运动的兴起,公共治理的方式直接影响和催生了预算管理范式的发展。当前,预算研究中普遍注重把管理学在行政部门和私人部门中的最新方法、理论和工具整合到公共预算管理中。

管理学与行政学的研究视角有相通之处,都是侧重研究科层化、专业化的预算管理机制和管理流程,也同样重视价值与文化对预算过程的影响,预算组织文化是管理学的重要研究内容。不过,管理学的研究视角也存在一定局限。由于管理属性主导的预算过程同样是强调完全理性,认为政治过程会降低预算效率,因而主张通过设计中性的预算程序来实现预算理性。

综上分析,国防预算研究应当采用多学科相互整合的视角。公共预算(包括国防预算)理论的形成和发展反映了经济学、行政学等多学科的问题。对现代预算管理而言,不论是努力建立一种以预算权利平等、行政权力制衡为基础的预算选择机制,还是实现公共部门理财法制化、公共预算决策和监督民主化,相关研究都是各学科取长补短,只有如此才会提出较为完整的预算解释框架。例如,20世纪70年代以希克斯、奥尔森、布坎南为代表的学者以新古典经济学的核心假设、分析框架和方法工具为基础,把预算研究与预算对公共部门的监督约束、官僚预算最大化行为等问题联系起来,成功地开辟了预算理论的新政治经济学研究领域。通过交叉融合,能够帮助我们既了解预算制度改革的必要条件,也明白制度改革得以实现的充分条件。

二、国防预算研究应坚持多学科视角

现代公共预算研究由于坚持多学科相互交叉融合,因而促进了非正式制度理论、现代公共预算理论和公共行政管理理论的融合。对国防预算活动而言,从表象来看同公共预算一样是一种汲取、分配和使用公共资源的技术性活动,然而仔细观察会发现其背后同样隐藏着深刻的管理学、行政学等理念,在资金管理、目标效率、预算权力分配、预算公平和预算民主等诸多层面的预算管理议题,将行政管理理念、部门行为动机、预算权力结构以及预算文化、传统习俗、认知理念等各类制度因素联系起来。因此,原来单纯的技术路径并不足以理解国防预算管理的全貌,同时缺乏对国防预算制度变迁的有力指导,如果仅坚持单学科的研究模式就会发现,越来越难以理解国防预算管理的全貌。在研究国防预算管理现状和制度改革时,更多地会用到非正式制度理论、现代公共预算理论和公共行政管理理论相融合的分析方法。

本书在研究重点上,一是要加强对预算权力运行过程的理解。国防预算往往从技术层面和经济角度被理解为各级的收支计划,将其定义为最根本的财政分配手段,但这不能全面反映预算分配关系,预算权力的作用不应被忽视。二是要以预算关系的视角理解预算运行过程。我们对国防预算的运行全貌,比如各个预算主体的相互关系和相互作用、各自的行为逻辑等,还缺乏深刻描述。这一过程通过分析非正式制度的作用、形式及与正式制度的关联，将会改进对国防预算过程的解释。

三、本书研究的前提假定

（一）正式制度与非正式制度不能替代

有必要先纠正预算研究中的一个误区。以前研究公共预算理论或是公共行政理论时，都有一个长期存在但又容易被忽视的误区，就是研究者自觉不自觉地把预算制度建设等同于书面的、正式的规章制度和法律法规等正式制度建设，这可能是由于没有充分意识到未成文的非正式制度也在发挥作用并且会影响正式制度，或者是没有展开这方面研究。因此，探讨预算制度改革的隐含逻辑都是从设计正式制度出发，并没有把广泛存在并发挥重要作用的非正式制度纳入到考察范围。本书认为，正式制度和非正式制度都无法完全独立存在。预算正式制度虽然是理性设计的规则，但在实际运行中会遇到这样那样的实施困难，特别是往往容易与非正式制度产生矛盾[30]。正是由于二者之间可能产生矛盾，部分正式制度在实施过程中会面临失效问题。

（二）预算过程无法确保完全理性

以前预算改革特别是理性预算改革都潜在地假定预算行为主体具有完全的理性思维，体现在：第一，认为能够通过技术改革和加强管理就能实现最优资源配置，取得最大经济效益。第二，预算主体能够掌握达成理性预算目标的知识技能与信息储备，并正确运用以指导预算行为。这里隐藏的含义同样是，只要建立健全正式制度就能达成理想的预算目标[31]。本书认为，预算主体是有限理性的，各种信息的成本很大，预算的完全理性很难实现，理性主义的预算模式很难实现其所有理论目标。受到行为主体目标的非一致性与信息分布不均衡的限制，预算正式制度发挥作用时离不开非正式制度的支撑。

小 结

公共预算研究中多学科的融合是一种应然趋势。四种学科方向、三种理论体系为研究国防预算治理奠定了融合交叉的理论基础，搭建起了连接制度经济理论、公共预算理论和公共行政管理理论的桥梁。例如，在预算制度制定过程中，新公共管理运动由于与公共预算制度改革具有内在一致性，直接带动了绩效预算的兴起；后新公共管理的整体性治理思路对优化预算管理有积极示范意义；而在制度执行中，非正式制度的重要性逐渐为人所知，这反过来推动我们在预算制定与实施过程中考察正式、非正式制度的关系。

当前，国防预算研究总体来看还处于学科间相对孤立的状态，以经济学和财政学为主，跨学科的综合研究还不够充分。这提示我们，以综合视角进行研究，有助于深入理解国防预算过程的全貌，为预算管理和制度改革提供新的洞见。

第二章 国防预算制度改革发展的历程

第一节 现代公共预算发展的一般经验

一种好的预算管理模式对公共治理有无法替代的重要性，国防财政领域也是如此。按照希克（A. Schick，1991）的说法："毫无夸张，国家治理能力的高下在很大意义上体现为预算管理能力。"有公共支出不一定同时具有公共预算，只有当预算管理实现了从"税收国家"向"预算国家"[32]转变，真正意义上的预算才算建立。"预算国家"产生后，从根本上改革了公共资金收支模式，还从基础上影响了现代国家的治理模式，推动了公共部门职能与施政理念的进步。现代公共管理运动中的"政府再造"就是当前公共预算改革进程的逻辑起点与现实归宿[33]。现代公共预算的基本成就可以归结为，树立了五项根本原则，拓展了预算的三种职能，实践了多种预算模式。

一、建立起了现代预算管理原则

预算原则代表了现代公共预算的灵魂，是区别各类预算模式的关键。公共预算发展至今形成的被普遍接受的原则包括公开性、完整性、可靠性、年度性、统一性。这五项原则是公共预算发展历程中经过预算各参与方反复斗争和妥协后达成的一致意见，具体表述在不同的预算环境中有所出入，但是仍然保持了基本面貌[34]。

(一) 公开性原则

预算资金集众人之财,也必须确保是为众人办事,这是公共预算的本意。故而,公共预算除少数涉密的内容之外,都需要以规范、统一的形式及时向公众披露,使预算处于公众的有效监督下。

(二) 完整性原则

所有预算经费收支都必须能够通过预算报告予以反映。一方面所有的经济资源都应当纳入到预算统筹的框架内,另一方面所有项目活动必须通过预算分析才能得到资金支持,不应存在游离于预算管控之外的经费收支活动,不能有不纳入预算管理的资金收支,也不应存在不受审查即可自动支出的"法定预算"。这样做的目的既是提高资金的支出效率,更是为了确保预算收支不被用于私人目的。

(三) 严格性原则

首先公共预算的收支数字需要准确、详细,以全面反映经济活动的成本收益,为组织财务收支提供依据。其次在支出过程中必须严格遵守事先制定的预算计划,对于因情况变化调整预算方案,必须经过程序批准。严格性原则曾经是公共预算的最重要指导原则,但是随着预算模式的变化,不同模式对预算执行中的控制力度有不同标准,对于是否允许调整项目支出,决定权可能下放到支出部门,但是会面临更严格的支出目的审查和预算结果评价。因此,虽然形式发生变化,但严格性的实质还是保持不变。

(四) 年度性原则(或非连续性原则)

公共预算应按照财政年度编制,财政年度规定了预算的起止日期,一般长度是一年。多数国家的预算年度与日历年度相同,有些国家则不同。实际上,现代公共预算虽然也强调年度性,但是已经赋予了"年度性"新的含义,即预算应当是非连续的,不能只有开始没有结束,只有经费支出没有结果产出,不存在长期不受审查的无限滚动支出。预算既要有初始决策,也要有过程管理,还要有预算结算和绩效评价,从而形成一个完整的预算周期,即使多年期预算模式也应如此。

（五）统一性原则

一方面在预算收入阶段，不同科层的预算单位编制的预算应当口径一致，以便准确统计预算收支状况，为政策制定提供有效数据作参考。另一方面在预算分配阶段，统筹各类经济资源集中分配，兼顾预算公平和效率。

二、预算管理职能有不同侧重

为何不同的预算模式会有各异的管理特点？这与其承担的预算职能直接相关。希克（A. Schick, 1966）认为，每一种预算模式都承担着计划、管理和控制三种职能，但是根据预算类型不同而各有不同侧重点，而且事实上三个职能相互冲突、不可兼得[35]。

预算的计划职能是确立支出目标后，评估并确定项目支出方案。预算的计划职能体现在预算筹划阶段的各项工作当中，处于预算的宏观层面。预算的计划职能并不主要关注预算实务，而是关注如何协调政策与资源，比如公共部门的政策目标同经济资源的适应与调整，预算支出目标如何与政策目标保持统一，评估政策的资金需求时如何取舍等。

管理职能是将确定好的预算目标具体化为预算行动，关注的是预算实施过程，确保政策目标和经费预算相互匹配，处于预算的中观层面。管理职能关注的问题是如何确定达成目标的预算支出方案，什么样的项目应该支持，什么样的项目要取消等。

预算的控制职能是公共预算发展初始阶段的最重要职能，关注点是执行过程和结果，确保预算执行和政策目标保持一致，处于预算的微观层面。控制功能主要关注的问题是，如何确保预算支出符合预算方案，如何对支出部门的行为进行更有力的控制，如何设计严密的监督管理流程等。

虽然预算管理有这三种职能，但是在预算发展的不同阶段会有所侧重，不可能同时侧重三种职能。在公共预算起步阶段，控制职能是管理的重中之重。或是因为技术手段不能支持，或是治理体制不能兼容，对统筹政策制定与资源配置、确定预算支出目标等管理、计划职能不够重视[36]。不过，正如美国公共管理学家 Jonathan. Kahn 所言，一种理想的公共预算模式必然为公共部门附带了多重责任，而不会把预算单单局限于配置经济资源这一技术性、工具性层面。随着预算技术的发展、公共预算理念的进步以及公共行政管理运动的直接影响，预算过程的正规化得到了有效提升，计划职能和管理职能逐步成为预算改革的重点。从传统预算到 20 世纪 40~50 年代的绩效预算、60 年代的规划计划项目预算（PPBS）、70 年代的零基预算以及以 1993 年美国联邦政府提出 GPRA 为标志的新绩效预算，这些管理模式无不凸显了预算的管理与计划职能。公共预算职能的对比如表 2-1 所示。

表 2-1　　　　　　　　　公共预算职能的对比

	管理层面	对应的预算阶段	治理的重点	代表模式
控制职能	微观层面	起步阶段较强，之后会弱化	提升技术，确保规范	分项列支预算
管理职能	中观层面	随着公共预算的建立而发展	项目的筛选和排序	规划计划项目预算
计划职能	宏观层面	现代公共预算的共同特征	统筹政策与预算制定	新绩效预算

资料来源：自制

三、公共预算经历不同发展阶段

凯顿（N. Caiden, 1988）认为，根据预算的汲取能力、负责程度、控制能力的高低，公共预算管理经历了三个阶段，即前预算时代（Pre-budgeting era）、预算时代（Budgeting era）和超预算时代（Super-budgeting era）[37]。汲取能力是公共部门通过税收等获取财政收入的能力，负责程度刻画的是公共部门借助预算履行社会公共责任的有效性，控制能力是指预算过程中对部门支出行为的控制能力。这三个标准与公共预算的功能有相通之处。控制能力是预算控制职能的体现，而预算的负责程度则是管理职能、计划职能的体现。凯顿按照在汲取能力、负责程度、控制能力方面的高低划分了预算三个时代，如表 2-2 所示。

表 2-2　　　　　　　　　　　预算阶段划分①

	汲取能力	负责程度	控制能力
前预算时代	高	低	低
预算时代	高	高	高
超预算时代	高	高	低

资料来源：Caiden, Naomi, A new perspective on budgetary reform. *Australia Journal of Public Administration*, 1989, Vol. 48. No. 1: 53~55.

第二节　国防预算制度改革发展的主要历程

在国家层面，自 1994 年进行财政收入制度改革后，从 1999 年开始国家又着力推进预算支出改革，确立了建立公共预算制度的目标。通过进行部门预算、国库集中支付制度、政府采购制度、政府收支分类改革以及强化"收支两条线"管理等措施，正逐步建立起适应现代预算要求的管理体制。类似的，国防预算也经历了从预算收入改革到支出改革的过程，国家公共预算制度改革成为国防预算制度改革的发轫点。

一、国防预算制度改革的三个阶段

国防预算制度自建立至今经历了从前预算阶段向预算阶段的转变，当前正探索预算绩效管理。大体而言，国防预算制度改革可以分成三个递进演化的阶段，各个阶段的目的、改革内容和改革指向各有侧重。

---

① 该划分标准是根据西方主要国家的公共预算发展经验总结的，跟我们国家的经验似乎不完全一致。例如，在预算时代，公共部门的负责程度很可能还是较低的，因为在对预算职能的分析一节中我们知道预算的计划和控制职能不易兼得；还有就是超预算时代和前预算时代的预算汲取能力都很高，但应当具有不同的含义。由于坚持"小政府，大市场"，西方国家的收入汲取在总量可能增长不明显，这里的高汲取能力在超预算时代可能更多地是指税收效率和公平性更高。当然，列举此表是为了更好地说明预算发展阶段的划分。

(一) 形成和长期稳定阶段

2001年预算编制改革之前的前预算阶段，预算形式上是单式预算，管理目标上是总额平衡，方法上是基数加增长。主要特征有：既缺乏内部控制也缺乏外部控制，预算权力极为零碎，特别是由于部队经商的影响，财务部门根本无法有效掌控单位财力资源的收入与支出，预算经费被分解为一块块"政策领地"；缺乏现代预算管理理论指导，预算核心理念自军队财务建立后就没有发生实质性革新，很少有对将来预算模式的构思；预算管理（实际上包括整个财务工作）被视作一种供应保障的工具，其地位和作用均不突出。

这一时期的亮点是在20世纪末通过明确"军队吃皇粮"，对预算收入进行了有效整顿，为逐步统一各级的预算收入奠定了基础，堵住了多头来钱的口子，开始建立"一个口袋装钱"的收入管理模式，把预算内和预算外、来自国家和地方的拨款集中于财务部门，初步确立了财务部门的管控权威；但就整体而言，这一时期的预算管理依旧十分粗放低效。

(二) 初步改革阶段

从2001年开始至今，属于国防预算制度的初步改革时期，重点对预算支出进行了改革。在深化预算收入改革的基础上，2001年开始改革预算编制方法，改革的主要内容是分类预算、细化预算、零基预算和综合预算。针对预算支出，改革目标是重塑预算管理的编制与执行流程；继续完善预算外收入的收支两条线管理，强化预算收入制度改革成果；突出正规性，强调财务部门的控制能力，加强对预算外经费的管理，预算外经费收入和支出都要统一缴存，统一分配支出；采取多重配套改革措施，强调预算效益，这一时期提出的"科学理财"既是预算改革的手段也是改革的目标，包括两个方面，一是提高资源的配置效率，实现"要得清楚，给得明白"；二是提高预算的支出效率。总体来看，这一阶段的预算制度改革是要通过制定完善的法规体系、确立严格明确的预算流程，从而建立和完善一种控制取向的预算管理制度。

(三) 深化改革阶段

借用凯顿的划分，也称为超预算阶段，体现了国防预算制度变迁的"双进程"演化路径。以2011年开始探索的财务管理综合评价试点和2014年发布实施《关于开展事业经费绩效管理的指导意见》为标志，探索绩效预算、责任预算和民主预算,追求绩效管理的尝试,探索部队财务管理综合评价,探索财务信息公开,为深化预算制度改革准备了条件,预算改革无论是在深度和广度上都有极大拓展。2018年政策制度改革以来,以建立现代预算管理制度为牵引,预算和财务体制机制面临整体性重塑。在深度上,在利用信息手段提升预算管理技术的同时,注意到预算权力结构和预算关系的作用,从技术层延伸到决策层;在广度上,改变过去单纯由财务部门控制和主导的情形,支出部门与财务部门建立起合作关系将会发挥更大作用。表2-3是对以上阶段划分的简单总结。

表2-3   国防预算的发展历程

	时间	管理的内容	管理重点	预算模式
长期稳定阶段	2001年预算编制改革之前	供需矛盾十分突出,基本处于"吃饭型"财政阶段	基本完成了预算收入改革	传统预算
初步改革阶段	2001年开始	供需矛盾有所缓解,重点是向科学管理要效益	在巩固预算收入改革的同时,着力规范预算支出	分类预算,细化预算,零基预算,综合预算
深化改革阶段	2014年开始在部分项目中实施,在政策制度改革中全面重塑	强调国防预算要与国防战略和政策目标紧密联系,突出目标导向,加强绩效管理	重视预算结果和完成政策规划目标的程度	目标导向、绩效管理、预算公开

资料来源:综合财务管理相关法规制度整理

二、国防预算制度改革的基本经验

现代预算制度的发展情况表明,预算管理的演进作为一个由低层次向高层次螺旋上升的过程,需要循序渐进,正式和非正式的制度资本需要逐步积累,没有跨越式的捷径可走。国防预算制度自2001年改革以来的主要成就和基本经验如下。

第一,改进了预算管理技术。实行预算收支分类改革和公务卡支付结算,借鉴公共财政的国库管理制度,采用现代财政管理方法和技术手段,替代传统的现金结算,建立起更方便、安全的资金支付结算机制;当前着力推进的五项财务管理改革①,共同点都是着眼于强化财务监督制约,目标指向是标准控制、精确保障、严格管理、约束开支,提高预算编制的准确性,强化预算的调控能力,建立起严密规范的预算管理制度,提升预算的规范性和执行力,比如对行政消耗性费用采取总额控制、限额包干、货币支付、钱事分离、预算单列的方法,努力变弹性开支为刚性开支。

第二,预算改革确立了双重目标,同时推进,但是有缓有急、次序分明。一方面,改革以强化预算控制、建立控制取向的预算为首要目标,同时也着力强化预算分配效率和使用效率,提高预算资金产出比。国防预算改革既注重加强财务收支的调控能力,努力提高法规体系在预算管理中的主导作用,建成"一个口袋装钱,一本预算安排,一个账户收支,一套账簿核算,一个渠道管理"的控制型预算体系;同时,着眼财务管理的科学化、精细化目标,着力提升预算经费支出的效益效果。从现代公共预算制度的发展历程来看,首先经历的阶段是如何通过建立有效的外部控制和内部控制,将预算权力运用和预算管理过程纳入规范化、法治化的框架内,建成控制导向、较为规范的预算管理体系。这种传统模式是预算发展历程中的一个必然阶段。当前,国防预算改革一方面要巩固既有制度成果,打牢基础,同时也要瞄准预算发展前沿,及时跟进最新的管理技术与理念。正是因为坚持这种知彼知己的认识,国防预算改革才能处理好双重目标的关系,才能做到"蹄急而步稳"。

第三,预算改革先中心后外围,先主干后枝干。先建立预算制度主体框架,确立改革的基本方向,然后逐步完善细则,逐次推进,针对性地推出各类支撑性制度,这种供给型制度变迁可最大限度地节约转轨的时间成本和协调成本,因为预算制度改革除了要适应自身条件外,还要适应所处的外部环境。例如,在预算编制改革的基础上,加大了预算统筹力度,在一定程度上收拢和规范了各部门的财权,确立预算的统一性、规范性和严肃性;通过经费支出标准化等五项财务制度改革,着力完善零基预算机制,建立起一个规范严格的预算管理框架;在提高预算规范化和控制力的同时,着力加强了预算的配置效率和执行效率。总体来看,国防部门正逐步完善符合现代预算标准的预算框架,如表2-4所示。

---

① 指经费标准一体化、资产管理与预算管理相结合、经费预算与资金收付相分离、行政消耗性费用和公务卡支付结算等五项改革。

表 2-4　　　　　　　　国防预算不同模式的特征分析

特征	传统预算	2001年改革以来的预算	预算绩效管理
预算的主要任务	在保障财力资源的同时加强对各种收入的管理	确保预算支出符合预算方案和法律法规	确保预算支出达成预定的绩效目标
预算功能	供应保障，核算监督	供应保障，核算监督；控制	计划、管理
预算制定与决策的关系	缺乏联系，财务部门主要是预算的汇总者和支出的记录者	仍然缺乏整合这两个过程的能力，但财务部门作为党委管财的参谋职能已经凸显	由核心预算机构有效整合政策制定过程和预算制定过程，政策规划要考虑资源约束
预算重点阶段	组织预算收入和预算投入总额	投入总额和预算支出过程	预算支出目标和预算结果评价
财务部门主要职能	会计与出纳	会计与出纳，支出监督	预算过程监控、预算绩效评价、趋势分析
财务部门与支出部门的关系	主要是服务关系，控制能力较弱	既是服务也是控制的关系	平等的契约关系
对信息的要求	对信息的需求量较少，数据挖掘和开发利用的程度很低；各部门之间信息相互封闭	除了要掌握经费、物资两种资源的数字信息，也开始要求掌握更多的支出项目信息；总体上信息仍是对内服务，不对外公开	较高的信息挖掘、量化分析能力以及权责发生制的会计法则和信息公开机制
预算决策模式	零碎化的、部门自下而上自发形成的，"政策领地"决定了预算方案	预算零碎化的现象依然存在，但财务部门加强了对预算方案的合规性、经济性审查	预算决策是自上而下的，资源约束和政策总目标是各部门形成预算的关键依据
对预算的评价标准	组织预算收入，保障项目完成	预算支出的合规性	完成政策目标的有效性

资料来源：自制

第三节　国防预算制度的特征

国防预算制度改革是一个历史过程,需要与所处的经济的、行政的、技术的制度环境和发展目标相适应。因此,明确当前国防预算的特征,对于针对性地加强预算管理以及明确下一步制度改革的目标都十分必要。

一、国防预算管理坚持控制取向

对国防预算制度改革的考察,要结合 1998 年 "军队吃皇粮" 的大背景分析。当时,资源供需矛盾一直是国防预算管理中的主要矛盾。在从预算收入方面控制了无序的经费来源后,从 2001 年开启的预算编制改革势必要把重点放在提高对预算支出的控制力上面,提高预算支出的规范化。另外,虽然在 1998 年已经明确 "军队不经商",但是 2001 年开始的预算改革仍然面对一个极度混乱的财经环境①。各部门预算收支自主权相当大,大量游离于财务部门的管控范围之外的经费收支亟待规范,财务部门的各项职能和权威都到了相当弱化的程度。因此预算改革在初始阶段坚持控制取向势在必行。

所谓的控制取向包括对预算支出的内部、外部控制。当前,国防预算主要是总量控制而非对事业部门和经费的全面控制;主要形式采用内部控制,缺乏有效的外部控制。财务部门按照年度性、一致性、严格性和全面性的原则对支出部门的支出申请在支出前进行详细审查,在结算时进行详细核对,确定各项支出符合年度预算(以分行列支的形式)安排。这种控制取向的关注点是预算投入和预算实施过程,合规性是预算管理的目标。财务部门(或核心预算机构)在这一过程中着力强化预算的权威性,与支出部门之间形成监督与被监督、管理与被管理的关系。逐步实现统筹单位各类预算资源,建立起财务单一账户体系,实施资金集中支付,建立起财经集中统管运行机制。按照 "先收后支,先统后分" 的要求,对统拨经费、预算外经费、代管经费、存量资产等,都归集到党委统筹范围内,并归口到财务部门统一配置和使用。

---

① 此轮深化国防和军队改革中,全面停止对外有偿服务是改革目标之一。

当前，国防预算的控制职能建设还很不完善，主要控制目标还是基于定性控制基准的总量平衡，还没有健全一个量化的、事先设定的财政约束基准，预算的可预见性差，预算的调整幅度仍较大，而且控制投入上还是遵从型、合规型控制；只有支出控制而没有结果控制；不仅后勤、装备财务分离造成了经费资源的割裂，即使在后勤部门内部，财务部门的预算控制能力也受到支出部门的分割，形成一种"零碎化"的预算格局①。

二、国防预算改革重点是技术方法

国防预算改革初期的技术取向较为明显，特征是重点关注于预算对象而非预算关系，重点关注于技术而非政策过程。2001年启动的国防预算改革称为预算编制改革，也从侧面突出了预算改革的技术导向。

之所以说之前的改革在总体上是技术性、方法性改革，体现在预算改革的重点在预算程序、方法，加强财务部门的控制职能，这可以看作是对财务部门本身应有职能的回归；还有优化流程方法、创新编制技术，也体现了预算的技术特征。而且从整体来看，这次预算改革既没有有效优化预算权力结构、没有重塑预算关系的运行，也没有明确确立起反映国防预算本质属性的预算理念。作为对比，以英国光荣革命为代表的资产阶级议会与王室的一系列斗争，确立起"无预算不得支出"，"预算法定"等根本性的预算理念和原则，成为公共预算发展的指针。显然，国防预算还没有形成一个统一的反映自身特征的基本价值取向和预算理念，预算改革仍然主要是学习预算方法、技术、程序等技术性事务。

不过，技术性的改革方式在当前是合理可行的。由于这是一种先易后难、逐次推进的方式，符合渐进预算特征，是渐进式改革而非激进改革，因而能够不断试错，积累经验和制度资本；先从中间突破再到外围强化改革成果，先确立起预算核心框架，之后不断建立外围支点（五项财务制度改革即是如此）。这其实形成了一种以"零敲碎打"的方式，达成从量变到质变转换的预算改革模式，有助于以稳定、可控的方式改革预算管理制度框架。尽管改革并不均衡，各种问题依然很多，特别是监督和责任管理尤为薄弱，但是无论

---

① 综合了董承勇（后装合一财务报账问题浅探［J］. 军队财务，2013（5）：30）；杨学忠，帅秀伟（以主题主线为指导，优化军队财务管理机制，军队财务［J］. 2011（12）：9）；张虎，王梓栎，何雨汀（基于目标导向的军队绩效预算机制构建，军队财务［J］. 2012（10）：13）等的分析。

如何,一个初步规范化、法制化的预算框架为进一步借鉴现代预算管理制度提供了必要的基础条件。

三、国防预算总体上是投入预算

在总体上,现阶段的国防预算与分项列支预算(Line－item Budget)类似,都是典型的投入型而非结果型预算。其主要做法是在预算编制中对经费资源根据投入的各资源科目(Line－item)详细列示,明确经费归属,其主要作用是预算总额控制和缓解资源供需矛盾下的部门冲突。当前,投入型预算与预算的控制导向,同改革的技术特征相适应。国防预算从之前既没有外部控制也缺乏有效内部控制的"前预算时代"发展而来,财权极度分散,部门开支极为随意,财务部门既谈不上有集中统一的财权控制,更无论追求更高层次的配置效率和支出效率。因此,通过强化控制导向、改进技术手段强化财务部门的权威,必然会从预算投入阶段着手,控制住财力支出的"源头"。

但是要注意到,投入型的预算既不能反映资源分配的合理性,也不能据此审查预算完成的有效性。当前,国防预算仍然存在预算体系不健全、预算信息不够透明、预算管理口径不全、预算约束软化、资金配置和使用效益较低等内在问题,反映出的是长期存在的预算权力配置不合理、难以整合政策与预算、财政监督问责能力弱化和缺乏目标导向等深层次问题。现代公共预算基本上都经历了一条从重视控制约束和以投入为导向的传统模式,向重视配置效率和产出为导向的结果型预算的变迁路径。要解决长期存在的深层次问题,国防预算在巩固了现阶段成果后必然会寻求转向结果导向的管理模式。因此综合来看,由于预算控制能力不足以及和资金绩效低下,我们总体上还处在继续深化"预算时代"的阶段。

四、国防预算处于"双进程"演进阶段

本书适当改进凯顿的预算时代划分框架,设计四个指标刻画国防预算的发展阶段。一是看收入汲取的规范化程度,看是否有预算外经费收支,经费

来源能否"一个口袋装钱"[1];二是看政策与预算结合的紧密程度,只有通过政策引导预算资源分配,并以预算资源约束修正政策方针,才能制定有效的预算方案;三是对预算执行的控制力度,也就是支出部门的自由裁量权所受到的约束;四是预算的负责程度,主要考察预算执行的可监督性、完成预算目标的可核查性以及问责机制是否完善。

虽然随着各项财务制度改革的实施,预算控制体系已经逐步完善,这一阶段已经接近完成,不过建立控制严格、支出规范的预算体系仍然是当前的政策重点,而且在如何有效整合资源配置的"技术过程"和决策制定的"政策过程",以及提高对预算结果的负责程度方面,显然现有制度还有待加强。因此,国防预算管理总体上处于从"前预算时代"加快向"预算时代"[2] 演进的阶段。还要注意到,虽然预算时代和超预算时代的收入规范化程度都较高,但是二者无法在预算配置、支出和结果三个过程中同时具有较高的能力(具体原因在第六章分析)。从 2014 年国防部门开始实施的预算绩效管理措施来看,尽管还不是严格意义上的绩效预算,但可以预计最终指向将是以预算支出结果为导向、整合政策与预算的模式,因此这些改革措施又显示出"超预算时代"的特征,如表 2 - 5 所示。

表 2 - 5   国防预算发展阶段分析

	收入汲取规范度	政策与预算的结合程度	支出控制	负责程度
前预算时代	低	低	低	低
预算时代	高	低	高	低
超预算时代	高	高	低	高

资料来源:转引自马骏、赵早早主编,公共预算:比较研究,中央编译出版社,2011。

国防预算制度变迁遵循的是"双进程"演进路径,既建设一种控制导向的预算模式,也在探索一种结果导向的模式。目前来看,这种双进程路径应该并不冲突[3],一是因为当前的管理重点还是规范预算支出,加强控制的有效性,绩效管理还处在探索和积累经验阶段;二是因为我们是在控制型的预算模式逐步健全的形势下才开始探索绩效管理,符合预算改革的一般经验。

---

[1] 这里不是看预算收入汲取能力而是看收入的规范化管理能力,这是因为虽然国防预算是公共预算的组成部分,但是国防预算来自于国家拨款,不直接涉及税收、公共债务、还款、转移支付和超支等公共财政问题,所以只需关注如何管理分配的资金即可。
[2] 包括两个最重要的判断条件,即集中统一的预算控制和明确的结果导向。
[3] 具体分析见第六章。

第四节　国防预算制度改革发展的模式

一、理性主义与渐进主义模式并存

国防预算制度改革在理念上坚持理性主义，但在实践中由于不能完全落实理性预算的内核，因而夹杂着渐进改革的影子，成为一种混合的预算模式。

（一）理性主义与渐进主义的关系

理性主义预算改革代表了一种分析性的"择优机制"，坚持价值标准，重视经济效率，要求预算人员以最有经济效率的方式提供公共产品。理性主义首先要发现所有可行的备选方案，然后根据成本效益分析工具，以择优机制为判断标准，为各个预算方案赋予价值，选择投入最少、产出最高的方案。

预算渐进主义理论认为，预算管理本质是一个决策过程，需要在实际环境中考虑经济因素，预算决策必然是建立在可行的选择之上，也就是说从边际增量上寻求变化是一种更可取的模式。这方面的代表人物有威尔达夫斯基和林德布罗姆。渐进主义的预算是一种有限调整、多数支出保持连续、预算整体相对稳定的行为模式。由于预算要根据现实环境及可能条件，寻求可以支持预算制度变革的增量因素，因此这种预算"没有按照全部可能的选择方案重新比较当前项目的价值。相反，这些预算以之前预算为基础，只关注有限幅度的增减"[38]。故而，当年预算就无可避免地表现出之前年度预算的轮廓。

可以看出，理性主义和渐进主义一个代表预算的应然过程，一个代表实然过程，一个代表理论的设计，一个代表实践的操作。由于无法实现完全理性，所谓理性预算的过程总是夹杂有渐进主义因素。理性主义会受到有限理性的制约，而渐进主义必然也要以理性主义为底本。看似很好的制度设计由于在实践中左右互搏，因而不会方方面面都尽如人意，但这种不合适的地方正是新制度成长的地方。

（二）国防预算是理性主义与渐进主义的混合模式

理性主义和渐进主义代表了理论和实际的区别，国防预算制度改革正是以理性主义为指导的渐进主义模式。由于在信息汲取能力、计算分析能力、专业化分工、合理的科层划分和严密的标准体系上存在不足，所以现行预算改革是否具备了足够的理性内核值得探讨。理性预算与渐进预算两种模式互为表里。完全理性的决策模式会给有限理性的实施者带来难以克服的压力，而渐进主义由于强调"历史是重要的"，因而能从历史经验中汲取信息，不断调整。因此实际的决策很可能是寻求达成一种令人满意的决策，而不一定是最理性的决策。

国防预算管理改革从措施和要求来看符合理性主义的特征。回顾国防预算改革进程，从2001年起实施以"分类预算、细化预算、零基预算、综合预算"为内容的预算编制改革，实现了预算形式上的统一，进一步规范了预算流程，维护了预算的严肃性，提高了财务部门在预算中的管理地位。在逐步深化的过程中不断调整预算科目体系，推进经费标准一体化、资产管理与预算管理相结合、经费预算与资金收付相分离、行政消耗性费用管理和公务卡支付结算等五项改革措施。通过这些措施使经费分配和使用更加科学，增强了部门支出的透明度和负责程度，极大减少了经费损失浪费，因此体现了改革的理性追求，特别是零基预算更是一直被公认是理性主义预算的代表。

人们虽然认同理性主义所代表的价值追求，但在具体过程中由于受制于信息收集和处理能力、预算权力配置失当等问题，导致项目确定后资源配置仍采用传统的基数法，而且项目本身确定的过程是否经过理性计算也值得怀疑。因此，2001年以来的国防预算编制改革虽然突出强调科学化、精细化，但是否真正赋予了预算以理性内核值得探讨。

还有一点，由于当前的制度变迁并没有对传统预算决策模式的内核进行根本性变革，即预算改革没有把重点放在从体制上统筹决策制定过程和预算制定过程，因而当前能达成的结果只是力图借助于引进新的预算技术和管理方法，抑制或部分消除因预算权分散、权责不清导致的种种弊病，努力构建一个预算决策权集中、预算控制有力、违规现象得到有效抑制的预算局面。故而，国防预算决策整体上看是以理性主义为表、渐进主义为里的混合模式。

二、供给主导型与需求诱致型改革并存

(一) 供给主导型和需求诱致型的关系

所谓供给主导型制度变迁也称强制性变迁[39]，特点是自上而下地由有权威性的行政主体启动制度变革。供给主导型制度变迁的制度依据主要来源于外部已有制度，经过适应性改造移植到本体系中。需求诱致型制度变迁需要自下而上地进行。制度不均衡会带来潜在收益，但这种潜在的制度收益在现存制度框架下无法实现，因而就会激励各行为主体自发响应并开展制度创新，催生一大批"制度企业家"推动实现制度均衡。需求诱致型制度变迁的素材基本来源于自身演化，特别是把成熟的非正式制度上升为正式制度。从更广的范围来看，根本性的制度创新还是依靠需求诱致型创新，而供给主导型适用于自发创新的摩擦成本过高导致制度变迁无法自发启动的环境，能在一定程度上节省交易费用。

(二) 国防预算制度改革是二者的混合模式

从 2001 年的预算编制改革来分析，国防预算制度改革属于供给主导型的范畴。财务部门是改革的主要倡议者和发起者，自然成为制度的主要供给方。其主要特征是，权力中心（中央军委、财务主管部门）通过颁布一系列行政法规（如出台《方案》），并对组织结构进行适应性改造（如完善财务结算中心的职能），在一个自上而下的科层体系内有计划地推进预算制度创新。其一般模式是，先通过小范围试点积累经验，发现和解决潜在问题，然后普遍推广；属于增量改革模式，在现有制度格局（特别是预算权力格局）下寻求完善国防预算技术方法和程序，先易后难地改革，因而阻力最小。但是随着帕累托改进的推进，可供改进的制度空间会逐渐缩小，改革的阻力也会越大。

无可否认，在改革之初国防预算属于相对落后的阶段，无论是预算效率和预算规范化都亟待提高。这时，通过借鉴、引进外部成熟的管理经验，既符合预算管理的现实需求，也能极大节省制度变迁成本，因而制度变迁的结果基本达到了预期目标。在制度供给的同时，国防预算管理也在为预算制度自主演化创造条件。随着一系列相对价格因素的改变，如预算科目体系完善提高了预算的精确性、信息技术降低了预算信息成本、更合理的预算权力结

构打破了原有的制度壁垒等，现有的预算制度均衡在将来就可能变为非均衡，进而出现制度创新的潜在收益，并推动预算主体响应潜在收益，积极进行制度自主创新，最终预算制度会由增量改革带动实现存量改革。

第五节 国防预算改革发展凸显非正式制度问题

一、制度改革的一般规律

制度对经济绩效有直接影响。参考新制度经济学关于制度变迁均衡分析的框架，"制度"作为一种公共产品，也存在供给和需求行为。如果改革现行制度、改变现有收益结构，带来的制度收益超出制度变迁的成本，预算相关主体就会感知到这种潜在收益，并在这种激励指引下积极进行制度创新，推动达成制度变迁。可见，"制度"类似一般商品，存在供给和需求，而且供需之间需要维持长期动态均衡；在渐进变迁的道路上，新预算制度淘汰旧制度的根本原因是新制度能够给各相关方带来更大收益、更富有效率，也就是帕累托式改进。正如市场在"看不见的手"的指引下能够自动达成动态均衡、市场竞争自然会消除经济利润所揭示的规律一样，预算制度（正式和非正式的）的供给和需求也应当处在一种动态均衡当中①，不存在无法实现的潜在制度收益。

在建设成为世界一流军队的过程中，需要有相应的物质基础作支撑。与之前一段时期相比，当前的国防建设投入稳步提高。根据国务院政府工作报告，2019年国防预算超过1.1万亿元。但是与前些年面临的供需矛盾问题不同，根据调研，目标各级单位普遍有预算执行难、执行率低的问题，大量的经费结余结转，沉淀在各个层级和部门，一些预算科目普遍出现了长期低于50%的执行率。这种有钱花不出去的新问题提示我们，当前预算管理制度系统还存在需要调整优化的问题。

---

① 要注意的是，这种均衡并不意味着一定最有效。

二、供需机制下预算制度为何不能自动达成均衡

由于现实环境有"摩擦阻力",结合政策制度改革实践,国防预算制度改革的实际情况并非如此顺利,正如一些学者研究提出的,"项目立项、预算保障、筹措资源、组织实施……加上项目管理、预算审批、经费监督等法规制度,一切似乎正常运作,但却存在许多漏洞和风险"[40]。我们通过国防预算制度的发展历程可知,制度往往不能自动达到均衡,而且供给型的制度变迁也会因为多重原因导致制度绩效大打折扣。深化国防和军队改革以来,预算制度系统的不均衡表现为,一方面是改革之前习以为常的旧做法与当前严格规范的管理规定之间的矛盾,另一方面是当前逐步正规化、科学化的制度要求同不能实现这种要求的技术、制度基础之间的矛盾。

我们需要思考的是,在存在更好的制度模式、方式方法的情况下,为什么大量无效率、低效率的制度还会长期存在?为何还会有大量的于情合理而于法无据,或者正式制度"失范""异化"的问题?一个例证就是,国防预算中还存在大量名义上是财务部门与支出部门共同管理、实际上却是由支出部门控制的经费,名义上的控制型预算处于一种零碎化状态。为什么明明有制度变迁的需求,但是难以达成?一个例证就是中期滚动模式适应预算管理需求,但是现在仅在形式上有中长期管理而没有真正落到实处。还有就是,为什么预算制度体系中,虽然出台了法规,但是仍存在大量无法规范的事项,法规中存在的大量"原则性"表述即是如此,一定程度导致非正式制度该禁止的无法禁止。比如,各单位、各部门要立足现有经费标准,树牢过紧日子的思想,克服本位主义,能在本部门家底经费范围内解决的问题,原则上不向党委申请机动财力。或者也可以反过来思考,我们根据需求创设了新的制度,为什么没有实现全部的潜在制度收益?一个例证就是零基预算在实际中仍明显具有基数管理的影子。显然预算制度的一般均衡状态还没有实现。

这些预算改革①中遇到的问题凸显了研究非正式制度的重要性。"需要变化的趋势虽然是必要条件,但不是了解变化路径的充分条件"[41]。单有正式制度创新需求并不能保证实现,只有充分考虑制度创新的经济效益、制度框架下利益相关方的博弈、不同体制的差异性以及现存制度资本对新制度的容

---

① 或者准确地说是长期以来我们把其等同于正式制度改革。

纳性，预算改革才能以更审慎的方式实现。这提示我们，在预算制度改革过程中，不能先入为主地理解为正式制度变迁。在正式制度之外，相对滞后的非正式制度会对国防预算制度改革产生"扰动"。我们有必要研究预算非正式制度对正式制度的影响，这将有助于认清国防预算的内在问题和预算制度改革成功的可能性。

小　结

鉴于以下三个原因，要高度重视预算管理过程中特别是改革过程中的非正式制度因素及其影响。一是国防预算制度改革之初虽然属于供给主导型，但是原有的制度框架初步被打破后，预算主体的决策方式没有完全改变，导致制度在实施过程中面临困难，需求引致型制度变迁要求积累更多的制度资本；二是当前国防预算制度改革是理性主义和渐进主义相互混同、调和的过程，虽然初衷是理性主义，但在实际操作过程中不可避免地表现出渐进主义特征；三是当前国防预算制度处于"双进程"演进阶段，本书分析提出国防预算制度变迁是正式、非正式制度的整体性变迁。虽然正式制度是最重要、最根本的，但是非正式制度可以影响正式制度，是制度变迁中无法忽视的关键因素。因此，我们需要深入研究国防预算中非正式制度的形式、内涵及其与正式制度的关联，为完善预算正式制度提供基础支撑。

第三章 国防预算非正式制度的理论分析

国防预算非正式制度与正式制度一起共同构成了国防预算制度系统。由于正式制度具有可操作性、强制的共同认可特性，因而是国防预算治理的根本依据。本书研究的切入点虽然是国防预算非正式制度，但落脚点是通过分析非正式制度产生和作用的机理，来研究如何协调预算正式制度与非正式制度的关系，提升国防预算制度的实施绩效。

第一节 国防预算非正式制度的含义

一、国防预算非正式制度的定义和判定标准

（一）定义

本书中的国防预算非正式制度借鉴了诺思的制度分析框架和定义解释，但也结合国防部门的实际情况进行了修正。国防预算正式制度是由法律和法规明确规定了的预算制度，而非正式制度是指在国防预算管理中逐步形成的对预算主体具有非正式约束的规则，包括预算理念、理财风气、财经文化和惯例做法等。虽然没有正式规定，但是在很多预算活动或者预算体系中非正式制度也是重要的预算制度[42]。从广义层面而言，所有明文的预算法规制度、各种明文规章之外的都属于非正式制度的调节范畴。不过按照诺思的分析，非正式制度虽然不是明文确定的，但也是公开和普遍接受的，本书理解

的国防预算非正式制度也是如此。

（二）判定标准

由于国防预算中非正式制度与正式制度互相交织，本书提出以下两点标准判定哪些领域属于非正式制度调节范畴，而哪些不是。第一，规则是否可以被强制性执行。或者说在落实规则的尺度上，行为人自身握有多少自由裁量权。行为人掌握的自由裁量权越大，则该行动越是主要由非正式制度调节。一些正式法规、规章等虽有规定，但是在实际中因为缺少必要条件而无法执行的制度条款，就应属于非正式制度范畴。比如，预算实行项目库管理，项目库的建立要使用统一的《预算项目基础表》，统一项目代号和类别，进行"档案化"管理，但是实际中，支出部门和财务部门面临的环境是，既无制度支持也无技术支持，均无法建立和使用预算项目库，因此这一制度有名无实。这种对于正式制度的弃置问题，就属于非正式制度的范畴。第二，规则执行的结果是否可以验证，也就是说能否判定工作绩效与执行制度的内在联系。例如《财务条例》明确"坚持原则、严谨细致、爱岗敬业、廉洁奉公"的财务人员职业道德，虽然也是以明文的形式规定，但是由于不可强制性执行也不能验证执行的效果，因而属于非正式制度的范畴。

二、对国防预算非正式与正式制度的几点辨析

（一）"正式制度"或"非正式制度"并不包含价值判断

我们不能下意识地认为非正式制度就应当被抑制和消灭，或者等同于违法违规、潜规则等涵义。作为博弈规则，"非正式制度"是一个中性概念，它既能促进也能阻碍正式制度实施，还可能替代正式制度发挥作用。国防预算正式、非正式制度都不能单独存在，而是相互依存共同发挥作用，特别是一些国防预算非正式制度虽无明文规定、缺乏法律条文支持，但是在某些方面却是关键的预算制度。

（二）正式制度和非正式制度可以相互转化

国防预算治理的关键还是正式制度，不过非正式制度的影响不容忽视。正如诺思所说，非正式制度在制度渐进式改革过程中有着重要作用，可以催

生路径依赖性[43]。以预算文化为例，作为一种典型的非正式制度，它是内生的、自我调控的，主要显示为预算职业道德和预算专业理念，良好的预算文化能够有效抑制预算的机会主义行为；以意识形态为例，诺思（1981）提出一种有效的意识形态能有效激励各主体，促使其有效抑制个人主义和搭便车行为，从而减少制度①的交易成本。反之，不协调的非正式制度就会抬升制度成本。

（三）研究非正式制度是完善正式制度的重要途径

国防预算管理的正规化、科学化、精细化，取得更高的经济效益和管理效益，最终还是要依靠完善的正式制度体系，正式制度始终是国防预算治理的根本依据。既然如此，为何要研究非正式制度？这是因为非正式、正式制度的关系密不可分，研究非正式制度之于正式规则的意义如下：第一，非正式制度制约或支持正式制度的实施，直接影响到正式制度的实施绩效；第二，实践中正式制度可能会滑向非正式制度，正式制度并非总能得到很好的执行。实践中，很多出台的正式制度在执行时"异化"、走样，让位于各种土办法等非正式制度，凸显出需要进一步研究非正式制度成因和存在基础的必要性。比如，调研中发现，基层官兵普遍呼吁，既要维护法规的严肃性、权威性，又要在框架内实实在在为官兵"供暖"。2015年《关于规范完善军队人员有关福利待遇的若干规定》下发各级单位施行，这本是针对全军普遍情况制定的，但是一些单位简单搞"一刀切"。探究一些单位怕担责、被问责而"选择性落实"的背后原因，是经费来源保障难、开支标准界定难以及开支报销难等制度规定设置的深层问题②。

---

① 治理的最主要依据还是正式制度，本书若无明确区分，以"制度"代指正式制度。
② 引自《还有几多困还有哪些盼》，载于解放军报2017年1月25日。

第二节　国防预算非正式制度的研究视域

一、研究预算非正式制度的出发点

学术研究要言之有据，言而可信，不可验证的对象不能纳入科学研究范畴[44]。如果单独以不成文的非正式制度为研究对象，那么非正式制度如文化和观念等由于具有抽象性、非实体性因而是一个不可验证的事物。如果我们假设的对象无从验证，那研究也就失去了意义。因此，有别于之前的非正式制度研究基本上从传统习俗、意识理念着手，本书更注重正式、非正式制度交汇融合的领域，更具体地说，就是为什么有的地方正式制度不能很好地实行，反而要让位于非正式制度，正式、非正式制度的分野在何处？制度是决定经济绩效的关键因素，国防部门预算治理的主要依据也正是正式制度。本书虽然着眼于非正式制度，但落脚点是希望通过研究非正式制度来考察如何改进正式制度。因为非正式制度主要涉及文化、道德、意识理念、人情关系等这些虽然能被人感受但无法直接观察的变量，为了研究非正式制度，我们需要把非正式制度从隐形状态变为有形，本书所借助的"显影"方法，就是研究非正式制度与正式制度的交汇融合、相互作用的地方，研究正式、非正式制度之间的相互作用①。这样，通过分析正式制度为何不能有效发挥作用，以及正式、非正式制度如何作用，也达成研究非正式制度的目的。

总的来说，本书研究的非正式制度根据其与正式制度的关联可以归为两类，一是二者构成互补和支撑的关系，比如"预算就是法"的理念和严格财经纪律，这在预算制度变迁进程中要大力巩固和弘扬，这类国防预算非正式制度同正式制度紧密相连，构成了正式制度实施的要件；二是二者为竞争或替代关系，虽然存在正式制度可大家却倾向于按非正式制度行事，或者说正式制度在现实环境中不能顺利实施，或者是因为正式制度的缺位，治理规则

---

① 实际上，本书研究的非正式制度，大多是由于正式制度的文本规则与实践中的制度效果存在距离。

以一种蜕变的方式呈现，这类非正式制度正是本书研究的重点。对这类非正式制度，要通过强化正式制度带动其逐步演化。

总结原因，这些非正式制度的来源有三类，一是非正式制度自身落后，比如不能适应现代公共预算管理的理念；二是正式制度缺少正式的或非正式的制度支撑而不能有效实施，虽然有正式制度，但是人们倾向于遵守不成文的约定规则，因此治理规则呈现出来的是一种变通了的非正式制度；三是因正式制度缺位，只好根据非正式制度来治理。故而，这些非正式制度都可以理解为正式制度在文本与实践上的距离。可以看出，本书研究的非正式制度中，预算理念、预算文化等典型的作为非正式制度的信念只是占一小部分，还有大量的诸如合理不合规的变通、正式制度模糊或缺失时的权宜之计等等，如表3-1所示。正如马骏的研究指出的，预算正式制度在整体上是滞后的，正式结构、程序与规则或者缺失，或是制定不合理，或者即便存在也很难完全落实[45]。

表3-1　　　　　　　　对非正式制度的不同理解

	包含范围	研究对象	研究目的	研究方式
一般含义的非正式制度	范围极广，明文规则以外的约束规则都可纳入非正式制度	二分法，一般直接研究作为正式制度对立面的文化、理念、习惯和意识形态等	非正式制度的长期演化，如风俗习惯的发展	叙事分析法
本书非正式制度的含义	本书侧重于研究已有预算正式制度的权变、修正和偏离行为等	通过分析预算正式制度失范，以可验证的方式研究预算非正式制度的存在形式	非正式制度与正式制度如何达成一般均衡状态	叙事分析法和比较分析法

资料来源：自制

二、国防预算非正式制度的形式

国防预算治理中非正式制度对正式制度的影响，分正向、负向及中性三类，故而非正式制度与正式制度的关系也分三类，即相容、相悖、相互替代。本书研究的国防预算非正式制度从形式上有以下几类：

第一，国防预算管理的文化和传统。由于正式制度覆盖面不足，必需树立权威性的预算理念和预算原则，一个单位或部门的财务风气建设质量会对本身预算编制执行产生重要影响。这类非正式制度以正式制度的配套措施存在，会巩固和强化正式制度的实施。

第二，非正式制度导致预算正式制度产生权变，体现为非正式制度的替代、修正及覆盖作用。从预算权的视角看，预算权力的运行不能完全被正式规则定义或覆盖，比如关系预算之所以长期存在就有这方面原因；还有就是预算本有正式制度，不过非正式制度起了主导作用，使其无法发挥作用的，例如部分单位的党委管财异化，各别党政领导在预算过程中搞"一言堂"，以党委领导管财取代党委管财①的现象，这往往是用权习惯在预算领域的"惯性"使然。当然这种权变也并非一无是处，仅从节约交易费用的角度看，单位党委除军政主官外实施分工负责制，每人分管一块，与这种分工负责制对应的，预算制定和管理也纳入分块管理的范畴。本应统一的预算配置过程往往被分配到不同的"政策领地"中各自决定，这种做法虽然没有法规的明文规定②，也无助于实现效率最大化，但是能有效减少预算博弈过程的协调费用③。

第三，非正式制度对正式制度有"合法伤害权"④，体现为预算主体凭借行政权力干预预算进程。例如，在预算分配阶段，国防预算中的多头财政现象始终未能根除，支出部门多头要钱，项目多头审批，无形中虚化财务部门职能。在预算支出阶段，支出部门则可以通过曲解法规、改头换面，或是强调自身的特殊性变通预算制度，催生了大量打政策"擦边球"、以私害公现象。例如，按照规定，预算执行中如果需要调整支出内容，支出部门首先要报财务部门核准后，才能上报分管领导和党委。但是实际操作中，一些部门绕过财务先拿到领导的批件，用"既成事实"的态势迫使财务部门不得不调整预算。还有就是，有的单位以"集体闯红灯"通过决议，让正式制度为违法的非正式行为"背书"，将来一旦出现责任就推到"党委"这个虚化的主体身上。

第四，支出部门的准财政行为。当前支出部门由于自由裁量权过多、过泛加之预算权力结构不合理，导致出现了大量政策目标与预算支出相冲突的准财政活动。例如对财务部门和支出部门共同管理的经费，由于没有明确共

---

① 综合参考了宋琦《加强部队财务公开对策探讨》（军队财务，2012年7月第43页），徐连生和曾彬《加大控制力度，遏制铺张浪费》（军队财务，2012年5月第46页）的分析。
② 党委管财的主要内容是定政策、定目标，决定重大财经事项，宜大不宜小。
③ 具体分析见第五章。
④ 合法伤害权的概念来源于吴思所著《潜规则：中国历史中的真实游戏》，是指掌握权力的人利用合法的权力伤害别人，从而为自己谋利。合法伤害权和自由裁量权在使用形式上是很相似的，都是由公共权力的代理人解释和掌握制度效力的范畴、大小、方向等。

同管理的原则和各自权责分界，不仅削弱了财务部门的预算权和预算权威性，而且由于这些财政活动游离于政策审查外，事实上形成了支出部门的"财政领地"，因而大大冲击了预算编制的统一性和有效性。

第五，以正式制度为表，非正式制度为里。有的财经政策制度原则要求多、具体量化少、弹性空间大，"原则上""可以""一般"等用语较多，既不具备刚性约束，又缺少操作性，难落实、不落实和打折扣落实时有发生。因此，理性无知会使部分正式制度难以完全落实，导致预算过程表面看是正式制度主导，实际上却是非正式制度在主导。比如，按照规定，当年预算外经费原则上不得安排开支，确需动用的，不得超过已实现收入的50%。类似这样虽然正式制度有明文禁止，但是又在此之外"开口子"、留下自由裁量权，说明制度弹性比较大，非正式制度也就比较明显。另外，以零基预算为例，1979年美国联邦政府层面的零基预算涵盖了25000多个决策包，即便精简后依然过万。面对如此海量的信息压力，如果真的严格实施零基预算模式，就不可能有单位在规定时间内提交上预算方案。所以，国防部门的零基预算并非严格理论设计上的零基模式。既然明文规定的零基模式没有完全落实，那预算主体依据什么样的非正式规则、以何种途径设计出预算方案，就是一个值得探讨的问题了。

第六，钻正式制度的漏洞。由于正式制度不够严密，没有精确定义管辖范畴，给非正式制度留下了自由定义的空间。例如财政活动中常见的"其他支出"，就制造了极大的管理漏洞；还有财务信息公开中，对于"国防秘密"没有一个统一的定义，也没有权威部门明确各级授权定义，因此基本处在一个混乱无序的状态；另外，文本意义上的零基预算模式本有设计严密的流程[①]，但是国防部门预算编制改革中，并没有对各级各部门如何组织零基预算的流程进行详细指导，仅有的"两上两下"作为原则不足以规范预算行为，因此也导致零基预算徒有其表。既然明文的零基预算制度不能指导预算行为，那依据什么制定和执行预算需要认真研究。

第七，应对新情况、新问题的权宜措施。这种现象在预算改革中经常会出现，主要是与当前预算管理框架不兼容的管理问题。比如，随着绩效管理的深入，必然要求放松对部门预算支出过程的控制，甚至要求像"企业家预算"一样赋予其支配资金用途的权力。如果正式制度没有对此进行明确规定，

---

① 具体分析见第四章。

如何把握其中的度，值得认真思考。

第八，"法"与"理"的冲突。有些事项是以合规的形式掩盖不合理的问题，有些事项虽然合情合理但是于法不合，粗放的制度框架下难以做到精细管理。以地区津贴中的高山海岛津贴为例，根据现行标准，一些单位的机关和部队所面临的生活便利程度、距离市区距离和其他保障条件等有很大差异，但是实际上仍然执行一致的津贴等级；还有部队的航海津贴管理，以出第一岛链为区分界限。如果在近海内执行任务一段时间，那么即使出远海一天，那全程也按照远海津贴标准发放，反之即使在近海执行任务更长时间也只能按照近海标准领取津贴。现有的标准体系只能做到概略区分。这种管理上的非正式制度，就是以表面的公平、合规掩盖了事实上不公平不合理。

不论作用是否积极，国防预算中的非正式制度都代表了不确定性。除了第一点，其他的国防预算非正式制度在存在和发生作用时都同正式制度有紧密关联。研究国防预算的非正式制度，目的就是协调非正式制度与正式制度的关系，提高预算制度体系的有效性，促进预算治理的科学化。

第三节 国防预算非正式制度问题的重要性

国防预算制度改革中出现的各类非正式制度问题已经给深化预算制度改革形成了重大影响，我们对此要给予必要的重视。

一、非正式制度是预算改革后发者面临的必然挑战

我们需要将国防预算制度改革中遇到的大量非正式制度现象放到预算改革追随者（相对世界范围内的公共预算改革趋势而言）的背景下考量。

一方面，预算制度改革必然遭到旧有观念的反对，旧有观念依赖其制度惯性会迟滞改革深化的步伐，不受约束的行政权力与预算的严格性、一致性要求的冲突就是明显例证。另一方面，必须考虑到国防部门预算改革所带有的"双进程"演化特征。这一点不论是美军 PPBE 管理还是 OECD 国家的现代公共预算管理模式都不曾有过，他们都是按部就班地从前预算时代到超预算时代逐步演化。这也决定了我们自身国防预算制度变迁会面临一系列新的

难题。

另一方面,作为预算改革的追随者,国防预算需要在渐进改革中不断积累制度资本,这个过程中难免导致改革在深度或是广度上不够均衡。国防预算制度改革作为一个循序渐进过程,是在基本完成收入改革的基础上开始预算支出改革,但这只是搭建起了核心框架,预算的支撑性内容还要不断完善。即使是预算收入改革也面临部门利益固化等诸多挑战,虽然现在逐步建立起了统一的收入管理机制,但是由于改革过程中没有更快地跟进预算资金控制机制的改革,预算支出权仍散落在不同部门之间,致使预算权力"零碎化"[①],预算正式制度丧失权威性,而各类非正式制度发挥过大的作用。

二、国防预算制度改革应当重视非正式制度

在建立完善预算制度系统过程中,应当着力扎牢扎密正式制度的笼子,同时应当对非正式制度的重要性有更清晰的认识。基于以下现实因素,正式制度无法完全取代非正式制度,而且过多过细的正式制度反而会适得其反。

(一)国防预算理性主义改革存在有限性

国防预算改革的理性主义忽视了隐藏在背后的公共价值追求。这种预算改革追求工具理性,致力于通过精确计算的功利方法从而最有效地达成目的,追求预算的经济效率,但是由于忽视了组织的价值和目标的合理性,因而不能显示预算蕴含的价值理性;工具理性下的预算模式只能告诉我们"用了多少资源","如何使用的资源",却不能告诉我们预算是否达成了预期目标,因而模糊了背后的公共价值追求,而且"程序正义"不一定必然会引致"结果正义"。Gaby·Ramia 及 Terry·Carney 提出关键的公共价值如下,负责、公平、竞争、有效率性及可持续性[②]。在管理主义上,这次改革虽然注重以科学原理和效率原则管理预算,但本质上是试图通过管理技术来解决所有的社会问题。其关注点在控制成本、提高配置效率,实现最高的效费比。在其隐含的逻辑中把预算参与者简单化、抽象化、中立化,不受政治和利益的影响,但是这种效率中心、技术至上、价值中立的诉求在现实中显然不会那么顺利,

---

① 这里借用了凯顿(Caiden, Naomi, 1989)提出的"预算零碎化(Budgetary Fragmentation)"的概念。

② 孙珠峰,胡伟. 后新公共管理时代钟摆现象[J]. 南京社会科学,2013(9):68-75.

特别是当预算权力结构与之不适应时，各种非正式预算问题因而在所难免。

另外，即便理性预算本身也面临制度成本的制约。由于项目决策时需要大量预算信息作支撑，因此理性预算对决策者自身的预算信息积累及预算研判能力要求会相当高。尽管OECD国家在长期的控制型预算管理中累积了十分丰富的基础信息，不过基于竞争的理性预算模式对预算信息的期望更高，这种期望甚至远远超过了预算机构的控制范围[46]，更遑论国防部门以现有分析能力和薄弱的信息积累，无论如何也难以支撑起这种理性模式。因此，保持理性无知是最好的选择，理性和科学不得不一定程度上让位于非正式预算模式。

实践中的管理情况出现过很多类似情况。正式制度过多过细，整个经济活动的交易成本反而过高，实际上是"制度化"程度过高了。比如，有些单位反映每次出差，很多官兵都希望能够预订打折的机票，又便宜又方便。可最终，很多战友只能眼睁睁看着低价的飞机票被一抢而空，而自己只能选择价格高出一倍的高铁票，最终高价完成支付。原因很简单，飞机虽然可以选择乘坐，但是审批程序太复杂，仅是签字程序就让大多数人望而却步。就这样，很多想要帮着单位省点钱的战友，也只能把这个想法默默藏在心里。另一种情况下，由于各地区各单位各种情况并不相同，因而简单的"一刀切"的制度管得过死，没有留下必要的非正式制度空间。比如，有的科研项目需要比较高端的精密仪器，但在购买时会遇到价格上调，超出了预算不能购买，就只能买老一点型号的仪器。但是这些相对廉价的仪器在测试精度上有很大差距，买来用一段时间设备就闲置，反而造成更大浪费①。"很多规定看起来节约，但实际上执行起来存在不少浪费。"这是很多基层单位对预算执行过程中问题的集中反映。

（二）国防预算制度强制性变迁存在不足

当前，国防预算制度改革的强制性和人为因素很明显。因为属于强制性变迁，正式制度相对非正式制度而言具有一定超前性。这种超前性可以从国防预算理论与实践的作用关系中来分析。2001年的预算编制方法改革，总体上属于由于实践需求而催生和主导预算理论研究，先建立了核心制度，再在实践中拓宽理论研究，并逐步完善了相关配套制度。可以说，我们的国防预

---

① 参考《报销，一个不得不说的话题》，载于解放军报，2018年8月29日第5版。

算制度主体框架的改革不是那种"瓜熟蒂落"的循序渐进过程，并不是由于理论研究体系的整体跃进，自然而然勾勒出预算制度框架，进而在实践中创设相应制度。我们预算变迁的实际过程相反，先创设制度后再在理论研究上进行追溯。此外，到目前为止，国防预算研究中一直没有形成一个公认的完整理论范式，相关的正式制度不够细化完善。由于非正式制度变迁落后于正式制度且预算理论体系缺乏指导，非正式预算现象大量出现也就不足为奇了。

（三）预算管理中存在"不可能三角"问题

财务管理追求支出的控制取向（合规性）、经济效率（效率性）、绩效目标（有效性）的统一。控制取向要求主管部门完善监管法规和监管环节，加强对部门支出全过程的管控和监督；经济效率的目标则要求以尽可能高的效费比完成各项任务；绩效目标则是在高效做事的基础上，还要确保是做正确的事，更好地达成任务目标。事实证明，三个目标难以同时达到，一般只能兼顾其中两个。当前，主要矛盾是当前各级的预算控制取向与绩效管理对中间过程放权要求相冲突。国家出台《关于全面实施预算绩效管理的意见》，要求各级构建全方位预算绩效管理格局。当前，各级单位预算管理中，基于控制型、合规性的管理手段与结果导向、绩效要求的目标之间存在根本差异。现在，包括预算制定、执行和评价在内的财务管理活动，实质上还是一个合规管理的过程，即使是试点的事业经费绩效管理有名无实，远没有达到以目标为导向、以绩效为评价标准的高效管理阶段。

正是由于在当前条件下，虽然预算收支管控愈发细化，但是绩效管理要求又愈加严格，这种难以调和的矛盾引发了持续的紧张，不仅绩效理念难以深入人心，而且一些制度在执行时也变形走样。一方面，简单的合规性控制实际上偏离了战斗力建设的根本指向，刻板地坚持"合规"为目标的话，引发了不少问题，在一些单位，报账成为让人"避之不及"的任务；有的说"处理财务上的事情，耗费了多少精力我都很难说清楚"，也有的提出"别让基层官兵把时间浪费在烦琐的报账事务中"[①]。另一方面，关于预算"程序重要"与"结果重要"之间的取舍，显示出正式制度有时不够"正式"。当前各级单位更加重视程序合规完备，但是却有意无意忽略了对结果的管理，甚至在监督评价时，会出现以过程的合法化代替对于结果合法性、合理性、有

---

① 报销，一个不得不说的话题 [N]. 解放军报，2018 - 8 - 29（5）.

效性的评价。典型的例证是集中采购制度，更多地关注"正确地做事"而非"做正确的事"。当前各级更加强调完备的实施程序，做到"经得起审计"，但是由于缺乏绩效目标的引导和评价监督的约束，所采购的服务或商品是否是真正需要的，或者是否最具有经济效率，就变得不甚重要、难以深入查证或评价。这样难免有失偏颇。

第四节　国防预算中的非正式制度表象分析

一、对国防预算非正式制度的总括性认识

国防预算正式制度是由一系列与之相适应的预算理念支撑的，零基预算和新绩效预算在建立正式制度的同时，都应树立与自身特征相适应的预算理念和预算文化，而且不论是零基预算制度还是绩效预算，正式制度只是整个国防预算体系的一小部分。组成整个预算管理体系的主要部分的，是带有鲜明阶段特征的预算理念和预算文化，这也是我们区分不同预算发展阶段的重要依据。如果这种预算理念、预算精神能够与正式预算制度同步演化而形成，那整个预算制度系统就会是和谐的。

正式制度与非正式制度应当相互契合才能发挥最大作用，但是第二章的研究表明国防预算制度变迁是供给主导型和需求引致型变迁混合的模式[47]，而且供给主导型是制度变迁起始阶段的主要形式，但是有一个易忽略的问题，正式制度相对容易习得，会间接导致非正式制度的发展滞后，而且正式制度建成后没有足够的与之协调的非正式制度，比如缺乏现代预算理念作支撑。当前国防预算中的诸多问题，往往是正式、非正式制度不相协调造成的。相对滞后的预算非正式制度容易阻碍、迟滞、削弱正式制度发挥作用。当然，我们在引进先进的正式制度、改进预算管理的过程中既要事先充分考虑非正式制度的适应性和支持作用，也应当重视强化正式制度的实施，积极创造条件来带动、提升非正式制度变迁。同时，在供给主导型的国防预算制度变迁模式下，非正式制度也要根据正式制度的特征要求，积极强化适应正式制度要求的预算文化、理念，与正式制度的发展同向而行。

二、非正式制度、潜规则和违法行为的关联

在明确了非正式制度的含义与类型后，还要分析正式制度与非正式制度的相互作用，这里有必要对国防预算非正式制度进行适当澄清，在定义非正式制度涵义之外，明确本书中的非正式制度是什么或不是什么。

第一个范畴是违法违纪活动，第二个范畴是潜规则（寻租），这两者都是如何利用现有政策空间的问题。由于可以在制度变迁的分析框架容纳，因此本书没有就潜规则进行单独分析，而是包含到整体分析框架内。第三个范畴是各种习惯、文化习俗、认知理念、意识形态等。这些虽然存在，但是并非实体，不具有操作性。在所辖范畴上，这些行为都同本书意指的非正式制度有交集，但又无法涵盖对方全部的非正式制度研究对象。由于习惯于多年来预算管理强调的正规化、法制化，因此一些人可能听到"非正式制度"后就认为是贬义的，归类于违法违纪之类，实际上这类认识是片面的，他们没有意识到非正式制度本质上是一个中性词语，非正式制度一直存在并且先于正式制度存在；非正式制度无法完全消除或完全替代。

在相同点上，三者都肇始于对公共权力的代理，都没有明文规定的确认，都是靠约定俗成执行，其效力与人们的认同程度正相关，都面对的是正式制度虚置、制度失效的问题；至于不同点，一是在作用上，本书提出非正式制度可以是正式制度的互补因素，是支撑正式制度的构件，而违法违规行为或潜规则处于正式制度的对立面，只可能削弱正式制度权威；二是在治理方式上，本书研究非正式制度是着眼探究正式制度与非正式制度的协同治理，而违法违规或潜规则应当寻求在正式制度框架内解决，对违规违法行为要依据制度及时给予足够的惩戒，对待潜规则要把制度的"笼子"扎牢扎密，而对非正式制度的治理应当是兼而有之；三是在行为方式上，潜规则和违规违法行为是主动作为弱化、异化正式制度，而非正式制度虽然也有这方面的作用，但更主要的是由于正式制度自身的问题而催生了相应的非正式制度。

具体而言，非正式制度与违法违纪行为的交集在于，例如我们在后文会分析的，预算权力碎片化导致控制力减弱，支出部门可能利用掌握的自由裁量权随意变更资金支出用途，形象地说"黑头不如红头、红头不如白头、白头不如口头"，就属于这一类。非正式制度与违法违纪行为的区别在于，违法

违规是因为有正式制度约束但是不遵守，比如收不入账、私设"小金库"、违规套现等问题，因此对待违法违规行为要努力消除，并给予惩戒，落实正式制度规定；而对非正式制度的行为策略不应是消除，而应是因势利导，使之与正式制度相互协调促进。违法违纪行为应当归为现存正式制度的调节范畴。

潜规则，对应的就是显规则，既有显规则，但是显规则的"笼子"不密、不严，代表公共部门的官僚对正式规则做出曲解性的、有利于自身利益的解读（例如"合法伤害权"，也即自由裁量权）。所谓"潜规则"，是指在正式明确的各种规则之外，在各种明文规定之外，还存在一些虽不成文但能得到普遍认同的规则[48]。非正式制度和潜规则同样是表现为正式制度不能发挥作用，潜规则是明知有规则但为了寻求自身利益最大化而弃之不用；非正式制度中所涉及的正式制度无法发挥作用，本书指的是正式制度因环境条件不具备而对不能实施的情况进行的额外规定，就像是正式制度的"后门程序"，并非出于主观故意而不遵守正式制度，虽然不符合正式制度但却是一种合理的存在。制度的功能包括"允许""禁止""要求"三类，非正式制度在不同情况下具有三种调节功能，而潜规则只有"要求"这一种功能，否则就会使当事人遭到"合法伤害"。这实际上以一种不平等的交易过程，对正式制度体系只有摧毁和破坏的作用，严重时甚至导致"劣币驱逐良币"。

潜规则和违法违规行为的区别，潜规则之所以有很大危害，在于其攫取的"合法伤害权"的杀伤力。潜规则并非明显地违反正式制度，相反很多情况是由于正式制度空缺才催生了潜规则。这是其与违背正式制度的各类违法违纪行为的关键区别。但是违法违规行为与潜规则也有交集，当正式制度执行力弱化，潜规则就不满足于仅作用于制度的空白地带，而是会寻求扭曲正式制度，从而发生违法违规行为。对于潜规则，必须按照"强化不敢腐的震慑、扎牢不能腐的笼子、增强不想腐的自觉"的要求①，大力消除其滋生和存在的空间。根据上面分析，图3-1刻画了四组概念的联系和区别。

---

① 决胜全面建成小康社会夺取新时代中国特色社会主义伟大胜利——在中国共产党第十九次全国代表大会上的报告[N]．人民出版社，2017-11.

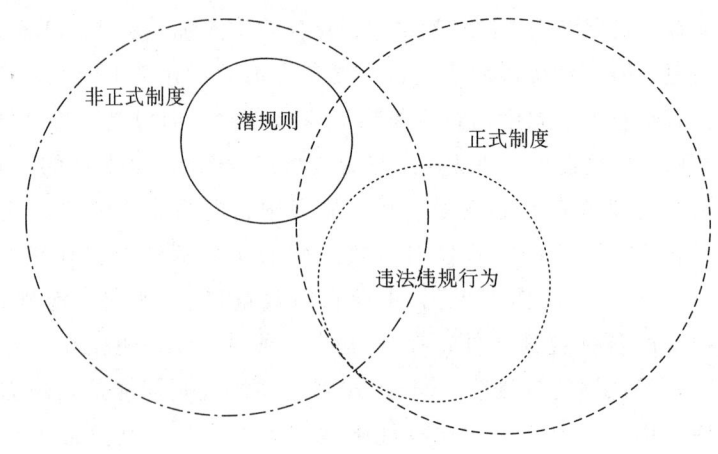

图 3-1 几组相关概念的关系

三、国防预算非正式制度同正式制度的关联

第一，当前国防预算制度体系由正式制度和非正式制度组成，在我们深化预算制度改革的进程中，应当看到有大量的预算行为是由非正式制度调节的，在预算管理中非正式制度是不可能也不应全部被消除的，它是正式制度的基石。我们应当同时重视二者的作用，不可偏颇。

第二，在我们推进国防预算制度改革的进程中，非正式制度既可发挥正向推动作用，与正式制度相互协调，共同建立规范、科学的预算制度体系；同时，非正式制度也可能与正式制度不适应，进而阻碍和迟滞正式制度的实施。正因如此，我们在预算管理中主要依据正式制度实施，因为正式制度是标准化、稳定的博弈规则，但是同时这并不影响我们也要高度注重非正式制度，因为如果非正式不适应，那么正式制度也难以实施。

第三，正式、非正式制度之间可以相互转化。正式制度的一个来源途径把成熟的、被证明有效的非正式制度上升为正式制度，进行制度化、稳定化，同时建立一种正式制度也能影响或催生与之相协调的非正式制度，改变非正式制度存量。本书研究的非正式制度，除了传统的习惯做法、价值观念、道德标准之外，重点研究了非正式制度与正式制度相互作用、相互交织的"边界地带"。从国防预算非正式制度对正式制度的作用而言，可分为替代、修正、补充以及相互转化等几类，这些将在下文逐一分析。

第四，当前国防预算管理中的主要矛盾，是正式制度在总体上比非正式制度更符合现代公共预算管理要求，正式制度在总体上领先于非正式制度。理性主义的供给主导型的预算制度变迁，建立的预算正式制度同自发演进的非正式制度不协调，导致正式制度无法完全落实。由于正式制度可以通过移植从而强制变迁，变迁的速度可以较快；而非正式制度只会递进演变，变迁的速度相对较慢。因此，在制度后发的行业领域，正式制度和非正式不协调的问题一直存在。

第五，健全完善预算制度系统是关键。我们已经明确，非正式制度形成的问题是由于制度系统供需失衡造成的，主要是正式制度建设不健全，或是没有与实践需求同步改革，或者是制度界定不清导致存在制度真空或灰色地带，从而使一些预算和财务收支活动进入正式制度之外的领域，没有受到有效规范，为非正式制度留下了活动空间。如何解决正式制度与非正式制度不协调的问题是本书的研究重点。国防部门预算制度改革正从前预算时代向具有现代公共预算特征的预算时代转变，至于如何向更高层次的超预算时代转变，从出台绩效管理办法可以看出，已经开始着手做准备。在预算的正式制度层面，需要坚定地实施控制取向的管理改革，不断扎牢制度的"笼子"，用正式制度影响和带动非正式制度演进，建成适应现代公共预算要求的非正式制度。带动非正式制度演进的过程也会促进正式制度不断巩固、提升。

第五节　国防预算非正式制度的分析框架

按照制度是制度参与者的博弈规则的观点，典型的制度分析框架应包括三部分，一是制度参与者及其在制度框架中的位置，二是约束各个参与者的制度规则如何发生作用，三是行为主体在"游戏规则"变革过程中的行动。为了更全面地理解国防预算中的非正式制度问题，考虑到当前国防预算变迁所呈现的"双进程"演进特征，我们对应地从预算权力结构、预算关系及预算改革三方面进行系统考察。预算权力结构主要涉及预算制度中不同的参与者以及参与者之间的权责划分；预算关系是不同预算主体在预算进程中的互动与博弈；预算的改革趋势是对国防预算前景的展望。

一、国防预算权力结构与非正式制度分析

预算权力结构的调整是历次预算制度改革的显著特征。预算权力结构的内容涉及，谁掌握资金配置的最终决策权，核心预算机构在多大程度上能影响决策论证，在项目选择和资金配套上是否具有审查权、修正权还是仅具有建议权，预算权力结构是否可以相互制衡等。

对国防预算权力结构的分析将涉及预算内容、预算对象和预算程序，展示国防预算在预算决策、执行和监督反馈等环节的难题。由于之前国防预算制度变迁的重点是改革技术方法，预算权力结构和各项预算改革措施之间是否协调，以及是否会有因此产生的正式制度失灵、非正式制度取而代之的现象，需要对国防预算进程的各环节逐一梳理。

二、国防预算关系与非正式制度分析

国防预算关系是预算主体，即财务部门、支出部门和党委围绕预算活动的互动。预算关系决定了各个预算主体的行为方式，也是国防预算从技术性变迁向深层次发展过程中必然要涉及的领域，体现了预算的治理属性。从预算关系的角度考察国防预算制度，这在以前相关研究中较少涉及。作为对预算权力结构分析的补充，国防预算关系的分析也基于一点，即正式制度不一定完美也不一定完全发挥作用，除了预算正式制度，还有大量非正式制度在调节不同预算主体的行为关系。

三、国防预算绩效改革与非正式制度分析

国防预算的权力结构和预算关系共同作用，决定了当前制度下的预算结果[49]。就其本质分析，这还在已有规则框架的范畴内。博弈规则的改变将直接改变预算权力结构和预算关系，因而必将面临更大挑战。

国防预算制度改革的实践表明，预算制度改革在表面上可能是技术性的，但是作为治理的重要手段，预算天然地含有治理属性，体现政策规划目标；预算的初始阶段可以是供给主导型，但是发展的高级阶段必然体现需求诱致型的特征。在预算制度改革中也必然要面对各种因预算正式制度不健全、无

法发挥作用，从而各种预算非正式制度取而代之的现象。为了更深入理解国防预算制度改革的趋势，我们需要以整体性视角审视国防预算正式制度和非正式制度，从非正式制度的角度为预算制度改革提供对策建议。

小　结

正式制度能够使各预算主体形成稳定的预期，减少预算的不确定性，因而是国防预算管理的根本依据。国防预算管理现在的主要问题是正式制度不足和正式制度不能有效发挥作用的问题，问题的表现形式就是各类预算非正式制度对正式制度替代、修正、补充和影响。故而，本书虽然研究着眼于非正式制度，但努力通过研究非正式制度与正式制度的相互关系，把研究落脚点置于协调国防预算正式制度与非正式制度、提升国防预算制度绩效。目前，大量预算正式制度在其政策范畴内无法完全发挥作用，由大量非正式制度主导预算进程，出现了正式制度让位于非正式制度的问题。

由于非正式制度和正式制度既能相互影响，也能相互转化，二者的这种依存关系是本书研究的基础。因此，本书将依次从国防预算权力结构、预算关系和预算改革趋势三方面展开分析，研究国防预算中的非正式制度的存在形式、作用方式。

第四章　国防预算中的权力结构与非正式制度

与国家的公共财政改革类似，国防预算制改革也遵循从收入改革到支出改革的顺序。在 1998 年明确"军队吃皇粮"甚至在 2001 年改革之前，预算管理体制可以说极度混乱，财权非常分散，既没有收入上集中统一的管控，更谈不上支出的统一管理，财务部门的权力比当前要弱化很多。因此，财务管理改革的重点是建立集中统一的预算收支控制体系，这与财务部门承担的供应、保障、核算、监督职能相适应。客观来讲，财务部门推进启动的国防预算制度改革，一个重要目标就是塑造符合现代预算理念的公共预算权力框架，而非仅仅加强自身的预算权力。

控制为导向的预算管理改革在当前情况下仍有其必要性，因为当前国防预算领域还处于一个非正式制度比较落后、预算权力分散且无法相互制约的状态，控制取向符合现实需求，并且有助于以最小的摩擦成本启动预算改革，优化预算管理格局。在建立控制取向型预算的过程中，无可避免的会与现行预算权力结构产生冲突。牛美丽（2012）曾提出，预算权力结构主要包括三个方面，财务部门与支出部门之间的权力结构；单位领导之间的预算权力机构；内外部监督者的权力。当前，国防预算权力结构的问题主要是预算权的碎片化导致非正式制度盛行，本章将从预算决策、预算执行和监督反馈的顺序展开分析。

第一节　财务部门的职能与预算权力

国防预算三类主体中，党委负责目标管理和综合统筹，支出部门负责具体实施预算，而财务部门则应当承担两类职能，一是日常支出管理，二是承担着类似核心预算机构的职能[①]。所谓"核心预算机构"，可类比美国总统办公厅的行政管理与预算办公室（OMB），负责统筹预算的政策制定过程和资源配置过程。因此，财务部门一方面要负责供应保障，另一方面更重要的责任是要约束各种掠夺性支出行为，协调解决预算冲突，有效保护预算资金。但是，当前财务部门面临的问题是供应保障职能突出，而核心预算机构的职能不明显甚至被弱化，财务部门的预算权并不全面。

一、财务部门职能定位有失偏颇

从制度的路径依赖看，自1955年国防部门首次改革预算管理体制起，财务条例就明确将财务部门的职能定位为预算编制和经费保障功能。围绕预算集权和分权的问题，从开始"走苏军财务管理道路"，到20世纪60年代"党委一口袋装"的管理体制，再到改革开放后"经费跟着事业走"、事业部门与财务部门共同管理的体制，形成现在"条块结合、以条为主"的模式初始制度的巨大惯性延续至今，造成了财务部门担负的决策职能与保障职能不对称、所处的行政管理层级与总体职能任务不对等。

实际上，按照制度规定[②]，财务部门应当具有决策、审批、执行、监督、问责等管财职能，贯穿于预算活动的整个环节，其中，规划和控制是两项最重要的预算职能。可是，财务部门功能被矮化的问题很突出，财务部门虽然负责预算编制，但实际上更多地表现为部门预算汇总；财务部门虽然控制经费支出，但是无法将政策制定过程和资源分配过程有效联系起来。因此，财

[①] 实际上，财务日常管理职能（包括预算支出管理）和核心预算机构承担的职能应当分别由不同部门承担，本书将在后面分析。在当前国防预算条件下，由于没有专门的核心预算机构，这两项职能只能由财务部门承担。

[②] 综合《财务条例》《军队预算编制管理规定》《军队财务管理教程》等资料。

务部门虽然应当是党委的综合理财职能机构，但在部队建设中仍然处于从属地位，各部门对财务职能的认识普遍是供应、保障、核算、监督①，定位于"账房先生"所做的会计与出纳角色，简单地将经费管理工作等同于记账算账，把监督等同于对账查账，甚至认为"财务搞好供应保障才算分内事，进行监督是多管闲事"[50]。现阶段财务部门其实无法承担起核心预算机构职能。

财经法规和研究文章中提到财务部门是党委管财的参谋助手，这是否体现了财务部门作为核心预算机构的职能呢？本书认为，"参谋助手"的提法并不全面。因为党委不是专业化、技术性的预算管理机构，党委负责把方向、定目标、统筹协调，并不负责具体业务，财务部门作为专业化的具体政策执行者，自然需要有权力将政策制定和资源分配结合起来，而不是事事请示党委。研究文章中常常讲到，财务工作（包括预算）要跳出自身的业务小圈子，学会围绕中心谋划工作，正是体现了这一点。财务部门的核心预算机构职能弱化的问题在预算决策和编制中表现最为明显。由于传统视角下财务职能是负责任务项目的资金供应保障和支出管理，控制取向与合规要求是预算管理的主要特征，而任务决策的制定主要由事业部门论证后报党委批准，财务部门在此过程中的影响有限。也就是说，预算整合资源分配与决策制定的属性被一分为二，只负责资金供应和支出管理，这必然导致财务部门的权力责任不对等，难以对部门经费支出形成真正的制约。这种情况下，预算管理虽然重视供应保障职能但弱化了政策审查和监督考核职能，注重了合规管理但无法兼顾绩效管理，加强了控制导向但是没有加强目标导向。预算的属性从整合决策制定过程和资源分配过程，被扭曲后变为被动审核项目预算以匹配任务和决策。表4-1综合描述了国防部门中财务管理的职能[51]。

表4-1　　　　　　　　　　财务部门的职能汇总分析

职能	职能含义描述	职能面临的变化
组织供应	保障经费供应与部队建设需求相适应，确保财务工作有序展开	财务部门日常工作的首要职能，可以由相对分离的专职财务机构承担
计划管理	在党委领导下科学制定财务计划，通盘考虑精确预测、综合平衡，不断提高财务部门统筹全局建设的能力	计划职能重点正由原来的解决经费供需矛盾为主转向确保党委战略方针实现

---

① 军中理财人——南京军区联勤部财务部之歌 [J]. 军队财务，2013 (4).

续表

职能	职能含义描述	职能面临的变化
检查监督	审核检查国防部门财务活动,确保该保障的保障到位,该压缩的不留尾巴。主要依托财务结算中心实施专业化、规范化的监督检查	当前的挑战是,要从主要审查项目预算的合法性和合理性,向同时检查效益性、效果性转变
过程控制	根据预算的实施情况进行引导、调节,及时纠偏,保证经费支出符合预定计划与目标	如何兼顾预算支出过程与支出结果是主要挑战
综合协调	协调局部与全局、财务部门与支出部门、支出部门与支出部门之间的关系,调动各方积极性	一些学者认为,财务部门与支出部门之间在某种程度上可以发展出一种基于协商、契约精神的合作关系

资料来源:综合郝万禄,陈鸿.军队财务管理学［M］.北京:解放军出版社,2009:17-19;熊友存,李劲松.军队财务管理学［M］.北京:解放军出版社,2006:18

二、财务部门的权力与责任不对等

由于"核心预算机构"职能被弱化,财务部门在预算管理中面对问题常常有心无力。重供轻管与重钱轻物这两种倾向性问题虽然各级党委常提,但实际上不是财务部门不想管,更多得是由于没法管、无权管、管不了,财务部门有管好用好经费的权力,但是并没有足够的调控资金配置使用的权力,在这方面的"权力"有名无实。与之对应,当前预算管理中,支出部门"权力有余而责任不足",权责不对等。由于预算管理部门不得不强调严格的财务支出制度控制,进一步使得部门片面追求用钱的权利和机械办事的意识,但是忽视承担的绩效责任和创造性工作[52]。

从这几年反映的情况看,监督检查压力层层传到,"为了不出事,宁可不办事"的趋势有所增多,一些单位财权财力的管理倾向于保守,对制度实施以及战斗力建设都形成了扭曲。为了在审查审计时确保万无一失,支出部门往往不敢不应有的政策制度用足用好,比如,之前一段时间,因工作需要开支的通信费的200元/月标准,很多单位因为政策不够明朗,按"法无允许皆禁止"来实施,不敢把这一福利落到实处;调查中还发现,由于账单报销要求高、程序繁琐、时间跨度长,对部分急需花钱的事项,一些部门和官兵能省则省、能拖就拖,有钱却花不出去,必然在一定程度上影响单位的建设发展。

在当前改革重塑的大背景下，财务部门有加强监管、落实制度要求的责任，但是没有必要的调整、放权的权力，特别是在绩效管理中，没有必要的放权的权力。比如在很多基层单位，一些修补类的零星工程，以前大都找的有经验的老百姓开工而不是有规模的公司，基本都是凭收据报账。经办人的初衷可能是好的，因为涉及的钱少公司一般不愿意干，再者老百姓不开票可以省掉税钱，节约一定成本①，但是现在预算和经费开支管理"疑罪从无"，以前这种灵活变通的方式不可行了，单位的财务部门和支出部门宁可多花费时间成本、财务成本和人力成本，也要首先做到支出程序合规。这种矫枉过正的弊病，凸显出财经管理权力亟须进一步调整优化。预算管理机构也就在多数情况下谨小慎微，只好选择被动地执行规定要求，类似这种报销程序烦琐而导致"因噎废食"的现象不在少数。

对资产的管理也是如此。财务部门对资产管理仍然处于弱势甚至是尴尬的地位，有心管但无力管、不敢管的问题一直存在。一方面事业部门没有动力把原来自己管理的资产交由财务部门监督，事业部门拥有的不论是上级配发的资产或是地方捐赠的资产，都不会主动到财务部门申报登记，财务部门既无明确的稽查权限又得不到事业部门的配合，无法清楚掌握各类资产的存量流量情况，因此资产失管失控，计价挂账也无从谈起。另一方面，国防部门还未健全资产管理机构。只有军委机关有专门的资产管理机构，在总部以下的战区级大单位虽然设有军队资产管理机构，但由于挂靠在财务部门，缺乏专门的资产管理人员编制，没有形成独立的机构；军级以下单位更是没有设立专职机构和人员，事业性国有资产依靠相关事业部门管理，财务部门不能对资产进行有效监控。虽然有明确规定，由财务部门主管本级资产，但实际上财务部门的职权仅限于资产价值的清查、登记、注销、统计汇总等从属性、业务性工作，装备、储备物资等资产的实物管理以及资产立项、采购、调拨、存储、处置等事项还是由事业部门主导，而且事业性资产还是以"条条"的垂直管理为主。此外，深化国防和军队改革以来，全面停止有偿服务又提出成立了资产监管机构，资产管理职能分散、权力交叉。虽有制度规定，但是无一致性。总体看，由于权责不对等，资产的价值管理与实物管理是脱离的。由于无法从制度上获得更大支持，财务部门对资产管理常常面临"谁

---

① 郑新. 莫让"财务之殇"伤了财务队伍［OL］. http://jyxc.qjw.jw/article/2017/09/19/52934.html.

让你管?"的尴尬问题[53]，虽然自身有很好的想法但是既缺乏制度的支持，更无法获得支出部门的配合，各类资产的采购、使用、处置总体上还处于零散化、自主化和无序化的状态。

三、财务部门工作易受外部环境影响

根据部门的工作性质，财务部门实际上应当集决策职能和管理保障职能于一体，但是由于二者的分野并不清晰，加之行政权力对预算工作的主导因素，导致财务部门的管理保障职能突出而决策职能淡化、弱化。

一项决策的制订和实施需要有足够多资源来提供支撑，资源的使用需要决策来指引目标。整体性治理要求在完成目标任务的过程中，决策制订过程和资源分配过程要相互配合、相向而行。如果这两个过程相分离或一个处于对另一个的主导地位，那么各部门必然会对预算资源进行掠夺性申请，从而导致"公地悲剧"。但是当前军队预算管理正是缺乏这样一个能统筹两个过程的"核心预算机构"①，例如，上级下达一项演习训练任务后，单位要拟制专项任务经费预算，但是通常因任务紧急，在还未调整预算的情况下就会展开演习训练任务。这带来的后果要么是任务经费大幅超过可用财力范围，或者是直到任务结束后仍然没有明确的经费来源。面对这一情况，解决的办法通常是挤占正常的事业经费。既然已成事实，而且任务又有合理性，那么支出部门就会拿任务批件同财务部门反复沟通，倒逼着财务部门大幅调整年度预算[54]。表4-2所示的是三类财务、预算机构的区别。

表4-2　　　　　　　　　三类财务、预算机构的区别

	预算职能	机构属性	价值目标	管理方式
国防预算中的财务部门	负责预算制定，经费保障，核算监督等各个环节	预算活动以经济属性、技术属性为主，通过制定预算也具有治理属性	合规性与经济性	总额控制和财经法规约束

---

① 核心预算机构与现行的预算机构将有很大不同，但是当前财务部门还担当不了这个职责，它的预算职能没有被赋予这项权力，体现在项目决策是被不同的事业部门分别主导，而决策流又主导了资金分配流。此外财务部门审查预算的功能仅限于合规性审查而不能对事业部门的项目本身提出质疑。这样看，实际上资金的分配权也不完全在预算部门的控制范围之内，预算体制因此呈现"审碎片化"的格局。见马骏，赵早早. 公共预算：比较研究[M]. 中央编译出版社，2011：91，92。

续表

	预算职能	机构属性	价值目标	管理方式
核心预算机构	统筹政策制定和预算资源分配；预算绩效评价	体现了很强的政策属性和治理属性	规划任务完成的有效性和经济性	任务绩效指标约束
专职财务机构	按预算方案组织供应保障和经费核算管理	主要是经济属性和技术属性	合规性和经济性	预算法规和支出方案约束

资料来源：马骏. 中国公共预算改革：理性化与民主化［M］. 中央编译出版社，2005；熊友存，李劲松. 军队财务管理学［M］. 解放军出版社，2006.

第二节 决策过程与预算过程相分离

国防部门中政策制定过程与预算制定过程相结合是治理的关键，因为形成政策的过程也必然需要有相应的资金予以支持。对此，鲁宾（Rubin，2001）有过明确论述：预算的重要之处在于各种政策规划都要在其中体现出来，包括：公共部门的活动范畴，资源的配置……以及对公共目标的负责程度。而且这些决定都要在预算过程中明确[55]。整合决策过程与预算过程不是治理的创新，而是治理的本性使然[56]。

当前的预算管理中，财务部门面对的是一个"碎片化"的格局，决策过程与预算过程相互分离，"以军事需求牵引各项建设，以规划计划主导资源配置"的格局尚未完全形成。这种分离体现在以下两个方面。

一、横向层面的决策与预算分离

（一）预算管理理念的碎片化

在国防预算过程中还缺少各预算主体普遍认同的价值理念，例如成本收益的理念、对结果负责的理念、权责利对等的理念。各部门在价值取向上过于强调和维护本部门利益，部门的本位主义严重。比如，支出部门中普遍存在的一种错误认识，认为只要拿到上级的经费指标文件或拿到首长签字的经费批件之后，经费就完全属于自己了，怎么开支就由自己说了算。之所以在财经管理中为什么要反复强调"预算就是法"的观念即是一个侧面例证。其实,预算管理理念碎片化的问题归根到底还是党委部门在导向问题上出现偏差。个别单位领导存在"决策时不担风险,花钱时不想责任"的现象,集中表现在政绩意识强而整体效益观念弱,批条子抓权的意识强、科学决策能力弱,自我服务意识强、服务基层意识弱[57]。

(二) 预算权力结构的碎片化

Lieberthal 和 Lampton 于 1992 年提出"碎片化权威(Fragmented Authoritarianism)"的概念[58],用来说明虽有正式制度但在实际中无法得到贯彻的现象。国防部门中财务部门功能虚化,与支出部门的职能有交叉重叠,导致预算权力碎片化。这是因为除了财务部门还存有很多"准预算机构",它们或是掌握一定的资金来源,或是能主导资金的分配。这些机构的自由裁量权过大,对财务部门财权形成"瓜分",主要分为两种形式。

1. 各类"准预算部门"分化了财务部门对经费的初次分配权。对于所有的国防经费,还没有一个权威机构负责所有来源经费的归口收支管理,在正常经费之外,承办的政府国防事务和国家重大专项任务的经费预算,是由相应承担该事务的主管部门直接请领和使用,多头拨款的问题一直存在。即使在正常经费之中,也存在对财权的进一步分解。例如,原总后基建营房部除了编报全军机关部门公用住房建设所需经费预算,还负责编报指挥所工程、通信工程、情报工程等 10 余项总部其他事业部门所需经费预算,基建营房部根据年度基建经费指标对相关部门分配经费[59]。也就是说,相关事业部门的经费来源有两部分,一部分是本部门向军委财务部门编报的经费预算,另一部分则是由基建营房部门为之编报和分配的预算,而且基建营房部对相关部门经费的影响往往大于财务部门。这种情况不只基建部门有,除了装备部门是因为体制分权所致外,训练、科技、装备等多个部门也有类似权力,这是"条块结合、以条为主"的模式所决定的。

2. 自由裁量权另一个体现就是各个支出部门的二次分配权。以某军种大单位为例,划分完了大单位预算的"大盘子"之后,对各个二级部门而言,在经费具体投向投量上都有自己的二次分配权,比如军需部门就掌管有对军粮差价的二次分配权。从当前情况看这些经费使用权完全属于支出部门,财务部门是根本无法插手的,更谈不上有效管控。关于这些二次分配的经费,财务部门直言,往往是"跟谁关系好,领导了解谁,谁就能多分到一些,这很正常"①,但是也承认这样的分配方式容易引起矛盾,可是财务部门自身目前也没有更多办法。二次分配权不仅在分配时容易发生偏颇,具体到实际使用效果也充满不确定性。"比如卫生部门上报说需要改善部队医疗条件,购买医疗器械,卫生所改造等。一看是办实事,首长一般都会签。可到具体执行时,私藏夹带的东西可能就多了。表面上看,程序没有问题,流程没有问题。但其中利益交换的事儿,有没有真正办实事,很难通过表面的审查查出来。"②

(三) 预算决策过程的碎片化

国防预算的渐进过程充满了争论、妥协和讨价还价的博弈活动,但这种博弈究竟多大程度上基于公平竞争还很难说,更可能是权力结构的不完善导致的冲突和矛盾。预算本应是一个具有较强预测性的支出计划,但是在零碎化的决策过程中,决策与预算的分离导致的问题是,预算分配没有一个明确的、一贯的、科学的标准,预算没有客观的基础,同时也为大家争取和使用自由裁量权提供了机会,因而预算的中间过程和支出结果充斥了不确定性,表现为如下两种形式:一种是政策制订过程与预算资金配置过程脱节,或者是制订好的决策因缺乏资金配套而无法有效实施,或者是预算执行过程中资金被用于各种临时性提议,计划中的项目资金被挤占;另一种是制订政策和出台项目不考虑预算资源约束,不进行成本效益分析,导致预算成本不受控制。

比如,筹划预算的阶段,财务部门要根据上级及本级党委明确的年度任务重点(包括宏观经济筹划)确定预算总额,并根据任务优先性确定项目间的配置重点。财务部门要做好充足的预算准备,对预算制订及年度预算实施掌握足够的预见性,这反过来要求在预算筹划阶段需要能够整合政策过程与资源过程,制订明确的支出目标,并明确政策目标的重点及优先性。但是在碎片化的预算权力格局下,党政首长和部门领导通过建立起自己的"政策领地"明确了对资金的分配权,财务部门的预算权力随之被层层分解。而且,财务部门无法有效控制事业部门的无序竞争,通过零基预算提高配置效率的目的没有充分实现[60]。预算部门的治理呈现功能条块分

---

① 根据调研访谈资料整理。
② 根据之前调研访谈资料整理。

割、零碎化严重的现象，制订的预算方案很难称得上是"要得清楚，给得明白"。另外，由于预算管理的重点是预算执行中的合规性和控制性，必然导致财务部门在审核支出部门的资金要求时，缺乏足够的理由，特别是由于忽略计算部门项目的支出成本，也容易助长部门的预算最大化行为，纵容部门的支出冲动。

二、纵向层面的决策与预算分离

以上三种碎片化导致的政策与资源的分离是横向层面的同级单位、部门之间的分离，还有一种纵向层面的分离同样存在，存在于上下级之间、条条之间。一是预算总盘子确定与编报预算存在时差，虽然都是提前编制预算，但是在无法掌握总额的情况下，预算的不确定性会变得非常之高；二是上级明确项目经费分配的时间滞后于本级党委分配财力的时间点，这就导致事业部门向上申请了什么项目，上级能否批复以及会下达多少经费，在党委开会研究预算安排时财务部门均无法掌握这些信息，甚至经常会出现这样的情况，逐级下达的年度项目经费到达基层单位时往往已经是下半年了。

上下级单位之间，主要问题是权责分配不够清晰，导致经费预算开支使用过程中，难以把握财权事权的边界。调研中发现，一些单位机关习惯于一竿子插到底的保姆式抓建方法，无形中养成了基层的依赖心理。反映到经费开支上，虽然一些基层事务有标准经费[1]，但是很多单位仍倾向于宁愿上报机关、等着机关统一解决，也不愿意主动作为。年度标准经费躺在账上"睡觉"，基层能"自己拍板"花的钱用了不到半数[2]。访谈中有的主官谈到，"因经费使用不正规而受到党纪军纪处分的人员屡见不鲜，各种各样的违规违纪通报让人感到'压力山大'"，"现在花钱就像在'刀尖上跳舞'，稍有不慎就可能伤着自己。风险这么大，还不如不花。"

部队实际管理中还有一个奇怪但有意思的现象可以很好说明这种"碎片化"问题。只要是单位有招标采购等活动，相关部门都倾向于邀请财务部门

---

[1] 《军队基层财务管理规定》中明确规定：基层掌管经费，包括伙食费、饲料费、公杂费、救济费、给养器材费、俱乐部活动费、驻边远艰苦地区建制连队后勤设施维修费、远离机关基层单位的义务兵洗澡费、农副业生产收益、按照规定留用的其他杂项收入，以及上级分配给基层单位的其他经费。

[2] 见贾若文章《依法理财，让基层经费花出效益》，载于解放军报2018年2月27日第10版。

参加。但是财务部门实际上根本不能确定也不参与确定哪个单位中标,招标采购结果完全是党委和各部门根据招标规程做的决策。之所以请财务部门来一是为了显得正式,二是通过财务部门到场为采购活动做个"背书"。在这种情况下,财务部门担负的责任会大大超过获得的权力,产生权责不一致的风险。财务部门也有自己的应对策略。由于财务人员认识到计划采购是物资采购部门主导的事,与自身关系不大,因此只要把经费支出账目管理好,采购资金拨付好就行了,对于大项物资招标、竞标、谈判以及采购计划、合同、效益等敏感问题不愿过问也无法过问,坚决避免发表意见,基本上也就是任招标部门各行其是①[61]。

第三节 相对乏力的预算控制能力

一、财务部门在预算执行时控制乏力

(一)国防预算坚持控制导向

预算权力的本质是由谁支配"钱袋子"的权力。鉴于财务部门预算权力"碎片化",即"不仅在数量特征上表现为大量支出机构,而且在区域及功能上也产生交叉重叠"②,在国防预算制度改革之前,各级财经管理中不但缺乏有力的外部控制,也缺乏可靠的内部控制,可以说财经纪律弱化的现象普遍存在,大量浪费、任意支出、投机甚至腐败行为十分常见。由于国防预算权力结构零碎化,核心预算机构难以掌握全面、准确的预算内外收支计划及预算执行情况,这也导致预算信息分散不均。各级财务部门普遍不能提供一个完整、可靠的整体财务报告,就连财政部门也搞不清每个支出部门具体掌握多少资产,直接导致了大量预算目标、预算手段、预算行为之间的矛盾行为。由于控制乏力,预算过程存在大量折中妥协、权变、蜕化、寻租、重复建设、

---

① 部分内容参考了访谈资料。
② 参考了佩里·希克斯关于整体政府的论述。

缺乏沟通等问题。可以说，控制取向作为国防预算建设的长期目标，在当前仍未过时。"打酱油的钱不能用来买醋"的提法非常形象地解释了预算控制取向的内容。这种控制不仅针对常规的预算开支，也重点关注各种财政专款和法定支出。

（二）预算控制的形式

预算控制有三类形式，一是财务部门对支出项目进行外部控制；二是支出部门对投入进行内部控制；三是对预算决策及支出结果进行责任控制[62]。

传统预算外部控制的重点是遵照执行，即通过制定详细的投入控制规章，通过严格的外部控制和过程控制确保支出内容符合预算方案，保证财政纪律的严肃性。外部控制通过向支出部门明确财经法规，对预算投入进行详细规定，要求执行部门严格遵守实施。外部控制是最直接的预算控制形式。

预算内部控制制度是指预算资源的使用者要为其预算支出的合法性和有效性负责。在内部控制中，支出部门需要首先建立起完善的标准体系，在人员经费、项目经费、采购及相关方面建立起标准依据。内部控制的重点也在投入上，但是支出者不必凡事都必须获得财务部门同意。内部控制既可以是政策控制也可以是过程控制，在控制方法上既可以行政指令控制，也可以使用激励机制和协同控制的方法。比较来看，内部控制一方面以外部法律制度为依据，同时又赋予支出部门部分自主权，同时强调预算支出的合法性与效益性。

外部控制下，预算支出的决策权集中于财务部门（或核心预算机构），支出部门负责预算执行即可；内部控制下财务部门向支出部门转移了部分支出自主权。而在责任控制阶段，预算支出的决策权和对结果（产出）的责任同时转移给了支出部门。责任控制把控制关键点从投入转向了产出与结果，从支出部门做了什么转向得到了什么预算结果。由于支出部门掌握自主决策权，所以其管理责任就是要对预算产出及结果负责。支出自由权和责任控制相互依存，因为如果没有支出自由权，就会因为无法控制过程而无法对结果负责；同时，如果支出行为不对结果负责，那支出部门就不应当被赋予决策自由[63]。表4-3所示的是预算控制的内容。

表 4-3　　预算控制的内容

	实施机构	控制的内容	控制的形式	主要不足
外部控制	财务部门	重点是遵照执行，即通过详细的投入控制保证不透支和不改变执行中的预算内容	通过严格的财政纪律进行控制	事前控制，控制支出，不注重结果的有效性；严格的外部控制使预算缺少灵活性
内部控制	支出部门	重点仍是经费投入和预算执行过程	过渡型的控制方式。主要通过指令、激励和协同等多种方式	基于一定的纪律自觉性，放松了外部控制，由部门自我管理，本质上还是外部控制
责任控制	核心预算机构	关注于总额和效率；支出的控制权转移到了部门	控制的较高阶段，形成自我控制能力	发展的较高阶段，需要扎实的非正式制度基础

资料来源：马骏，赵早早. 公共预算：比较研究 [M]. 中央编译出版社，2011：16，17，53，253.

（三）当前预算控制的一些问题

当前国防的控制取向是合规性控制而非责任控制，因而是控制导向而非结果导向，仍然处在发展的初级阶段，而且预算控制仅限于年度预算框架内，没有建立起多年期预算管理机制。这种控制导向仍然也是最低限度的控制：支出部门要编制预算，且支出数不能超预算。以行政消耗性经费为例，"也就是最近两年从中央到军委，再到各大单位出台各种厉行节约的规定，行政消耗性经费下来了，其他项目的情况也跟着有所好转"[①]。即便如此，在预算涉及越来越多的大型、复杂的项目群的情况下，对支出过程进行控制不仅低效，而且越来越难以为继。

"预算即是法"的原则要求年度预算一经批准，就要严格按照方案执行。实际在管理中，"要钱"的预算和"花钱"的预算是很不一样的。各级各支出部门普遍缺乏遵守预算的意识，相反符合其自身利益的策略就是在结算时能模糊就模糊，能简化就简化，而财务部门显然也普遍缺乏强制各支出部门严格遵守预算的权威。比如对于招待费，根据细化预算要求，必须标注参加人、地点、因由、标准等信息，不过实际却是"消费过后，领导大笔一挥批准报销，财务上你就甭讲什么标准规定，痛痛快快给了结了。"[64]。即使是明知支出超标准、超范围、超预算，但是因为有领导签字"背书"，财务部门就很

---

① 根据调研访谈资料整理。

少较真，去一一审核支出是否完全合规。当然财务部门也不是支出部门的"提款机"，财务部门坚持的一条最主要原则就是报销必须要有分管领导甚至是单位主官的签字，否则不予报销。这样做的考虑显而易见，将来如果有审计检查，有领导签字的报销单就是财务部门"免责证明"。这种情况成了不少单位的通例。在这种"默契配合"之下，财务部门得到了领导签字的报销单做凭证，支出部门也顺利地报销了经费，而经费支出是否真正合理就不是重要的事情了。

二、财务信息公开不健全与监督缺失

现代预算活动早已不是"家计财政"时代，不是为某一特定人群服务，而是服务于公众，这是当代预算管理最基本的一个理念。财务信息公开也应是国防预算的遵循。虽然有不少国防部门预算信息公开的理论探索，但公开的工作还处于理论探讨阶段，没有真正的公开动作，预算公开也没有具体的法律支持。虽然在不同文件中散见有呼吁预算信息公开的表述，但是没有做出硬性规定，公众的知情权利和支出部门的被监督义务都没有从法律层面得到落实。而且，在真正公开之前有一系列涉及预算权力的问题需要解决：财务公开由谁主导？公开到何种程度？谁具有预算公开的强制权力？

当前的预算公开没有触及到实质，处于相对信息弱势地位的利益相关者的知情权得不到保障；无法对作为执行者的各支出部门形成有效管控，因此属于虚置的、形式上的权力。在财务部门尚未完全获得对预算支出的控制权时，预算信息公开仍然困难重重。而且，当前对财务公开的探讨表现出各级对预算信息公开的实质和方式还有一定认识偏差，例如财务公开不是财务部门公开，信息公开的责任在事业部门而不主要是财务部门；信息公开的责任主体是支出部门而非财务部门；而且不仅要公开预算草案信息，还要实时公开预算执行情况，以便监督纠偏。具体表现在：

（一）对公开内容的认识有偏差

现有理论文章在探讨时主要把公开局限于比如工资津贴待遇、伙食灶差补助、客饭费、分居补助费、独生子女奖励费、子女保育教育费、探亲路费以及随军配偶未就业期间基本生活补贴等由个人掌握的福利待遇经费。这种认识是有偏差的，甚至可能会把财务信息公开引入歧途。实际上，这些信息当然应当被当事人知悉,因为这是基本的经济民主要求,但是这些信息并不属于信息公开的范畴。财务信息公开内容专指以行政消耗性经费为代表的公用经费,这类经费的特点是在用途上属于公用性,并不发放给个人,支出具有隐蔽性,不容易为外界了解,易超难管,容易滋生腐败和亚腐败行为。例如,一些单位的领导部门,只公开明处的支出而不公布隐性消费,只公开一个虚数而没有具体数额;对于不方便公开的支出项目就以"其他开支"来虚晃一枪,外人无法得知实际支出的数量和用途[65]。推行真正的财务信息公开,目的就是将预算支出行为公开化,加强公众对支出部门的监督,用公众监督把支出的权力规范起来,促进预算经费使用的规范性。当前信息公开建设还任重道远。

(二) 财务信息公开的压力与责任集中于财务部门身上

这种情况在当前预算权力结构下有失公允。现实的问题是,人们普遍认为预算信息公开是财务部门的职责,而财务信息公开之所以不能推行下去是因为财务部门不愿、不敢公开。诚然,有一部分是财务部门认识不深、工作不力的原因,但要看到财务信息公开不仅仅涉及财务一家,当前国防部门的经费支出双线管理模式下,预算支出的具体信息(例如三公经费中接待费支出的具体细节,招待了哪些人,什么标准等)大都掌握在支出部门的手中。财务部门对支出控制的乏力导致财务信息分布并不对称,财务部门追求的控制取向仍然没有完全建立起来,由此也可见一斑。实际上,财务部门本身认可预算公开,具有推进预算信息公开的内在动力,一方面通过实行预算信息公开,可以进一步巩固自身的预算支出管理权,把支出部门的支出情况纳入有效监督的范畴,真正建立起合规性、控制型的财务管理模式;另一方面,现有的预算管理活动中的各种非正式制度损害了预算的严肃性,同时使预算管理本身也受到干扰。因此,有财务人员呼吁"强势推行财务公开制度",因为财务公开是最有效的防腐剂,是最有效的监督形式之一,以至于有人提出财务信息公开"是财务部门最好的护身符"[66]。

显而易见,财务信息公开既是当前的一个关注点,也有可能成为财务部门重整控制权力的切入点,但对财务公开的错误理解和错误的舆论影响可能会把预算公开引入歧途。有财务人员直言,"财务信息公开,当前的问题不是能不能公示,而是敢不敢公示"[67],这个"敢不敢"想必更多地指的是批钱批物的领导和支出的部门。财务信息公开的重点和难点在支出分管领导和支出部门，因为一旦实施预算信息公开，不仅分管领导的"预算主权"会受到削弱，而且支出部门建立的"关系型预算"效果也会大打折扣。这样，原本根据非正式制度建立起的预算均衡就此打破。所以，我们不仅仅把预算信息公开看作是一种追求的结果，也看作是一个建设和努力的过程，把推行预算信息公开的过程与其他预算正式制度的建设结合起来，实现预算非正式制度与正式制度从冲突向均衡转变。

三、国防预算还要继续完善控制取向

控制取向是国防预算制度改革必须要走也必须要走好的一步。如果预算的正式制度一直处于零碎化状态，那就为各种非正式制度（非正式结构、程序和规则）发挥作用创造了条件，大量的预算行为发生在正式制度的框架之外。

（一）预算改革的深入发展要求继续完善控制取向

2001年实施的国防预算编制改革，重点是重新审视和修订国防预算管理目标，关键是提升对预算支出的控制能力。在"前预算阶段"放权让利，激励各部门自谋出路解决供给不足问题的办法，而今已经演变成削弱经费管控、搅乱财经秩序以至滋生腐败的温床。当前预算改革的目标是要通过观念转变、制度创新和使用新技术，重建对预算资金的严密控制体系，强化对预算收支的全维反映和有效管控。故而，当前预算管理制度改革也含有夯实预算管理与决策基础，为以后预算管理模式向计划、管理、控制相结合的综合导向转型准备条件的深层次动机。

"以前，实际上包括现在也是，预算管理只是程序上的审查，看执行结果就是审查来报销的一堆票，对中间的执行情况很难控制。比如一项改造工程，可能只用了10万就够了，但是预算给了100万，这剩余的几十万怎么办，都是由支出部门说了算。在以前审查不严格的时候，类似'回扣'这种事情就存在。"① 再比如，国防预算不允许编制赤字预算，却默许各级超预算开支。究其原因，主要是行政权大于法。一些领导和部门习惯以行政命令压制法规制度，以领导的口头交待代替财经法规，把个人意志凌驾于财经法规之上。

---

① 根据之前调研访谈资料整理，反映之前特定时期的某些现象。

财务人员面对领导签字的经费申请单，或是由于任务紧急，或是由于权势压人，都不得不办。对于预算的有无，则不看也不问[68]。

（二）经费支出管理标准化建设要求不断完善预算控制

当前，部队财务管理正在推进经费支出管理标准化体系建设，为预算和支出提供依据。标准化是财务管理科学化、精确化的前提，但是财务工作者提出，不应认为建成标准体系就算财务管理工作大功告成，"说标准化是科学精细管理的关键依据，这不够准确。标准管理仍然是概略管理。不同地区不同单位的情况有没有差别？即使同一个单位，今年和去年的情况也有差别。精确管理不是几条标准就能全部掌握的"。实际上，与其说建立标准体系是预算分配的依据不如说是对支出进行控制的依据，标准体系对于实现"要得科学，给得合理"而言仍不够精确有效。也就是说，标准体系是预算执行过程中很好的控制工具，但是对于预算是否合理的问题，还需要追溯到预算分配的源头，也就是政策目标和资源分配是否具有内在联系，标准体系并不能完全胜任。不过就当前情况来看，经费支出标准体系虽然并不是一种精确的管理方式，但是针对过大的自由裁量权、"跑部钱进"等粗放式管理中存在问题还是当下最为可取的办法。当前的一体化经费标准体系仍然比较粗糙，只能做到相对合理，但却是最不坏的一种管理方式。

还有一个问题是军队财务管理综合评价的作用。2011年，原总后勤部财务部制定办法《财务管理综合评价办法》，从党委理财、预算管控、供应保障、核算监督、队伍建设五个方面综合评价财务工作。但是评价工作实际上并不能实现很好地控制：一是没有明确财务部门整合决策与预算过程的权力，二是这项评价办法主要是规范财务部门自身的活动而非事业部门。

第四节　不够健全的预算监督机制

作为行政管理学研究预算的一个重要关注点，预算研究如果忽略了对制约预算过程中权力结构和相互关系的分析，就不能使人信服地阐释预算活动何以发生及如何发生的问题[69]。前两节分析了预算权力中的决策权、执行权，本节主要分析国防预算中的监督和问责权力。

一、不完备的预算问责体系

预算监督类型有立法监督、行政监督、审计监督、司法监督、社会监督等几类,国防部门主要采用行政监督与审计监督[①]。预算问责是预算完成后对支出部门预算结果的评价据此进行奖惩。对应的,预算问责有五类:立法问责、司法问责、行政问责、社会问责和部门内部问责。立法问责是立法部门(如代议机构)对预算结果进行评价,并审查决算报告;司法问责是司法部门依规对预算违法违规行为进行惩处;行政问责是有关行政组织对预算部门的问责,如行政监察、财政监督等;社会问责是社会公众对预算支出进行的评价;而预算单位内部问责是指财务、审计、纪检等部门主导的预算审查。

预算监督及问责是国防预算权力结构中的薄弱环节,监督权力结构不完善导致预算责任不能有效落实。总得来看,在国防预算中还缺乏一个权责明确、执行力强的财政问责机制。而且财务部门进行预算监督的独立性差,缺乏权威性,即使检查中发现经济问题,或者是出于本部门利益考虑或是由于在行政管理中的"弱势"地位,"往往无法抵制行政权力的说情"[70]。主要表现在两点。

(一)对预算行为的法律责任没有统一规范

国防预算中,对预算违规的性质、责任主体、责任形式以及问责的程序,不论是在法理上或是在程序上都缺乏明确依据,没有从法律的层次对预算责任进行详细区分和规定。我们仅从立法技术层面而言,现行预算管理规定中的单一责任制显然不够科学。不同的财务违规违法行为在情节、性质、影响上都不尽相同,在制定相关法律法规时应当考虑到,应当建立和完善对违法违规行为的责任体系,有效管理各类财务违法行为,而不能简单化、同一化地处理。例如,当前国防预算责任管理的通行做法是,要求上下级党委之间签订经费支出管理责任书,单位主官与分管部门领导还有下属单位主官签订经费管理责任书,明确开支的管理责任。但是各级之间签订的预算管理责任书既没有预算开支的具体目标,而且对行政权力如何参与预算过程没有(由

[①] 国防部门预算除了总预算的总数在年初由人大批准外,其他预算活动基本不受公共代议机构约束,这是国防预算与一般公共预算在形式上的主要区别。

于技术上不现实，也不可能有）具体规定，仅有原则性的规定，比如党委应对大项财经事项把关。这带来的问题是，一是处罚力度轻，预算责任形式单一，只有行政问责而没有经济制裁和刑事追究；二是问责对象不明确，经常以"党委"的名义为决策失误承担责任，但党委并不是一个实体；三是预算责任不对等。

（二）预算监督权和处置权分离

对预算违规行为"查"与"处"脱节。财务部门履行经济监督职能，但是对于查处的财经问题却往往没有直接处置的权力，仅仅是通报检查，结果又没有实际威慑效力，具体的整改结果还需要党委的支持。而党委既是运动员也是裁判员，对监督的处置中，还存在一些对监管结果处置不严的现象，比如不少单位认为家丑不可外扬，对财经违法乱纪问题大事化小小事化了，对结果处置避重就轻，没有严格按照有关法规条款惩处[71]。不少预算研究文章中都有这样的建议，"争取党委首长对财经监管工作的支持"，"积极向部门和广大官兵宣传财经法内容，主动争取部门的协调"等，无不从侧面反映出财务部门监督约束力度弱化程度。

二、不协调的权力框架设计

由财务部门推动、自上而下实施的国防预算供给主导型制度变迁中，预算执行软约束是一个重点问题。相关研究文章中一般都会强调树立"预算就是法"的意识，提出的建议包括引起党委重视、加强思想教育、专门出台预算法规等。但这些提议没有抓住一个关键问题，如果预算权力没有得到很好制约，何谈预算执行的刚性？一个很好的例子就是美国并没有这么多专门的预算法规，其预算的权威性来自议会批准的授权法案，预算报批的过程也就是立法的过程，预算权力必须在法律框架下才有执行力。

当前国防预算权力结构不够完善，在预算管理中引发了一些问题，比如部门间的权力冲突，人为抬高了制度运行成本。这可能导致的问题或者是导致行为冲突，或者是两者都无法有效实施。

实际上，国防部门中不缺乏监督机构和监督法规，但是受到现行行政管理体制的限制，内部、外部监督均自成体系，部门之间各自为政，导致监督权力的边界不明确、责任不清晰、行动不一致，财务、审计、纪检等虽然都是名义上的监督职能部门,但实际情况是都无法有效单独实施预算监督,比如财务监督可以发现问题但无法处置,因此需要纪检部门的配合;审计监督只负责大项预算项目,平时的日常监督还是要靠财务自身的常规监督;纪检监督力量则缺乏财经专业技能。而对于外部监督,信息和权力不对称的问题更加严重,委托代理的问责链条太长或者是监督者的权力太弱,外部监督对支出部门预算行为的约束力微弱。即使监督中查处了问题,财务部门也几乎不能执行有效的惩处。在行政管理体制下问责权归党委,这种基于层级制的、控制取向的问责模式往往不是太迟,就是太轻。这样形成的监督格局是:外部监督无门、上级监督过远、同级监督困难、下级监督无力[72]。对领导决策还缺乏决策约束和责任追究机制,即只赋予决策者制定政策和支出规划的权力,但没有相应地建立对运用权力的责任约束。如果没有规范的决策流程,少数决策者就能按照自身意愿,避开科学论证和民主决策机制;或者先决策、后论证,把论证工作当成摆设,这样的决策机制难免造成决策失误。

三、不稳定的预算权力结构

"要避免滥用权力,就需要用权力制约权力"[73],形成稳定的分权制衡结构。从预算流程角度划分,预算活动由资源申请、资源配置和资源保护组成。由此衍生出三类预算主体,分别被赋予三类权力[74]。国防预算管理框架下,党委是起决定作用的资源配置主体,支出部门是资源申请者,而财务部门的职责是资源保护,即评估支出机构的预算方案,支持有效率、符合支出目标的方案,拒绝低效率方案。这种分工本质上与国防预算中党委、财务、事业部门的职能一致,即"权归党委、钱由财务、事在部门"的格局。当前优化国防预算权的问题基于两点考虑,一是军队停止经商后,各个部门长期习惯的自由收支情况迫切也需要同步改变,二是财务部门再造与革新的需要,财务部门不能仅满足于在预算过程中的被动角色,要改变"橡皮图章"的现实困境,真正在国防预算活动中发挥自身职能作用。

国防部门当前的预算权力机构并不稳定,财务部门的财权偏弱,而支出部门的财权和事权则不恰当地结合在一起(特别是体现在项目结余经费上,后文具体分析),而党委的主要职能是把方向,但是行政权力容易深入介入预算制定和执行的细节,并且没有受到适当制衡,如表4-4所示。预算权力结构的不稳定在财务部门身上体现为两个相矛盾的现象,一是财务既当裁判员又当运动员。理论上，财务部门的职权既有预算编报，也有预算监督，集预算编制、执行和监督权力于一体，实际上执法权和裁判权相重叠，不兼容的权力都赋予了一个部门。二是财务监督职能实际上有责无权，财务部门并不能承担完全意义上的监督机构职能。当前，财务部门在预算制定阶段职能只是作为政策的被动接受者，对于整合政策过程和预算过程，没有从机制上被赋予明确的预算听证、质询、修正或者建议的权力。

表4-4　　　　　　　　　　国防预算主体的预算权力分析

	财务部门	事业部门	党委	外部控制机构（人大）
预算角色	资源保护者和资源配置者（微观层面）	资源申请者	资源配置者（宏观层面）	政策制定和预算计划的审查者
理论上的预算权力	统筹决策制定和预算资源分配；对单位预算决策的经济性、合规性有建议权和修正权；预算执行的管控者	项目申请，并为预算方案辩护，组织实施项目预算	制定单位中长期规划和制定年度政策，把握预算方向	既要审查总预算，也要听取预算执行情况报告，审查预算绩效
实践中预算权力的问题	供应保障、核算监督为主。预算资源分配权力、监督权力受到"零碎化"预算权力格局的削弱	一些部门成为"准预算机构"，既负责资源申请，也负责资源支出	党委决策以各个不同的"政策领地"的形式存在	职能相对虚化，无法对国防预算运行和支出效果进行有效管控，无法确保其有效履行公共责任

资料来源：刘继同，公共财政过程分析与政府预算核心地位，载于马骏、谭君久、王浦劬主编《走向"预算国家"：治理、民主和改革》，中央编译出版社，2011年7月

对于财务部门的此类问题，美军财务管理架构似乎具有一定启示。美军的财务机构组织体系包括两个相对独立的系统，即资源管理系统（预算管理）和供应保障系统（核算保障），资源管理系统统筹国防预算的编制，并负责审查相关计划的决策和实施，对国防财务工作进行宏观统筹，办公机构为国防部副部长（兼任国防部主计长及主财务官）的办公室。资源管理系统在国防财会局支持下，依据行政管理与预算局编制的"预算纲要计划"来制定预算；供应保障系统负责按照预算拨款、进行会计核算，管理非预算资金，制定和实施财务管理法规，机构由国防财会局及国防财务中心、国防合同审计局、军种财务部、战区财务部组成[75]。财务管理功能交由国防财会局及下属的国防财会中心承担；国防合同审计局作为最高审计部门，代表国防部审查各类国防合同，并为采购部门提供金融与会计支持[76]。

第五节　对公共部门核心预算机构及其权力的考察

之前已经明确，管理国家和部门预算收支的权力被称之为"钱袋权"，历来被认为是行政管理中的一项核心权力。考察美国等主要国家公共部门发展的历史可以发现，其公共财政活动（包括国防经费预算管理）主要是由被称之为"核心预算机构"的部门主导，而并非由国家财政（财务）部门主导。所谓核心预算机构，区别于传统的预算部门，一般是指在公共部门中承担起宏观经济管理、政策分析、资源配置和绩效管理等综合性、权威性职能机构，可能设在财政部门内部，但更多的是作为单独的机构出现。美国核心预算机构在部门设置、职能作用的演变发展方面具有很强的代表性，我们以此为例进行典型分析。

一、美国政府部门核心预算机构的发展脉络

对"钱袋权"即预算权的争夺，历来是美国政府面临的一个治理方面的焦点问题。在美国公共治理发展历程中，总统、国会以及政府内部机构之间进行了长期的拉锯，形成了现在以预算管理办公室为主体、国会专门的预算机构为重要补充的核心预算机构格局。

1. 无核心预算机构阶段。美国在建国后的很长一段时间里，政府的财政收支权都掌握在国会手中。国会自行通过、修订各种授权法案，支配联邦政府资金的拨付，总统所代表的联邦政府部门在预算管理中几乎没有主动作为的空间。所以在这一时期，美国联邦政府并没有形成正式规范的制定和提报预算的机构与程序。

2. 初步形成阶段。直到1921年，美国国会针对预算过程通过了一个里程碑式的法律，即《1921年预算与会计法案》（The Budget and Accounting Act of 1921）。《法案》最为关键的突破之处就是，在联邦政府的财政部成立预算局（Bureau of Budget Office），同时在国会参众两院分别成立了两个预算委员会，加上原来的拨款委员会（Appropriation Committees）和问责总署（General Accountability Office），构成了预算提报和审查的机构。根据法律要求，总统代表

整个政府向国会提交每年的预算，并由预算局来具体行使这项职权。相应的，各个政府部门不再像以前一样，绕过总统直接向国会提交预算申请，而是由预算局代表总统以整个行政部门的名义向国会申请预算。

根据《法案》规定（即总统负责每年向国会提出年度预算案），实际上就是把主要的预算控制权从立法机构（国会）转移到了行政机构（总统领导的政府部门），最初的政府核心预算机构由此初步形成。不过根据《法案》要求，当总统向国会提交一个全面的预算案之后，国会方面仍然掌握着预算资金的收支权力，具体由12个拨款委员会实施执行。

3. 改革完善阶段。核心预算机构一个重要改革发生在1970年。当年，美国国会制定了《1970年立法重新组织法》，重组了总统的行政办公室，把原来财政部所属的预算局（BOB）改组，移交给总统直接管理，并在1971年正式成立了总统行政管理与预算办公室（Office of Management and Budget，OMB）。因此OMB不再隶属于财政部，改为直接向总统负责。而财政部自1971年以后，也就不再直接负责预算的编制和审查工作。

1970年改革是对1921年改革的大幅度深化。通过这两次主要改革，美国建立起了在政府部门内部资金分配权和财政管理权相对独立、在政府部门外部核心预算机构和国会分权制衡的模式。美国政府部门的核心预算机构，由总统办公室负责的管理与预算办公室（OMB）和财政部分工协调运行，并且以OMB为主导。预算编制作为总统直接管理的权力，由OMB直接负责，OMB指导编制向国会提交的政府年度预算方案，财政部主要负责预算执行，实际上起到一个国库（The Department of Treasury）的职能。总预算和部门预算由总统每年2月向国会提交后，国会组织辩论。其中，联邦政府官员按要求出席国会关于预算的听证会，提供相关证词。最终，由国会审查通过拨款法案并由总统签署后，从而形成新财年的预算案。

二、美国国防部核心预算机构的发展脉络

美国国防预算制度的变革既与美军军事制度变革同行，也受到政府部门核心预算机构改革的直接影响。为了有效解决各军种自行其是的问题，实现国防建设的集中统管、提高军事效能，自20世纪60年代初以来，先后推行了规划计划算（PPBS）制度改革和1986年的戈德华特－尼克尔斯国防部改组法等多项重大改革，塑造了当前由核心预算机构主导国防预算编制、管理和

监督评价的格局。

1. 无核心预算机构阶段。二战结束之后，直到 1947 年美国才设立国家军事部（国防部前身），虽然负责指导和管理部队建设，但是并非总统的内阁部门，而陆海空三个军种却是内阁部门。因此，美军一方面面临着跨军种的资源需求激增的问题，另一方面各军种、各部门在利益驱使下，政策规划和资源分配过程分散零碎，导致重复建设、损失浪费严重。在预算管理上体现为，国防建设缺乏统一的规划体系，各军兵种作为一个独立单元直接纳入总统预算、分头向国会申请经费、自行组织经费开支管理，各军兵种之间相互争项目、争预算。为了缓解供需矛盾，国防部不得不通过切块的方式，规定每个军种、部门按一定比例分配经费。因此，这时候虽然国防部已经成立，但是并没有形成核心预算机构。

在冷战逐步加剧的背景下，这些问题引起了美国政府的高度重视。在 1949 年出台新的《国家安全法》，把陆、海、空军降为国防部的下属单位；在 1958 年，美国出台《国防部改组法》，取消军种的作战指挥权，增强了参联会的职能作用，这为下一步改革奠定了基础。

2. 初步建立阶段。第一个重要改变发生在冷战初期。1961 年，时任国防部长麦克纳马拉主导了一场以预算改革为突破口的军事变革，提出"国防部的组织管理，必须以集中计划和分散执行的原则为基础"，强力实行规划计划预算（PPBS）制度。通过 PPBS 改革，初步构建了一个由"规划（Planning）""立项（Programming）""预算（Budgeting）"三大阶段组成的标准化、专业化、流程化管理模式，把长远规划制定、具体项目计划和军费预算编制三部分工作融为一体，通过效费比较分析，对各环节的决策方案进行通盘考量和论证，使美国军事战略、军费预算、部队需求和武器研制之间建立了有机联系。通过改革，统一制定规划计划，实施宏观控制，基本确立了"军种部——国防部长办公厅——总统——国会"的预算编制和审批格局。由此，国防部内部的核心预算机构职权，逐步归口集中到国防部长及其主导的办公厅手中。

3. 改革完善阶段。第二个重要改变的时间段发生在冷战末至新世纪初的转型期。在 1986 年，美国国会通过《戈德华特——尼克尔斯法案》，对国防部进行改组。通过该法案，国防部参联会的作用进一步增强，巩固了联合作战司令部作为资源需求方的地位，国防资源进一步向作战需要聚焦。在 2003 年，由时任国防部长拉姆斯菲尔德继续推进国防部改革，针对 PPBS 制度权限过于集中、标准死板僵化、流程繁冗复杂，国防建设"建""用"严重脱节的问题，美军着眼在规划、立项、预算中重点突出"基于能力"的新理念，以执行评估审查对战略目标、资源调配进行动态反馈、纠偏止损，进而充分调动下级部门的积极性和主动性，于2003年开始以"基于能力"的发展理念为牵引，全面推行PPBE制度改革。通过改革，国防部长掌握军队战略发展方向、在宏观层面配置资源、加强规划项目执行监督的能力有效加强。

三、对典型核心预算机构特征的分析

分析和总结美军核心预算机构的发展经验，对于我们优化预算权力管理架构、建立完善现代军费预算管理制度具有积极的启示意义。

（一）特点分析

总体来看，美国国防部核心预算机构具有如下形式：①从行政管理的关系来看，总统办公厅的行政管理与预算办公室（OMB）、国防部长办公厅（包括其下设的高级评审小组）以及国防部负责财务工作的副国防部长（主计长）办公室，是国防预算制定、审查的主体部门，共同构成了国防部门的核心预算机构。与其他内阁部门不同的是，对于国防预算，国防部长办公厅与美国总统办公厅OMB共同负责审查国防预算方案，而不像政府其他部门一样，部门编制预算后被动地交由OMB供其审查。②从预算与财务的关系来看，国防部内部主管财务工作的副国防部长（或称主计长），在国防财会局的支持下，依据OMB事先为各部门提出的"预算纲要计划"，完成编制国防预算的技术性工作。在国防预算批准后，主计长领导两个直属于国防部的财会业务局（国防财会局和国防合同审计局），负责国防预算的执行。国防财会局主要负责指导、执行和检查各级财会工作，在多地设立财会中心和基层财会办事处，为部队提供财会服务。国防部专门设有一名负责审计的助理国防部长及监察办公室，并设立合同审计局，主要发挥财务部门的监察作用，确保预算方案和财会制度得以执行。③从核心预算机构的支持系统来看，注重从战略管理层面将需求、规划、预算和监督有效联接起来。为了缩短资源投入到军事能力产出的过程，提高转化效率。自冷战末期以来，美军着眼统筹考虑解决战略规划、预算分配和绩效管理等基本问题，完善形成了由联合战略规划系统（JSPS）、规划计划预算执行系统

(PPBE)、国防采办系统（DAMS）和联合作战规划系统（JOPS）相互衔接的战略规划和资源配置管理体系及协调机制。例如，1979年成立国防资源委员会，成员包括参联会主席、各军种部长，国防部负责采办、运输和后勤的副部长等，负责协调国防部长办公厅与各军种预算的联系，是国防部长办公厅中计划资源分配的最终决策机制。国防部长办公厅就参联会、军种、联合与特种司令部的众多预算问题进行大量的协调沟通、准备材料，告知国防资源委员会进行审议。一旦就最突出的问题作出决定，国防资源委员会的建议以《计划预算决议》的形式发布出来，并成为准备国防部正式预算的基础。

（二）建立完善核心预算机构的启示

在政府或公共部门内部设立一个称之为核心预算机构的组织，协助政府（部门）首脑评估和审查支出机构的预算请求，参与战略管理，监督预算执行，已经成为公共治理领域的普遍趋势和有效做法。总体看，核心预算机构作为政府（部门）首脑与支出部门的中介，是宏观政策与微观活动的统一体，是政策规划计划与资源配置方案的衔接点，在政府预算的形成和执行过程中发挥无可替代的作用。①要优化预算相关权力的配置格局。一方面预算资金分配权和执行权的相对分离，让专业的人做专业的事；另一方面，规划计划等政策制定权和预算资源配置权更加紧密地协调联接起来。②要遵循渐进发展格局。核心预算机构在纵向上，由下而上适度集中；在横向上，由部门向核心预算机构集中；在内部，由传统的财政（财务）部门向核心预算机构集中。③要明确预算管理的核心职能任务。核心预算机构从建立之初，就由传统的财务管理职能转变为承担宏观经济管理、政策分析、绩效管理，以及政策审查和制定等综合性、战略性职能。特别是在实施结果导向的绩效预算管理过程中，在总额控制、战略目标管理、项目评估和政策重点审查等方面，作用更加明显。

第六节　以零基预算实践为例分析非正式制度

非正式制度的重要性体现在，除价值理念、道德信仰、传统习惯外，非正式制度还能以组成某些正式制度安排的"先验"模式存在,也就是说正式制度只有符合当事人的认知时,才能被当事人理解和接受,这时正式制度才能真正发挥作用。本节将结合零基预算在国防部门中的实践,分析预算非正式制度的存在及作用。

一、国防预算改革引入零基预算的缘起

20世纪70年代,美国政府率先实施零基预算,虽然在美国联邦政府层面普遍实施的时间并不长,但是为预算改革提供了重要启示。而国家1999年开始的公共预算制度改革采用零基预算的编制方法,成为国防部门改革预算编制方法、采用零基预算模式的直接动因。

按照理论设计,零基预算从根本上否定了渐进预算模式。零基预算的本质就是否认任何预算基数在新的预算年度的合理性,任何开支如果不经过重新申请并进行合理性辩护,就不应当得到拨款,因此这是一种理性主义的预算模式。按照零基预算设计,预算过程包括下面几个步骤。

第一步,识别并定义各预算"决策单元(Decision Unit)",给决策单位赋予目标和任务。决策单元是零基预算的"细胞",它或者是某个预算项目、某个支出部门,或是某个独立准备了预算的部门的方案。零基预算最终能拆分为一个个决策单位。

第二步,把"决策单元"分解为"决策包(Decision Package of Programs)",所谓"决策包"实际上就是一个预算方案,"决策包"会阐述预算活动的目标、短期和长期的资源需求、项目的结果或产出。

第三步,项目排序。预算管理者对决策包加以排序,确定保障的优先次序。单位主官在预算机构协助下,对汇总好的各个决策单位的决策包在单位范围内排序。

第四步,根据排好的优先次序分配预算资源,直到当年可用经费没有剩余为止。未实施的项目归入项目库,留待下一个预算年度重新排序。

可以看出,如果严格地按照图4-1中理论设计上零基预算的制度实施,那么将完全消除渐进预算的存在领地,国防预算管理将进入理性预算时代。

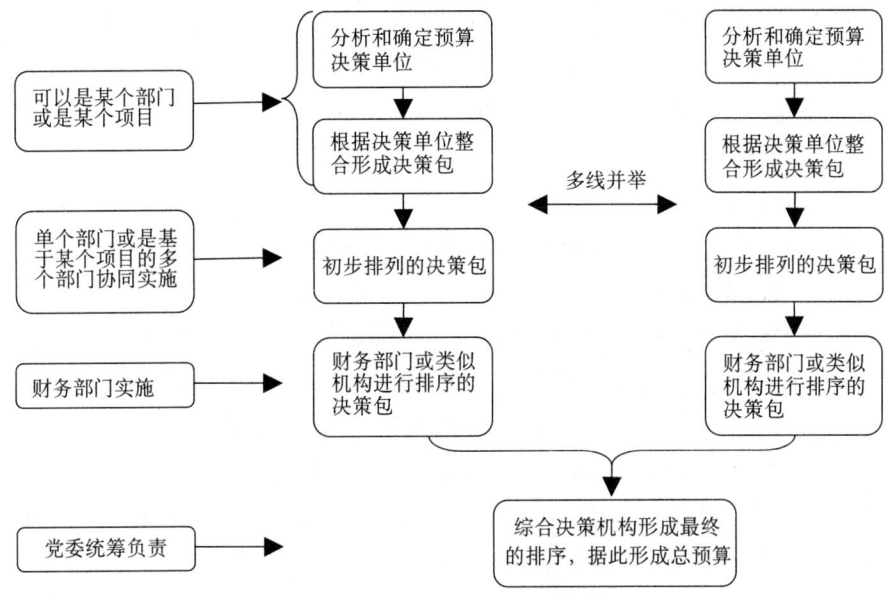

图 4-1 理论设计上的零基预算过程

二、零基预算过程中的非正式制度现象

(一) 法定支出打破了零基预算规则

国防支出中的法定支出越来越多,受到政策或法律的支持而自动延续,具有跨年度支出的性质,不断地侵蚀零基预算的政策领地。对于这些法定支出,零基预算的原则遇到法律或行政命令,往往变得没有约束力。随着法定支出项目渐增,零基预算的操作空间和选择余地逐渐缩减。当面对大部分预算资金都有预定的支出目的时,这时零基预算将重新走向其对立面,就是渐进预算的道路。

法定支出虽然侵蚀了零基预算的原则,但却是能有效减少预算冲突、节约交易费用的措施。面对预算冲突党委如何协调呢?

一是确定重点,以法定支出的形式提前确定好经费用途。比如之前有规定,军兵种等大单位机动费用于高新武器装备人才培训经费不少于一定比例,机动财力用于战备训练、基层设施加深和人才培训等急难问题的比例不得少于一定比例;医疗收入用于科研、人才培养、战备训练和医疗设备购置的比例不得少于一定比例等[77]。法定支出实际上并不是一种科学的管理手段，由于经费提前确定且不受年度预算审查，容易形成低效无效支出，且法定支出是对预算统一性原则的挑战。以某军种单位为例，财务部人员估算年度预算中法定支出的比例达到一半以上①。

二是形成支出惯例，某些部门强调自身工作的重要性，享有对党委机动费的优先支配权。以某一战区级大单位为例，根据访谈所得资料，由于"以条为主"的预算管理体制限制，每年大单位机动费的"总盘子"就这么多，该如何分配机动费？按照流程先由各二级部把任务需求上报给财务部，财务部走访各部门征求意见并汇总需求，并压减非必须开支，上报大单位首长征求意见。大单位的机动费只有特定的限额，而汇总的需求肯定会超出"总盘子"，分管不同领域的党政首长都强调自己所分管部门的重要性。虽然说党委会上会将需求按轻重缓急排序，在"总盘子"内安排项目，但是年年的分配都相似，主要归集到了训练和政治部门②，党委开会只是确认一下结果。

经费总额是有限的，面对无限大的需求该如何分配需求，看上去设计很好的预算理论和制度设定一遇到"尖锐"的现实环境，就会变得如同"软绵绵的灯芯"一样，容易变形走样。当然，各级单位也在不断改进办法，比如设立专家评审机制，一方面提高评审的科学性，另一方面以利益中立的视角客观分析问题。不过这一机制在实践中也难免遇到执行难的问题，"专家并不了解全盘情况，每年召集专家评审，（专家）给出的项目还是会超出预算总数。最后还是靠首长和分管领导拍板解决"。③ 我们可以看出，"预算产权"这一非正式制度形式总是顽强地存在，在实际管理过程中仍然是解决预算冲突的最有效办法。

(二) 零基预算面临一些程序难题制约

从零基预算理论上的设计流程可以看出，零基预算应是自下而上的模式，基层部门在预算开始阶段应当具有较大自主权，自己决策优先安排项目。不过这种模式在实践中很快就遭遇困难。在国防部门垂直型行政管理体制下，自上而下的政策指导和行政命令是编制预算的根本依据。在实际过程中，国防部门采用的是"两上两下"的模式，政策的下达早于基层部门上报预算，

---

① 根据访谈资料整理。
② 基于在某大单位财务部门调研时的访谈资料。
③ 根据访谈资料整理。

预算编报需要以"一下"确定的重点作为依据。可见，我们实际上是修正的零基预算模式，虽然是符合实践操作要求的，但是已经不是真正意义上的零基预算。例如，很多单位经常面临这样的情况，任务下达自上而下，但是并不一定有资金配套或只有部分资金配套，这肯定会干扰基层单位的预算安排计划，这种"强制性支出"的存在导致基层单位缺乏安排预算的自主权。

（三）管理复杂也是阻碍零基预算实施的因素

零基预算强调预算项目要接受审查，按重要性排序，但是国防部门的零基预算并没有发展出一个有指导性、操作性管理框架，将预算资源分配和政策规划结合起来，仅有原则性的规定做指导。也就是说在确定项目排序时，没有明确的政策目标作为排序依据。由于没有明确的分配标准和结果评价标准，这种模糊性降低了零基预算的效果。针对第一个问题国防预算领域发展了调和的办法，但是第二个问题至今仍然没有很好解决。我们还没有一个类似 PART 工具这样的制度和标准体系，帮助在分配资源时为项目排序打分。实际管理中，正式制度无法规范的领域，就只能让位于非正式制度调节，而围绕预算项目的争夺又加剧了不确定性。另外还不得不考虑，各级单位特别是军种级以下单位掌握的项目经费其实很少，而专项任务又具有很大的不确定性，导致零基预算无用武之地，空有其名而无其里。零基预算理论与实践的差异分析如表 4-5 所示。

表 4-5　　　　　零基预算理论与实践的差异分析

	预算流程	预算难点	预算职能	预算模式	配置资源方式
理论设计上的零基预算	自下而上，基层有较大预算权	识别决策单位，进行项目排序	管理、计划职能，重视预算的规划和目标	理性主义模式	每年度所有预算项目重新排序
实际运行中的零基预算	两上两下，以自上而下为主	在资源有限的情况下应对预算需求冲突	控制职能，规范预算支出行为	理性主义和渐进主义混合的模式	重视历史信息，主要从边际上进行调整

资料来源：自制

三、对国防部门零基预算实施情况的评价

国防预算虽然名义上采用零基预算方法，但实践中还是回归了渐进与边

际分析。根据科特（D. Kettl，1992）研究，虽然按照制度设计的指向，零基预算会最终根除渐进预算的影响，可是实践中零基预算难以避免地会滑向与渐进主义调和的模式，零基预算的作用就是在渐进过程中植入了一些理性思维[78]。国防预算管理改革的实践表明，编制方法改革只是把零基预算方法植入当前预算过程中去，但没有影响到预算决策模式的规则。零基预算作为一种理想中的预算模式，在实践中还是在一定程度（甚至很大程度）回归了渐进预算。

因此，实事求是地讲，真正的零基预算在国防部门并没有真正以完全意义实施过。决策单位包（Decision Package）是什么？如何定义？党委和财务部门以什么依据对汇总的预算方案排序？这些问题我们不仅在政策实践层面还是在理论研究层面都没有完全深入探究①。威尔达夫斯基说："（预算）往往从未被当成一个整体而逐年进行全面审查，没有依据全部可行选择方案重新分析已有项目的效益。相反，这些预算方案建立在往年预算基础之上，人们只关注于有限范围、幅度内的增减。"在国防部门的实践中，零基预算的模式是对已有项目进行边际分析，比较边际上的可能选择，这样一来，决策者只需要在已有预算基数的基础上进行不那么激烈的改变就能完成预算。而且按照零基预算的原本含义，主管部门要在汇总了预算需求后才针对性地提出预算控制方案，因此应当是自下而上的预算流程，但国防预算实际过程正好相反，在预算的"一下"过程就明确提出支出限额。因此，现行零基预算实际是传统做法和零基理念的混合体。

而且，因为预算环境的不确定性、财力紧张的现实以及预算权力结构不顺畅的制约，所以不论采用什么预算方法，预算过程本质上还是不能摆脱"重复预算"的影子[79]。财务部门长期以来受困于"资源迷雾"和"需求迷雾"两大难题，不清楚单位到底掌握有多少资源，也不清楚该支出多少资源。"（财务）审核预算时缺乏必要的机制，不可能保证（预算）科学。（支出）部门上报预算，本身就模糊，测算不准。财务部门在审核时也缺乏手段，基本上就是大预算'拦腰斩'，尽量地控制。"②调研中财务人员这样直言，零基预算在实践上和观念上与制度设计相比都发生了"形变"。

---

① 实际上，笔者检索从 2002 年到 2017 年的《军事经济研究》等专业期刊，介绍"决策单位包"这一零基预算核心概念的理论与实践经验的文章屈指可数。
② 根据访谈资料整理。

四、解读零基预算的非正式制度现象

虽然国防部门零基预算更多的是形式上、理念上的意义，并非完全意义上的零基预算编制方法，但是它毕竟触及了国防预算管理的内核，重塑预算流程，引入和强化了现代预算理念，在努力降低预算的不确定性方面成效显著。理论上讲，零基预算因其创新性的理念颇具吸引力，但在实践中的零基预算由于技术、管理体制、预算人员素质等多方面因素制约，与制度设计有较大区别。即便如此，这不影响零基预算作为国防预算管理现代化进程中的一次积极尝试。零基预算的实施尽管并非完美，但是对改进预算管理体制、革新预算管理理念、启示未来的发展道路，具有不可替代的作用。

而且考虑到由于当前预算权力仍然分散，一些"准财政机构"影响资源分配的预算权力仍然存在，而且预算项目决策没有明确的指导依据。在这种情况下，预算决策没有主导性的正式制度可遵循，这就导致行政权力通过打招呼、批条子的形式影响预算分配的情况不可能杜绝，而且应当看到这种潜规则在多数情况下并没有明显触犯法律规定，并且也是有效减少预算冲突、节约交易费用的一种不得已的次优选择。被"异化"了的零基预算具有缓解交易费用的作用，一是节省支出部门与财务部门之间讨价还价的费用，二是协调支出部门之间需求冲突的费用。实际的运行机制并非项目筛选出来后进行效益比较，进而根据得分决定项目那么简单。各个部门的分管领导作为该部门的"代言人"，在各自的支出领域都有发言权，但对其他领域的发言权很小。这虽然实际形成了一种割裂的态势，但在碎片化的格局下却可能是最节省交易费用的方式。另外，根据现行有关制度规定，各级年度预算中安排机动费时，需要最低预留30%用于应对年度中期可能会遇到的项目支出，虽然不符合预算一致性原则，但也是基于上述原因才作如此决定。

小　结

预算权力结构直接决定了各主体的行为模式。实践中，财务部门承担两类职能，一是预算的日常管理工作，二是作为核心预算机构整合政策制定过

程和预算制定过程。但是由于财务部门的职能定位有失偏颇，重保障而轻决策管理，且预算权责并不对等，导致国防预算执行的目标和过程并不完全吻合，财务部门作为国防预算管理和制度改革的核心，现在还无法担当起真正的核心预算机构职能。

国防预算权力结构的问题有三点：在预算决策阶段，由于缺乏真正的核心预算机构，政策制定过程和预算制定过程是分离的，预算方案和规划目标缺乏紧密联系；在预算执行过程中，财务部门的控制能力被弱化，控制导向的预算还未完全建立；在预算监督问责阶段，监督权和问责权分离，监督力度薄弱，还没有建成预算编制、执行和监督"三权分离"的格局。之后，本章通过分析国防部门零基预算的实践，对预算权力结构问题进行了实证研究。

本章研究揭示，预算管理中权力结构的问题反映了正式制度和非正式制度间不均衡、不协调问题。正式制度可能会蜕变为非正式制度，而非正式制度会导致管理的路径依赖并迟滞改革。所以，为了行稳致远，国防预算制度改革不能太多地超越于现有的认知理念和制度框架，特别是在现代预算理念尚未在国防部门被广泛认可的时候，因此，改革正式制度必须要同非正式制度的演进相适应。

第五章　国防预算中的预算"关系"与非正式制度

根据历史制度主义,制度分层级并且嵌套到制度体系中构成各种制度关联,所以"理解制度历史演进和制度绩效变迁的关键在于找出整体制度框架下不同层级的制度在何种条件下如何产生影响"[80]。威尔达夫斯基(1961)也认为,预算管理和改革有政治治理含义,如果预算制度改革无法重塑预算决策进程,那预算改革的成果将很有限[81]。上一章分析了预算权力结构下预算主体拥有的资源、所受约束及行为模式。在此基础上,本章将分析国防预算中的预算关系,剖析预算主体在预算权力结构约束下的行为模式以及预算的具体博弈过程和政策含义。相比于实施控制型预算对强化自身预算权力所收到的成效,财务部门在理顺预算关系方面面临的挑战会更多,这是因为正式制度失效、正式制度缺位或正式与非正式制度不协调的矛盾更多。这种非正式制度主导下的预算关系就属于前文定义的"非正式预算(Informal Budgets)"。

第一节　财务部门和党委的关系

在国防预算管理中,各级财务部门和党委的关系紧密而特别。党委参与预算活动赋予了国防预算鲜明的"行政预算"特征,这种预算凸显了国防预算的政治性(区分于"政策性"和"治理性")。党委和财务部门,一个作为资源的配置者,一个作为资源的保护者,既有分工合作,也有矛盾之处,二者的"关系"更多是由非正式制度所调节。

一、党委首长主导下的行政型预算

党委的行动方式给预算管理带来了明显的行政主导特征。在当前自下而上的预算模式下,党委作为决定性的参与者,起着核心作用。之所以说国防预算"零碎化",一个方面就表现在决策的零碎化上。国防部门的预算管理模式是党委领导下的分管领导分工负责制,即"部门领导向分管领导负责,分管领导向军政首长负责,军政首长向党委负责"。在现行的集体领导体制框架下,除了党政正职首长统管单位各项事业外,每一领域都有相应的副职领导或分管领导负责,这些分管领导的行政职务在财务部门主管之上,故而显然拥有影响资金流向的非正式权力。这种微妙的管理关系显然是正式制度不可能详细刻画的。而且,分管领导决策权的大小并非是明确规定的,能在多大程度上影响决策制定和资金分配,取决于他与军政首长的关系和与其他分管领导的相对位置。

当预算管理体制改革面对的是以选拔升迁为主要政治符号系统的自上而下的行政体制时,党委的主要考虑将是自身的举动是否符合上级和关键领导的意图和偏好。这类符号系统所显示的决策偏好在没有意见反馈、有效沟通渠道及观点交锋压力的环境下无可避免地会很强势。实际工作中财务工作人员也认为,当前预算管理的环境相对复杂,工作中容易受到单位主官或部门领导的影响,特别是一些分管经费的领导施加的影响力较明显,面对领导签字的一些批件,财务人员在管控过程中常常感到虽不合适但又无可奈何[82]。

二、预算产权影响下的非正式预算

根据马骏(2004)的相关研究,正式制度缺位或不发生作用时,会催生典型的非正式制度就是"预算产权"(部分或全部的),包括分管领导在内的党政首长拥有对各自负责的政策领域(或称"政策领地")的支出决策权。这种模式下,根据预算资金的充裕程度,资金越充裕则"预算产权"越能下放到较低层级的管理者,而当资金普遍不充裕时,"预算产权"会向上集中到较高层级的管理者那里以有效克服预算分配冲突、降低预算管理交易费用,创设"预算产权"这一非正式预算形式就成了一种自然而然的选择。

预算产权的出现有内在原因,一方面由于现有的预算正式制度在操作上缺乏适用性(零基预算的项目预算排序方法在很多单位就没有真正实施过),另一方面更重要的是预算管理不可避免地要与行政管理结合到一起,而现有正式制度无法有效减少各部门争取预算时的冲突。预算产权的出现由于能减少预算分配和执行时的交易费用,为预算活动提供可靠的预期,同时紧密结合了单位的行政管理体制,因此也就成为主导预算分配的模式,但是不可避免的要以牺牲预算支出效率为代价。"比如说某一个副政委,由他分管保卫部门。他给批件签了字之后,这项开支基本就畅通无阻了,(财务)不会卡。①"

而且预算产权并非总能有效地抑制掠夺性支出行为。单位主管都想拥有经费审批权,出于公平和制约的考虑,一些单位实行所谓的军政主官双签制度。"如果真是主管领导权衡制约,花费减少自然是好事,但是谁又能说清楚军政主官在实施双签的情况下不会演绎出瓜分财权、彼此攀比,使得花费不减反超?"[64]这样做反而助长了"公地悲剧"。

现行的党委集体理财机制仍然未能摆脱分配"预算产权"的问题,或者说是另一种形式的"预算产权"。在某一区间额度内,经费支出由部门领导批,超出这一区间则由单位分管的副职领导批,再超过了则由军政首长批。根据现有规定,经费支出在党委统一领导监督下集中归口管理,由分管领导"一支笔"负责审批,不得多头审批,这已经明确规定了各个分管领导在各自领域的决策权力。但是"党委"实际上是一个虚置的主体。如果没有健全配套的实施机制,那么会出现有利时想办法争财权,决策失误时相互推诿的现象,"党委"也难以杜绝这些问题。

"预算产权"的出现并占据主导地位,并不完全符合"党委理财"的初衷。预算产权或者说审批制虽然可以提高效率,减少预算冲突带来的交易成本,但这种单线条、封闭式的管理终究会造成权力结构的僵化和决策的低效率,最终影响建设发展目标的实现。

三、国防预算暗含的"国家悖论"

孟德斯鸠提出"一切有权力的人都容易滥用权力。"党委管财作为国防预算的根基,不能更改;但是在具体操作中,"党委管财"又带来了如何约束行

---

① 根据调研访谈资料整理。

政权力对预算的可能扭曲作用,如何防止行政权力滥用就成为一个难题。这就类似制度经济学中的"国家悖论"①[83],财务部门没有党委办不成大事,很多政策措施无法推进,而党委的过多参与又会很麻烦,甚至扰乱预算程序。现在面临的突出问题是如何既紧紧依靠党委,而又不受行政权力过多干预带来的麻烦。

由于党委和党政首长的决定性作用,在强力推进改革措施方面不可或缺,因此大量的研究指出财务管理要引起首长重视,主动争取党委支持,形成党委主抓主管的态势②。本来,各类财经制度和相关规定应当是财务部门最可依赖的"关系",为何财务部门在实际工作中和理论研究中还是十分强调"争取党委支持"的重要性?原因很简单,党委的权力是最直接、最有效的行政权力,而财务部门由于多方面因素制约(地位与其他部门平级、财务法规不完善,控制手段有限等),其控制权力还需要行政权力的再确认,财务部门的权威性缺少实用的实施机制。

财务部门确实需要得到党委的支持,甚至在实际工作中形成了一种对党委的依赖关系,发展成为凡事即使于政策有据,但如果没有党委支持也很难开展下去。鉴于党委在财务工作中的重要性,"党委管财"这一基本原则在实际工作中有可能会走了样,在有些地方被拔高到不恰当的位置。比如有的单位研究提出"预算安排党委审批、管理情况党委过问、支出成效党委评估"的建议,认为所有工作由党委大包大揽会是一种"良好局面"[84]。且不说党委是否有时间精力以及技术能力进行事无巨细的管理,单从党委和财务的职能分工来看,党委听取和审议财务工作汇报,分析财经形势,集体研究重大经费开支。可见"党委统管"是负责全局性、政策性的工作而非过问具体技术性、操作性问题,党委应负责"掌舵"而非"划船",负责决策而非到处"救火"。

另外,强烈的行政主导型预算模式体现的是行政意志,可能不符合公共选择结果。由于党委和财务的目标有时并不一致,甚至可能有冲突,以至于有的单位发展成,任免财务干部不征求上级或本级财务的意见,或者个别领导以"听话"为标准选择一些不太懂专业的干部,而那些懂专业、坚持原则

---

① 指国家是经济发展和建立有效制度安排的必要条件,但国家公权力过于强大也会是阻碍经济发展的根源。

② 综合参考了肖俊华.对部队财务经常性基础性工作的思考[J].军队财务,2013(1):19;76110部队财务处,全面加强预算管控,不断提高经费保障质量,军队财务,2012.6,第8页等。

的财务干部却得不到重用，挫伤了专业人才的积极性[85]。可以说，在2001年的预算编制改革之前，政策决策几乎是不受预算过程约束的，预算的低效与混乱也是亟需改进的。以至于直到现在，一些领导"现场办公""批条子"、下部队视察时随意"开口子"，不考虑预算安排就答应给钱给物、要求财务部门安排资金的现象仍然存在，但财务部门却不能有效抵制这类支出要求。由此带来一个显而易见的结果是，如果政策决策不考虑资源的可承受性甚至不经过预算过程讨论，那预算过程就会充斥各种不确定性，预算方案的有效性也随之降低，资金支出效率必然无法保证甚至各种浪费损耗在所难免。

可见，财务部门仅仅将自身定位于党委管财参谋是不够的，如何更积极地以中立和专业的角度为单位管财提供建议、防止因领导个人偏好制定预算方案，财务部门需研究更好的措施。

四、非正式制度下财务部门与党委的"关系"

党委和财务部门之间是制衡抑或服务关系？恐怕都不十分全面。单就预算的程序性问题而言，党委和财务部门职能有分工，二者不能替代，因此二者还应当有分工合作的关系。

当前问题是，财务部门虽名义上为"核心预算机构"，但处于零碎化权力结构和制度体系中，财务部门影响决策制定和资金分配的能力显然都无法满足其职能要求。财务部门这种尴尬的地位俗称为"橡皮图章"，没有审议权、修正权更没有否决权，往往只能顺应行政权力对预算的要求给予放行；而财务部门由于预算审批及执行职能"混搭"，且与其他部门平行式的定位，导致预算控制对上无效，对下无力。

财务部门和党委的预算关系不能只是单向的服从与管理的关系，在一些技术性、程序性问题上财务部门应当具有适当的否决权和修正权，才能适当地约束行政权力插手预算。尽管财务部门对党委有建议权，但并不能对预算过程产生有效影响。在国防预算制度框架中，由于缺少代议机构所履行的外部监督制衡职能，因此，一个显而易见的潜在问题是，如果党委的决策出现失误，有什么机制能既保证党委决策核心地位，又能有效过滤和修正失误决策呢？虽然受制于治理框架中没有代议机构，但代议机构所履行的预算修正权仍然能够移植到国防预算体制中。"我们（财务部门）以前检查时就发现这样的问题，有的单位项目还会走常委会，但是程序和结果可能提前设定好了，开会就是为了让合法的程序给不合法的行为'背书'。你就拿医院采购来说，领导（院长）召集开党委会，表态支持采购哪里哪里，这项目能不通过吗？"更有甚者，为了方便自己决策，自己说了算，不开常委会①。打政策"擦边球"、党委集体"闯红灯"这些现象的存在表明，当前预算管理中真正科学的决策机制还没有形成，至少在预算的技术性、程序性问题上，财务部门（或者将来可能建立新的核心预算机构）应当能对党委及行政领导的偏好方案进行质疑与修正。

第二节 财务部门和事业部门的关系

在条块结合、以条为主的管理模式下，事业部门②和财务部门分别是国防预算中的资源申请者与资源保护者，二者既是等级制关系，也是协作关系，还有可能是竞争关系。

一、"预算"的分类

按照规定，事业经费支出由财务部门和事业部门共同管理，这种模式在很大程度上塑造了财务部门与事业部门的关系[86]。

控制型预算模式下，财务主要通过严格的政策审查，规范事业部门预算申请与支出行为，而事业部门也有对应的反制策略。在笔者调研过程中，财务人员提到预算审查时要特别注意事业部门上报预算中的"假项目"，"每个部门总会有一些摆不上桌面的支出内容，这些经费怎么来？就是通过造项目。年初本来没有这个事，那就编一个项目等把钱要下来就按自己的实际需求来花"③。财务部门为了掌握真实需求，一般会在预算"一上"之后到各个部门走访，具体了解经费安排的用途，减少信息不对称。

财务部门即使把住了编制预算的关口，可是在预算实施进程中仍然面临

---

① 根据之前调研访谈资料整理，反映之前特定时期的某些现象。
② 由于本章调研资料和案例分析都来源于各级部队，所以为了和实际情况相统一，把"支出部门"的范围适当缩小，明确参与部队财务管理中的说法，即"事业部门"。
③ 根据调研访谈资料整理。

不确定性。所谓预算往往有两本，一个被称为"分钱的预算"，也就是预算编制审批时的预算，是事业部门给财务部门看的，另一个被称为是"花钱的预算"①，也就是事业部门实际执行的预算。预算编制与实施成"两张皮"的问题屡禁不绝。在预算实施中，财务部门依据三点掌控事业部门的经费支出：第一，经费支出要有正式文件，以军政首长或分管领导签字的批件为支出依据；第二，审查该预算支出科目的经费支出是否还有结余，有结余才能支出；第三，财务部门会审查支出的合理性，负责剔除不合理的支出。除了年初细化预算、严把支出关，财务部门也寻求把控制的手段更为具体化。例如在某大单位，军以下部队事业部门每月提前上报下月的月份开支计划，一是细化开支内容，二是便于财务部门提前掌握，这些机制对于财务部门加强控制能力是有帮助的。但是深究起来，财务部门对事业部门支出是否合理的审查仍有欠缺。在调研中，很多财务人员提到这种情况，"财务和别的部门平级，没有强制性的权力。支出都是副部长、部长签字的，事业部门拿着发票报销，你能不同意吗？②"。这种"以审批代决算"现象实实在在地损害了预算的合理合法性基础。财务部门现有的技术工具主要有两个，一是标准或标准限额，事业部门在"总量平衡"的条件下还要"单项不超"；二是凭证检查。检查发票是否合理，有无假发票，发票内容是否与支出科目相符等。

二、财务部门规范事业部门的预算行为

财务部门通过加强从外部控制事业部门的资金申请和支出，正在着力规范事业部门的预算决策行为，这也是一个通过正式制度逐渐取代非正式制度的过程。2001年预算编制改革以来，财务部门通过设计相对理性的预算流程与法规，并严格实施这些流程和法规以规范预算行为。随着预算改革不断深化，事业部门的预算行为也不断正规化，一个标志就是正式预算制度权威性正渐渐超越非正式制度权威，事业部门和财务部门的预算决策都必须严格规范。预算管理中各部门本应当遵循财务先审、部门再报、领导再批的原则，但是执行中却倒过来，事业部门拿着领导签字的批件找财务部门，形成了一种不正常的预算支出的"倒逼机制"。

---

① 根据调研访谈资料整理。
② 根据调研访谈资料整理。

理论上，零基预算要求每年推倒重来，但是预算决策总要基于一定的替代方案。由于历史信息的重要性以及能提供确定性，所以在预算决策中不可能完全隔绝开以往预算。理论上，现有预算决策是一种管理取向的模式，财务部门控制事业部门的预算申请和预算支出，意在替代传统的基数加增长的渐进预算路径。但从实施程序来看，零基预算应当是从上而下的。两上两下的预算程序首先明确了部门资金的上限，从下而上规定预算限额，虽然坚持了控制取向，但是没有支出目标，没有项目方案的比较，实际上仍旧是基数加增长。有学者撰文认为零基预算的信息要求太多，工作量太大无法处理，因而无法实现，但这并非零基预算失败的根本原因。零基预算不是决策单位或简单的部门之间的竞争，而是决策包括方案之间的竞争；同时，作为一种理论上自下而上的过程，零基预算还依赖于事业部门的配合。

当前的问题是，国防预算管理虽然有预算总额控制，也明确了政策重点，但是缺少把政策与预算结合起来的努力，也就是没有明确的开支目标引导事业部门形成预算方案。因此，事业部门会通过采取各种策略性行为保护自己偏好的项目，这样导致的结果是零基预算在决策阶段就没有达成控制效果。最后再加上扭曲的条块关系，零基预算因此逐步地与渐进预算道路融合（马骏，2011）。这些问题不能完全由预算技术和正式制度解释清楚，预示着非正式制度似乎在以不同形式发挥着作用。"（事业部门）没有人关注预算怎么执行，大家都关注怎么把自己的项目塞进预算。"[①]

三、支出部门在预算分配中的策略行为

要想提高经费分配使用的整体绩效，就需要以目标为牵引，在整体范围内调剂经费收支，在不同各部门之间建立统一平台进行竞争分配。虽然财务部门应当处于中心枢纽环节，但发挥不了决定性作用，主要的资金分配根据以往开支惯例决定，开支的方向、比例等都已经趋于固化，形成各个部门之间的"政策领地"。不仅增量经费往往会按照这一默契的比例分配到相关部门，而且对于单位掌握的、未事先规定用途的机动经费，也有大致的分配方案，所以预算的灵活性很小。不仅财务部门，即使单位本身也无法有效推动解决"支出固化"的问题。

---

① 根据调研访谈资料整理。

财务部门决策权力特别是预算决策权利分散，无形之中催生了各部门利用自身职权获取预算权力的冲动，各部门都倾向于利用写入政策规定的"权力型"支出来影响预算制定和实施，因此预算编制与支出的刚性越来越强，因为这样引起预算冲突的风险更小。当前，预算制定、执行和监督评价之间的权责不对等的问题，为尼斯坎南提出的"官僚预算最大化"模型提供了一个明显的注脚。这种问题也和上面提到的现象相呼应，财务部门的政策回环空间越来越小，甚至导致财务部门有"出纳化"的趋势。

四、围绕自由裁量权的博弈

预算中的自由裁量预算（Discretionary Budget）是财务部门与事业部门博弈的核心。一部分事业经费虽然名为共同管理，但实际上财务部门相对被动。财务机构由于不能全面掌控各单位和部门的资金使用情况，间接形成了事业经费主要以事业部门意见作依据的情形。例如，改革之前的原总后勤部基建营房部门既负责全军机关公用住房建设的经费，同时对指挥所工程、通信工程等涉及其他部门的经费具有分配权，已经形成事实上的"准财政机构"或称"准预算机构"[87]。只要"条""块"格局不改，改革后的大体情况依然类似。在国防预算管理中，存在多个这样"准财务机构"的格局决定了没有哪一个机构能统筹全盘的资金配置。由于几乎每个领导和重要部门都可以影响经费配置，更重要的是，他们获得的引导经费分配的权力属于非正式预算权力。学者研究称这种格局为预算中的"碎片化威权体制"（马骏、牛美丽，2007）。

信息不对称下的"需求迷雾"状况在预算实际中似乎比理论研究的情况更为严重。财务部门和事业部门长期以来的一个"猫鼠游戏"就是围绕"大预算"的申报和审批博弈。囿于实际条件，事业部门为了确保足够的预算资金倾向于报大于实际支出需求的预算，根据访谈，"事业部门应当提供预算依据，但是具体情况是这些部门在制定预算时，是否进行了有效论证和准确预估，都不好说。标准和包干的经费还好一点，主要是项目经费，有时可能事业部门也无法事先分析清需要开支哪些项目、需要多少资金。"①。在之前一个时期，由于经费分配比较随意，一些单位和部门习惯于通过行政指令和长官

---

① 根据调研访谈资料整理。

意志"解决特殊问题"[88]。对此，财务部门由于处于信息劣势，在没有其他可靠依据的情况下，对于上报的预算方案往往采用"拦腰斩"的策略。其实财务部门的审核方法一直有限，始终无法完全核实清楚经费的真实需求。财务部门的控制策略反过来又进一步刺激了事业部门报更大的预算，因为这样即使财务部门砍掉一半甚至更多，仍能保证经费够用。这种棘轮效应下，事业费浪费似乎在所难免。调研时接触的一位财务助理人员甚至这样评价，"（有的项目经费）砍掉一半也能过，一分钱补助不给也能办"，"十万二十万也能办，五十万一百万也能办"，这其中到底该给多少，就完全是弹性控制了。这种弹性取决于项目预算方案是否更完美，取决于跟党委首长的关系，取决于分管领导的积极程度。故而，各种预算非正式制度压倒了正式制度。

五、规范非正式预算的努力

行政型预算管理模式的弊端在于，除了财务部门外还会有若干个"准预算机构"。公共预算的发展目标是在公共部门内强化集中管控，把配置经费的权力集中于核心预算机构，由这个专业部门统筹经费收支。如果可行，应当分离预算编制和预算执行过程，构建一个以计划和管理为导向的部门专职负责编制预算，同时，当前财务部门专职负责预算实施，并把收入管理权明确为财务部门的统管范畴。

不过从目前而言，一方面既难以把预算编制与预算执行过程彻底分割开，同时财务部门的预算能力在短期内很难有实质性提高，而预算权力的集中程度取决于预算能力的高低，在预算能力不高的情况下集中预算权力可能达不到预期目的。因此，目前不应将全部资金的分配权集中到财务部门，而可以考虑采用"集中一部分、保留大部分"的方式来处理各个准预算机构的预算权力。

"集中一部分"是指将那些在从预算角度看并不具备特殊性的支出资金的分配权集中到财务部门，例如科技部门目前保留的科技经费。这一部分资金的分配权由科技部门来掌握理由并不充分。因为从预算的角度来看，这一部分资金并不具备真正的特殊性，因此，没有必要继续置于财务控制之外。

"保留大部分"是指鉴于目前财务部门的预算能力仍然不足以支持其进一步集中更多的资金分配权，因此，对于大部分目前在财务部门控制之外、从预算角度看具备特殊性的资金来说，可以由财务部门之外的部门暂时掌握资金分配权。这些相对特殊的资金主要包括：基建资金（资本性支出）、军队国有资产经营收益、军队社会保障基金等等。

然而这并不等于说这些资金可以完全放在预算之外，不受预算过程约束。恰恰相反，必须加强对这些资金的预算监督与控制。为了在维持一定程度的资金分配权分散的情况下加强预算管理，我们可以考虑改革"复式预算"制度，建立"多式预算"体系。这个"多式预算"体系包括：日常预算、军队国有资本经营预算、军队社会保障预算等。在预算编制之前，需要高层先确定当年的预算总额、各个"块"的分类总额，其他准预算机构编制的预算最后要提交到财务部门，由财务部门汇总成一个统一的单位预算。此外，要改变目前财务部门几乎完全不能介入其他准预算机构的资金分配的状况，要在财务部门和这些准预算机构之间建立一种协作机制，以财务部门为首建立统一的预算编制程序和规则（如规定时间、详细程度等）。

第三节　党委和事业部门的关系

基于公共行政理论，事业部门都是具有自身利益的实体。在零碎化的预算体制和弱化的预算控制能力下，事业部门的预算目标和党委确定的政策目标可能会不一致。由于事业部门对党委在预算上没有直接的参谋和服务关系，二者之间并非单向的控制与被控制关系。由于国防预算正式制度体系还不够完善且权威性有待进一步增强，预算的不确定性很严重，在这种情况下事业部门也会发展出多种反控制的博弈策略。通过比较博弈过程中文字意义上的正式制度与实际正式制度的差别，我们就会发现大量预算非正式制度现象。

一、项目经费管理中的非正式制度

不仅财务部门注意到在预算过程中要让党委引起重视，事业部门同样关注这一策略，因为预算资源是有限的，特别是在申请党委机动费时。面对年年上演的部门间的"预算争夺战"，作为"裁判"的党委和军政首长该如何解决预算冲突？由于政策制定过程和预算制定过程没有紧密结合，党委和军政首长往往缺乏统筹性的、约束性强的规划计划指引预算资源配置。党委、军政首长及分管领导与事业部门的紧密关系对经费配置过程具有显著影响，这会直接诱发各种非正式预算现象。

我们前面分析到，现有的预算分配模式主要是边际竞争。作为一种政策活动，预算方案本身蕴含着提案失败的风险，因此现实中各事业部门对预算争夺的焦点集中在对边际增长预算的增长，而不是谋求对现有分配格局的较大改变，相互博弈而又相互妥协，造成预算规模总体逐渐扩大、预算结构边际调整的渐进状态，形成了预算分配的动态平衡格局。这符合渐进预算理论。不论是美国财政预算中的"猪肉桶"理论和政治分肥，还是现代财政中各种强制性支出，可以看出，支出部门显然都会努力增加自身在预算分配中的话语权。在一个开放性的公共资源环境中，个体利益与集体利益难免会产生冲突，而各事业部门都有维持并扩展自身预算权益的强大激励，但缺乏在集体高度上有效配置和使用预算资源的动力，预算软约束也因此难以根除，由此催生了"公地悲剧"。项目预算中的非正式制度集中体现在两个节点：

一是预算的分配阶段。在正式制度不能对预算行为有效规范的情况下，分管领导和部门主管都有这样一种预期，就算他们不提出超过项目需求的资金申请，别的部门也难免不采取类似举动。在这样一种机会主义的预期指导下，人们发现对公共资金的掠夺性申请将符合自身利益最大化（具有自由裁量权的资金最大化），因此，伴随着事业部门越过财务部门向本级或上级领导直接要钱，预算机会主义和"掠夺性"预算行为的后果就是预算资金使用的"公地悲剧"。由于正式预算制度无法有效指导资金分配，不仅分管领导和部门领导在讨价还价时的摩擦成本很高，而且为协调预算冲突以达成一致性分配意见，党政首长也需要花费大量交易费用（如时间成本和信息成本）。

二是在预算执行阶段，即使在资金分配上能够达成一致，但仍然会面临执行过程中的"道德风险"问题，不管是党政首长还是分管领导都有可能利用自身的预算权力以非正式的方式影响资金的用途。这种行为或是基于事业部门的请求，或是由于自身偏好。对此，财务部门作为控制的主要实施者，并没有多少有力的正式预算制度进行约束。"他们（事业部门）拿着领导批示已经完了的批件找你，你还审查什么？"访谈中一位基层财务部门的主管对事业部门擅长使用的"先斩后奏"策略表示很无奈。事业部门往往先找分管领导请示，确定好了资金用途，然后再返过来找财务部门"批准"。这时所谓的"批准"只不过是走个形式而已。按照制度规定，只有事先安排了预算才能支出，有支出计划才能批准，即使要调整预算也应当先由财务部门批准，只有财务部门批准了才能上报党委首长或分管领导。但现在的情况是，财务部门往往要正面承受分管领导的支出压力。因此，财务部门处于一个很尴尬的地位。

为了减少预算分配和实施过程中因预算冲突导致的大量交易费用，国防部门在实际管理中对应地发展了一系列的非正式制度措施。这些措施没有在财务管理规章中予以明确规定，是由行政管理的传统、约定俗成的规矩组成。在各级单位中，经费审批实行党委领导下的首长分工负责制，具体而言就是"支出部门申请，财务负责审核，部门领导把关，分管领导审批，军政主官双签，党委集体审议"，部门主管的预算产权又称作"党委领导下的一支笔"制度。后文将对此展开分析。

二、二者对家底经费控制权的博弈

事业部门与党委有控制与反控制的一套博弈策略，这种博弈也体现在家底经费上。《财务条例》第21条规定，各单位安排年度预算应当预留机动财力，用于难以预见的特殊开支。家底经费是国防预算管理中仅有的几个还保存下来、具有鲜明"前预算时代"特征的预算制度。追根溯源，家底经费的存在与预算一致性原则相对立。按照修正的尼斯坎南模型，党委和事业部门都追求预算的自由裁量权最大化。对于事业建设结余的经费，财务部门没有能力统管起来，统筹各部门家底经费的任务主要依靠党委来做（可以看出财务部门依靠党委既是原则上的要求，也有实际的需要）。

（一）事业部门的策略

本来按照支出原则，事业经费办事业，家底经费补不足，但是当前部门家底经费的管理还处于无序状态，既没有权威的部门统筹家底经费，也没有科学的经费使用决策机制。对于结余的事业经费，支出决策权分散在事业部门，财务部门没有能力和权威去统筹经费使用，也无法履行对项目结余经费的审批机制。事业部门一方面对事业建设情况和经费结余有信息优势，同时也有政绩冲动，面对财务想把这部分经费"统"起来的努力，总能利用自身掌握的信息优势和管理优势予以回绝；想方设法省下自身的家底和事业费，即使是对于本应由事业费保障的项目，其第一反应是寻求党委机动费的支持，或者是在条块体制下，办一件事却多头申请经费。一种普遍的认识是，自己部门节省的钱就是自己的，谁也不能动，而且怎么花是自己的事情。

事业部门的家底还有一个来源。军队项目任务经费标准按照标准加补助的方式确定，按照总部规定立足标准搞建设，只有标准经费不足时才会给予经费补助。但是"现在的一个倾向是，要干任务就要（给）拨钱"①。每个事业部门在承担项目任务时，都会有报大预算和搭车搞建设的冲动；先用党委机动费，留着自身事业费不动存入自己"小金库"。这其实是一个"囚徒困境"的难题，事业部门都认为，即使自己不用党委的机动费，也会有其他部门盯着。"为了防止花自己的钱，事业部门养成了一种习惯，遇事就打报告（要钱）"，甚至有的单位集中统管弱化，形成了"事业部门挤占党委机动财力（瓜分）'唐僧肉'的现象"[90]。

（二）党委和财务部门的应对措施

如何收回事业部门的家底经费，财务部门由于自身无法有效遏制事业部门花钱的冲动，只能转向希望借力于党委的权威把这部分钱"统"起来，但实践证明，即使是党委也很难按项目效率排序安排机动费。以原军区一级管理体制为例，约定俗成每个常委掌握一定的机动费，这是没有明文规定的②。"军区一级的机动费也就 X 个亿③，主官能动用的也很少"，而且"机动费分配基本形成了一个固化的格局，最大的两家是参谋部门和政工部门，上一年给多少今年还是要多少"④。所以党委要想增强自身的调控能力，也希望能把各事业部门的项目结余统筹起来，但目前来看党委和财务部门由于信息劣势都无法及时掌握部门的经费结余情况，想要把这些经费统筹起来难度可谓不小。除了机动费、特支费、统筹事业部门的项目结余，党委家底的来源还有一个，涉及财务部门。

在争取家底经费控制权的过程中，有必要再提及一下财务部门的作用。财务部门有一个别的部门无法企及的独特优势，就是负责管理全军区存款利息。军区单位由于存款数较大、信誉很好，是各个国有商业银行争取的优质客户，因而存款利息这项收入也一直比较可观，并且具有一定隐蔽性，不易

---

① 根据调研访谈资料整理。
② 根据调研访谈资料整理。
③ 由于保密原因略去。
④ 根据调研访谈资料整理。

为人察觉。经年累月，在没有突发的大项支出情况下利息总额总能保持在 X 左右①。对每年的利息收入，财务部门要把大部分上交军区以弥补家底，同时自己还可以留少部分弥补自身事业需要，这对于缺乏事业费的财务部门而言常常能解一些燃眉之急。

总得来看，预算权的零碎化在家底经费（机动费）的管理上体现得十分明显。事业部门利用信息优势主导着项目经费结余；党委的权威性最大，能统筹的面最广，但是需要财务和事业部门的配合；财务部门基本上无法插手项目经费结余，但是也有自己的专属渠道保证经费来源。

三、财务部门、事业部门同党委的"关系"

通过调查研究和阅读文献，笔者发现了一个很有意思的现象。不论是财务部门还是事业部门，都特别强调在工作中要搞好与党委（不同的语境下可能也会具体化为党委首长）关系的重要性，要积极争取党委的支持，"只要领导重视，什么问题都好解决"②。党是我们各项工作的领导核心，争取党委支持本无可厚非，但是如果在具体业务中不论何事都首先想到与党委搞好关系，甚至在有章可循的情况下也如此，我们就有必要深入探究事业部门如何与党委搞好"关系"。

马骏（2004）把这种非正式预算称作"以关系为基础的预算"。党委的主导我们可以从下面窥见一斑。"财务部门编了，主管领导审阅了，单位党委过了，这些程序都走到了，预算也就刀枪入库了"。至于预算是否科学高效，"没人会认真，没人去较劲。人们在意的是领导怎么说和怎么做，不在意预算的哪个多哪个少。预算成为门面摆设，预算立法流于形式，缺少应有的权威性"[91]。至少表明一点，党委除了影响决策外，对经费的实际支出也具有决定性影响。

但是党委既是"关系型预算"争取的焦点，可如果从另一个角度来说，也是抵制"关系型预算"的关键。现在有一种倾向，面对一些单位临时申请的、不合理的开支，"从业务处长，二级部长，到大部领导，都是一路绿灯"，

---

① 由于保密原因略去。
② 李恩杰，邱玉杰．当前部队财经管理存在问题的原因及其对策［J］．军队财务，2013，（5）．

"反正钱是首长的,不是自己的"①,这样由于各级对这种"关系型预算"如果都缺乏必要的责任感和担当,压力就会全都转移到党委那里。至少自分管领导一级往上,"一支笔"作用就很关键。批件批得松一点还是紧一点,对于事业部门是否打擦边球的行为都有很大的导向作用。而一些单位领导"决策不管风险,支出不管责任",政绩意识强、长远效益观念弱,批条子意识强、经济管理能力弱,自我服务意识强、服务基层服务官兵意识弱,这些不受约束的随意行为确实给财经工作科学化、正规化和严肃性带来了不小的损害。

在这种特殊的预算"关系"体制下,各种非正式的预算制度显露无疑。财务部门需要通过党委加强管理的权威性,而事业部门通过部门领导和分管领导强调自身的特殊性;财务管理的正式制度只有借助党委权威才能发挥作用。图5-1阐述的是理论意义上的国防预算关系,而图5-2则对应地描述了在预算"关系"影响下的国防预算实际运作流程②。

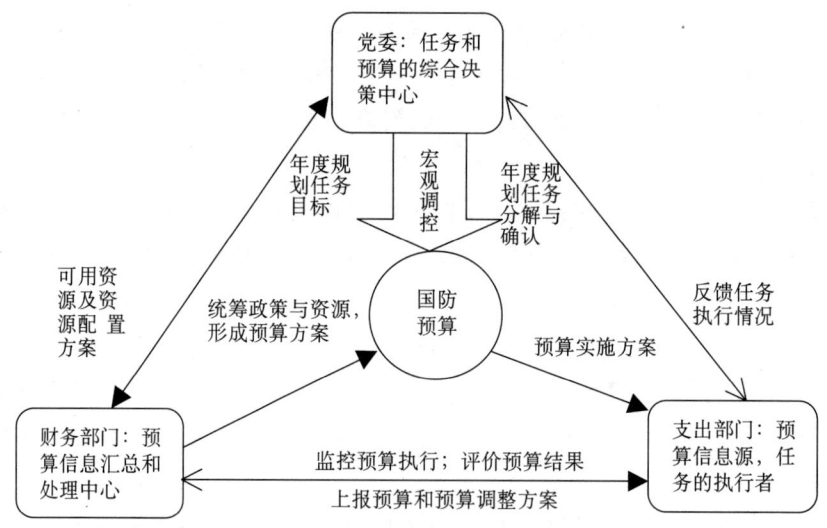

图5-1 一般意义上国防预算的预算关系

---

① 根据调研访谈资料整理。

② 为了便于区别说明,图5-2中分别用三角箭头、圆箭头、方箭头刻画财务部门、支出部门和档位主导的预算活动流程。

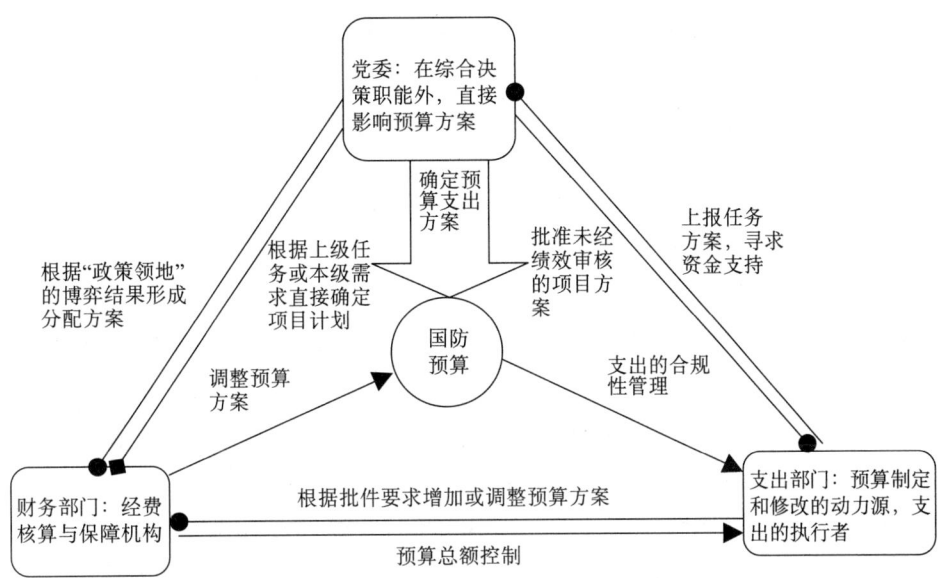

图 5-2 非正式制度影响下的国防预算关系

第四节 以某演习项目的预算管理为例分析非正式制度

一、情况概要

20XX 年,军委根据年度任务计划确定在某训练基地开展多兵种联合演练。军委主管部门确定任务后,将任务分解给某大单位,同样该大单位在受领任务后也逐级分解。对于演习所需的经费保障,军委机关部门和大单位在分解任务时并没有明确,因此第一阶段明确任务时不涉及经费保障。财务部门何时介入演练项目的经费保障环节?像重大演习演练等项目,按照任务和经费预算两条线的模式管理,主管部门确定任务时并不确定具体的经费保障计划。一般要等到任务在各级分解完成后，财务部门才正式着手经费测算①。由于项目是军委主管部门下达的，所以项目支出由国防费总预算保障，财务部门汇总大单位范围内的经费需求上报军委。财务部门、事业部门和党委的相互关系在这一项目中得到较好的体现。

二、财务部门的依据

军委财务部门为各级单位已经事先确定好了支出标准，比如野外军事补助标准等，相关任务在这个专项经费补助标准内支出，如组织筹划、指挥机构开设运行、场地设置、添置大型靶标器材和伙食补助等，各大单位花超了的经费都要从自身家底中补齐。因此，项目开支至少会有两层审查，大单位自身审查一遍，总部再审查一遍。所以大单位一级既有要钱的冲动，也承担控制经费的压力。大单位一级财务部门如何制定预算方案呢？鉴于本大单位所承担的任务已经在各级部队逐级分解下去，财务部门要求从下往上由各级单位上报自身的项目需求。

财务部门通常按照以下方式确定项目预算：一是支出标准，有经费支出标准的按照标准保障，比如伙食补助按照参演人数乘以天数与定额即可得出。二是没有数额标准的采用限额管理方式，确定一个支出的最高额度，财务部门在限额标准内把关。三是对于限额标准也没有的，则根据项目管理逐一测算经费需求。相形之下，项目管理的弹性就比较大。

财务部门需要面对两个方向的压力。一方面是总部预算审查的压力。因为现在的预算管理标准体系在不断完善，即使项目管理也有一定依据可遵循，比如演习项目中建设一条道路，单位长度和规格都有取费标准。因为联合演习是总部出钱保障，"如果总部审核严一点，严格根据标准来审查下面上报的预算，很多项目就报不了"。大单位本级财务部门需要控制各级搭车建项目的冲动，因为"这是财务的权力和责任的体现"。另一方面财务部门还要面对下面各级单位和一些部门领导的支出请求。"下面单位习惯于'跑部钱进'，游说，让你财务部放松审查的标准"；有时还要面对领导的压力，"现在标准体系不断完善，但一些领导的观念还没有转变过来，花钱随意，不经预算。现在只有项目（预算）的弹性还比较大一点，所以，一些不在演习保障范围之

---

① 本案例是以某大单位财务部门的视角描述。

内，（但）领导又想支出的，只能在项目里支出。各级都倾向于报大预算，即使（大单位）财务部'砍一刀'，他也会有富余"[1]。

三、事业部门的策略

各级各部门承担项目任务，按照现行规定，经费保障遵循标准加补助、立足标准搞建设的方式，只有标准经费不足以完成任务时才给予补助。但是现在的风气往往是各级各部门要承担任务就习惯于伸手要钱。如果这些单位或部门没有承担项目任务，事业经费每年也会用于其他类似用途的活动，而如果承担了项目任务，其他活动随之取消，也就是说事业经费就应当用来保障被赋予的项目任务。

现实情况是，一旦承担上面赋予的任务情况就不一样了，"谁都强调自己的特殊性，想方设法多从党委'盘子'里拿点钱，留下自己的事业费好转存家底"[2]。"我们（大单位财务部门）在审查项目预算时发现各级都存在一种发'任务财'[3]的倾向"，就是搭项目的顺风车搞自身建设。搭顺风车编制预算和报销支出，通过把其他用途的支出改头换面，以"私藏夹带"的形式借助项目报销。

以下是在调研过程中与财务人员的访谈对话记录：

问：各级单位和部门申请的项目预算都能花完吗？

答：之前的情况是，没有花不完的经费，只要申请了钱都会想办法花完；现在财经纪律更加严格了，审查审计的严格要求下，出现了一些新情况，就是有些单位不愿花钱，很多资金结余结转，层层沉淀下来，单位党委和上级部门也"统"不了，形成"大河无水小河满"问题。

问：超出实际需求的钱部队会怎么用？

答：举一个例子，我们在审核下面报来的预算时，你就看到小到买纸巾餐具，锅碗瓢盆，还有各种锹镐工具等等，几乎每承担一回任务，这些东西就要更新一回，好多东西都成了一次性的。你说所需的这些物资难道之前一点积累都没有吗？难道每样都得从头购置吗？物资的管理可以说非常混乱。按理说，这回的任务完成了，买的锅碗瓢盆、物资器材下回还能用。可是任

---

[1] 根据访谈材料整理。
[2] 根据访谈材料整理。
[3] 访谈原文即如此。

务完成了就没人关心这些东西的去处,没有人登记管理。财务部门也掌握不了物资的去向,一是没人去做,二是没这个权力。这里面浪费肯定是有的。

问:经费结算时财务部门如何区分哪些经费真正花在了项目上?

答:这里面实际还是"需求迷雾"与"资源迷雾"问题。财务部门决算时也没有多少好办法,只能大概的审查,抓大放小,支出不能超过总额标准,价格不要超过市价太多,不可能全面审查。部队建设中浪费现象确实令人痛心疾首。所以说"管理出效益"不仅仅是一个口号,确实要好好抓一抓。

面对这类倾向性弊端,访谈中大多数财务人员都坦言:"应对方法有限。主要看党委首长的态度。财务部门力量本身就不足,职能上仅限于向党委提醒和告知,有建议权但没有实际的审核权。"因此,实际工作中财务部门面临着这样的两难境地,如果不给予部队补助,不仅部队不乐意而且财务部门自身也会面临诸多压力;可如果给了,就相当于形成了逆向激励,损害了财经工作的严肃性。

四、党委的行动

党委应当掌握一定数量的机动经费,以应对不可预测的开支,但是很难说清楚是因为预算环境的不确定性导致了党委需要掌握一定的机动费用,还是因为党委和事业部门掌握了没有明确支出内容的机动费,才导致了预算环境的不确定。国防和军队领导指挥体制深化改革以来,军种承担起"主建"的责任,但是在所能掌握的资源方面,还无法与任务需求相配套。因此,做项目预算时,有经验的财务部门都不会把预算支出做得满满的、没有回旋余地,因为实际开支中会有很多其他不可预料的支出,而且这部分开支往往没有一致、准确的应对标准,比如损毁牧民操场的赔偿问题、一些机动开支比如征用民用挖掘机的补偿问题等。这部分机动财力要留给党委掌握,因为在缺乏标准和依据的情况下,面对怎么报销、报销多少以及如何抵制事业部门的一些不合理开支请求,财务部门往往是做不了决断的;还有一些合理但无标准无依据的支出(比如项目中的各种临时性支出),一旦财务开了口子就难以控制住。因此,只有党委有权威(往往是基于行政权的权威而非制度的权威)做出处理,即便是不全合规也会找出一大堆情理做理由。显然预算正式规则无法覆盖这一部分,这就是非正式预算存身之处。当然,财务部门即使不能从具体支出上对这部分经费进行掌控,也会对其从宏观上掌握。财务部门在做项目预算时，会基于往年经验以及当年任务的数量规模做出估算，确定机动经费的一个大致区间，依此进行支出控制。

小　结

在前面分析预算零碎化的权力结构基础上，本章从预算关系视角分析了现行国防预算框架下，由于正式制度的缺位、虚置、不健全等原因不能有效调节预算过程，由此出现大量非正式制度并主导国防预算过程。本章分别分析了财务部门、支出部门和党委各自之间的预算"关系"及对预算过程的影响，把这三者整合到一起，通过相互对比，较为全面地描述了国防预算的真实运行过程。理论上的预算制度与预算规则在实际运行过程中可能会出现这样那样的"异化"，而要探寻问题原因，本书思路是关注预算正式、非正式制度相互作用，从而弥补了之前相关研究中只关注于预算正式制度的不足。

新制度经济学提出了"制度是重要的（Institution Matters）"的口号，就是指要在其他资源禀赋和条件相同的前提下，要重视制度条件对经济绩效的决定性作用。通过之前研究，本书进而也能提出"非正式制度是重要的"。制度作为正式、非正式制度的联合体，预算非正式制度同正式制度共同构筑了国防预算的规则系统。在现实环境下，正式、非正式制度相互影响。这给我们的启示是，制度的落后不仅仅在于正式制度设定的落后，也可能是因为非正式制度的原因导致正式制度没有发挥应有的制度绩效；我们不能仅仅设定好了正式制度就期望其自动发挥作用，我们不能忽视作为支撑和依据的非正式制度是否支持这种制度变迁。

第四、第五章都是现存预算制度框架下，分析正式、非正式制度的作用。下一章将结合国防预算制度变迁的趋势，分析在预算制度改革中可能会遇到哪些非正式制度问题。

第六章　国防预算绩效管理改革与非正式制度

新绩效预算是新公共管理运动兴起后发展起来的治理模式，在主要的 OECD 国家被普遍采用，也称企业家预算或以结果为导向的预算。在国家层面，财政部早在 2011 年就施行《关于推进预算绩效管理的指导意见》，部署探索绩效模式；2018 年，党中央、国务院发布《关于全面实施预算绩效管理的意见》，明确提出用 3–5 年时间基本建成全方位、全过程、全覆盖的预算绩效管理体系。新绩效预算已经不单纯是一种新的预算范式，而是对公共治理组织体系的重构，是新型的治理范式。在财务领域深化政策制度改革过程中，特别是建立和融入"需求、规划、预算、执行、评估"管理链条过程中，绩效管理既有重要性也有现实必要性。本章将探究国防预算绩效管理变迁的路径，作为规范分析，研究国防预算绩效管理改革的必要性与可行性；作为实证研究，分析国防预算制度改革的"双进程"演化的阶段性特征，同时分析改革面临的正式制度和非正式制度的挑战。

第一节　绩效预算管理的发展历程

一、新绩效预算的一般发展路径

（一）发展的一般历程

发达国家经历了两轮绩效管理改革，本轮绩效预算浪潮发轫于新公共管理运动。为了区别于20世纪四五十年代的绩效管理，当下的绩效管理也称新绩效预算，或者称结果预算、企业家预算、结果导向型预算。1993年，美国国会批准实施《政府绩效与结果法案》（GPRA），规定联邦政府"所有部门要上报年度绩效方案与实施报告"，财政预算与政府绩效挂钩。1997年，英国通过《支出综合审查》《地方政府法》，也把地方政府进行预算绩效评价的制度固定化，各部门要通过专职机构、专业人员和科学流程逐年实施绩效评价。1998年，澳大利亚发布《公共服务法案》《财务管理与责任法案》，明确了公共部门绩效管理的强制责任，使公共部门绩效管理工作趋于法制化、科学化。虽然新绩效预算有不同的名称和形式，但是其内核都是将目标、资源和结果联系起来且以明确的预算成果目标为导向。

回顾现代公共预算演进历程，从渐进主义的传统预算演变到理性预算时代，出现了包括绩效管理（Performance Budget）、零基预算（Zero – based Budget）、计划项目预算（PPBS）等模式，现在的主流模式为新绩效预算，如表6-1所示。预算在兼顾技术理性和政策含义方面得到长足的发展。

表6-1 几种代表性预算模式比较

	政策重点	产生年代和背景	机构设置	功能取向	预算流程	责任管理
传统模式	投入的总额；分项列支预算支出	发端可追溯到英国的"光荣革命"开始，随着君主财政的逐步瓦解和现代预算原则的逐步确立而逐步产生，成为现代预算模式的最初渊源	初步形成预算制定、执行和监督三权分离格局	控制职能，主要在预算执行过程中行政控制和法律规范；但不利于提高配置效率	从上到下	合规性管理
绩效预算	产出，根据投入产出分析提高经济效益	20世纪40年代末的美国杜鲁门政府，由胡佛委员会提出并实施	在政府部门设立专门的绩效委员会	突出管理职能	从上而下	看完成工作的质量、数量，但并不一定与政策目标符合
计划项目预算PPBS	政策目标的制定与实施，制定好的实施项目	起源于美国军方，由麦克纳马拉推行，后推广到联邦政府层面。在2003年美国国防部对此改进后推出PPBE管理模式	需要有跨部门的协调机构统筹项目制定	计划职能，进行政策分析；强调预算理性	从下而上	项目实施的经济性与效率性

续表

	政策重点	产生年代和背景	机构设置	功能取向	预算流程	责任管理
零基预算 ZBB	总额控制和产出导向	20世纪70年代的美国卡特政府在政府层面推行，但是联邦政府层面运行时间不长	对预算决策包的分析、评估和排序机构	控制职能和计划职能。审查项目符合规划目标	从下而上	以决策包为评价单位，评估预算完成目标的程度
新绩效预算	预算结果导向	随着新公共管理运动和后新公共管理运动的发展而兴起，成为当前的主流模式	强化核心预算管理机构，例如美国的总统预算办公室	计划职能和管理职能。整合政策过程和预算过程	从上而下	预算结果要达成政策目标要求

资料来源：参考马骏．公共预算：比较研究［M］．北京：中央编译出版社，2011：15．

（二）新、老绩效预算的不同

这里有必要再提及一下新、老两种绩效预算①的区别。老绩效预算只关注是否有效率地完成了工作，而不关注支出目标本身是否合理。一是目标提前给定，但政策目标与预算的联系性不强；二是绩效评价指标体系与政策目标缺乏联系且有误差，老绩效预算关注的是支出效率（成本与产出的效费比），而不是支出的效果。评价的重点是在年度预算框架内以最少的资源完成既定产出，以最小的成本实现政策目标即可。

老绩效预算更多的是一种技术方法的革新，新绩效预算则为预算理念的根本变化，因为新绩效预算把政策目标制定同经济资源分配更紧密地结合起来，不仅重视预算产出了什么，而且还要评价这种产出是否符合政策目标。因此，新绩效预算虽然没有在长长的预算委托链条上加强控制，但是从根本上改变了支出部门的动机。

控制导向型预算必然要向结果导向型预算转变，向新绩效预算转轨是一个自然而然的过程，新绩效预算是国防预算绩效改革的一个可选目标。当然，这个过程可以不必一步到位，逐步从绩效评估开始积累经验，然后完善绩效预算，形成成熟的绩效管理体系。

---

① 老绩效预算就是20世纪40年代的绩效管理。

二、国防部门推行预算绩效管理的探索

绩效管理一直是国防预算领域研究的热点问题,自 2001 年预算编制方法改革以来,学术研究中关于建立项目指标体系、开展绩效评价,学习美军 PPBE 管理经验、推行具有我军特色的绩效管理制度的相关研究层出不穷,可以说这些研究为开展绩效管理工作奠定了较好的理论与舆论基础。中央军委批准《关于开展经费绩效管理的指导意见》提出,自 2014 年开始,在各级单位全面推行经费绩效管理工作,通过绩效评价和绩效问责不断优化财力资源分配,提升经费开支效果;2018 年实施政策制度改革以来,预算绩效管理成为重要内容,特别是在中央层面,国务院制定出台《关于全面实施预算绩效管理的意见》,构建全方位、全过程、全覆盖的预算绩效管理体系。国防部门绩效管理改革遵循"预算编制有目标,预算执行有监控,预算完成有评价,评价结果有运用"的原则,在训练模拟器材等有代表性的预算项目中先行开展试点。此次国防部门中推行预算绩效管理工作,突出了绩效管理的代表性特征,包括确立产出和结果的导向性,以预期目标引导资源分配,同时加强结果评估,根据批准的支出目标和评价指标评定预算执行情况,将绩效评估结果同资源配置挂钩,落实绩效管理责任。

加之自 2011 年开始实施的财务管理综合评价机制,构成了国防部门财务管理的业务评价和绩效评价两类相辅相成的评价体系。虽然当前国防部门还没有建立起完整绩效管理模式(按照国务院《意见》的规划,计划用 3—5 年时间全面推行绩效管理制度),但是当前已经开始着手建立的这些具有绩效预算特征的运行机制,无疑将成为构建绩效管理制度的最重要制度资本。

第二节 新绩效预算的根本特征

理解新绩效预算的关键,是要理解投入(Input)、产出(Output)与结果(Outcome),它们构成了新绩效预算的基本指标体系(重点是产出与成果)。这些绩效指标体现了预算的经济性(Economy)、效率性(Efficiency)、效果性(Effectiveness)及公平性(Equity)。

一、以结果为预算导向

新老绩效管理的一个关键不同是，新绩效预算进行绩效评价时的依据是看"结果（Outcome）"而不是预算"产出（Output）"。"结果"体现的是部门的预算项目完成单位规划计划目标的情况，也就是说"结果"是规划目标的集中体现，与预算的规划目标直接联系。而"产出"描述的是达成结果过程中所从事的活动以及取得的产品或服务的数量、质量，刻画的是完成的工作量，但不一定与规划目标有关系。绩效评价时如果仅仅重视预算项目"产出"，也许效果会适得其反。因为预算产出可以用各个部门从事活动的规模、数量来计量，比如开了多少专题会议、进行了多少专项清理整治活动等，如果以产出为导向就会出现"罚款越罚越多""违法事件越管越多"等逆向激励和"形象工程"问题，所以"产出（Output）"可能对集体目标有负效用。绩效评价如果以部门活动与资源投入为标准，就可能诱使部门只重视表面文章，造成政策短视和资源浪费[92]。

另外，"产出"指标可以被人为操控，这种错误的激励导向可能会催生部门的机会主义行为。美国爱荷华州《绩效预算手册》有一个修桥案例，很好地区分了"产出"与"结果"。某市需要在河上建桥以缓解交通拥堵的问题，但相关部门把建桥本身设定为预期目标，从方便快捷的角度考虑，把桥建在河流最窄之处。不过桥虽建好了，可交通拥堵问题却没有有效缓解。这样虽然他们按要求获得了"产出"——建好了桥，时间和质量标准都符合要求，可绩效评估却很糟糕，因为这样的"产出"并不符合决策目标要求[93]。所以绩效管理必须把"结果"作为衡量绩效的标尺，在此条件下绩效预算才可能不断优化经济资源配置的效益效率。

表6-2综合分析了预算控制导向、产出导向、结果导向的区别。

表6-2　　　　　　　　　结果预算与产出预算的比较

	代表模式	评价内容	预算重点	能力要求	预算性质
控制导向	分项列支预算	预算支出过程	总额约束	内、外部强化对支出的控制能力	主要是预算技术改革
产出导向	20世纪40、50年代的绩效管理	预算完成的内容，例如对退役士兵进行文化和技能培训的人次与场次	重点在预算的编制阶段，重视分配的有效性	制定战略计划，运用战略计划分配资源	主要思路通过强化理性改革，把政治因素排除出预算过程

续表

	代表模式	评价内容	预算重点	能力要求	预算性质
结果导向	新绩效预算或称企业家预算	预算结果完成目标的有效性。例如，接受培训的退役士兵在一定时间内就业的比例	管住预算的一头一尾，在资源约束下制定政策目标，同时评价预算结果的有效性	在期望的结果目标、任务和可用资源之间建立联系；放松外部控制，重点采用责任控制	全面重建预算过程，并对公共部门进行系统性改革

资料来源：自制

二、兼顾技术与治理属性

新绩效预算是 OECD 国家在后新公共管理运动中实施"整体政府"治理的关键制度。这种整体性体现在，绩效预算不是财务部门或预算机构单向控制支出部门的工具，而是双方共同参与、相互配合、共同接受制约的一种管理系统[94]。体现在：双方需要接受相似的预算管理理念，比如相互信任、较强的责任感、预算绩效信息的积累、良好的专业训练素养等；绩效预算不是财务部门控制支出部门的工具，比如信息公开，不是仅要求支出部门对财务部门单向公开，财务部门如何将绩效评价信息运用于预算分配也需要公开接受监督评议；再比如绩效指标体系的设定，不仅要有支出部门的评价标准，对财务部门而言也需要根据自身业务特点设定绩效评价标准，比如资金及时供应到位率。

新绩效预算首先要细化政策追求，建立起了涵盖目标（Target）、产出（Outputs）、效果（Outcomes）和改进（Improvement）的绩效管理框架。预算绩效监督从事后出具审查报告，转变为事前确定目标、事中管理和监控、事后实施评估，评估结果要用于指导优化下一步资源配置，落实各主体的绩效责任，以及探查管理漏洞、排查原因、提出改进绩效的对策。实际上绩效预算的控制力度不是小了，而是控制的重点转变了。核心预算机构与支出部门订立绩效合同，明确支出部门的自由裁量权以及预算支出和预算成果的关系，把二者从传统的控制、被控制关系发展为平等的契约关系。这既是预算技术上的变化，同时也在根本上改变了预算动机和行为模式，因而具有明显的治理属性和政策性。

三、预算控制与放权并存

新绩效预算追求如下目标：总目标和总财力约束、财力资源配置科学、项目产出高效。新绩效预算强调控制预算过程的两端，即目标体系的确定和预算结果的有效性，但会在中间过程放权。

在绩效管理下，为何需要对中间环节放权？或者说，为什么在预算制定、项目执行和监督评价三个环节共同加强控制是不现实的[①]？一是因为预算实施过程的不确定性，难以预测执行过程中的所有突发情况，如果提前制定了严格的预算方案并严格执行，很可能因为调整不及时而损失预算绩效。所以绩效预算模式下，如果支出部门在预算制定时通过预算"契约"明确自身要达成的绩效目标，那么部门在明确绩效责任支出就必然要求赋予自身在支出上的灵活性，根据实际情况随机应变地调整支出内容，否则在预算实施进程中往往会把自身陷于不利境地。那为何传统预算模式可以坚持过程控制？这是因为绩效预算之前并没有将明确的支出结果和预定的支出绩效作为实施目标。不同于这种控制型预算，绩效预算属于结果导向型，预算执行能否实现支出结果为主要关注目标。也就是说，总额控制、支出控制和结果控制三者是"鱼与熊掌不可兼得"，我们可以实现同时总额控制和支出控制，或者总额控制与结果控制，但是无法同时实现三种控制。从控制导向的传统预算到结果导向的绩效预算，预算管理从控制总额和支出过程，转到控制总额和预算结果。

第三节 国防预算实施绩效管理的困难

一、预算制度变迁的三个层次

根据公共预算发展的一般规律，预算制度变迁通常要经历三个递进的演化层次。

第一是技术层面。最容易模仿和习得，初期容易取得较好成效。利用信

---

① 绩效管理中的"不可能三角"问题

息收集和分析能力，把政策分解为产出目标和结果目标（如利用平衡计分卡分解单位或部门的战略目标，利用戴明循环（PDCA）进行接续管理），按照"SMART"的要求确立不同项目的指标体系（在发展的高级阶段开发出符合国家或国防部门标准的预算绩效管理质量标准体系，对绩效评价的决策、组织流程和指标体系进行标准化管理，并以法规的形式予以确认），进行事前或事后的绩效评价。

第二是制度层面。需要长时间建设，但仍可以通过模仿和学习实现制度跃迁，包括建立完备的法规体系，以法规形式确定绩效评价的对象、方法、组织形式；预算信息公开可查询，把预算置于有效监督之下；严格执行财经纪律，预算在批准授权后即获得强制效力。

第三是理念与原则层面。预算理念的革新是判断成功与否的关键，而这只能一步一步积累。公认的现代预算理念包括：预算法治原则必须坚守，行政权力不可置于预算之上；公共开支（包括国防开支）要着眼实现公共目的；预算官僚要树立服务意识，对自身的认识要从掌权者变为服务者和被监督者；一切预算权力都要处于约束监督之下，一切支出都要有对应的产出，预算行为人要为支出结果负责等。

绩效管理改革意味国防预算正式、非正式制度要全面变革，新的非正式制度能否确立将是改革成功与否的标志。控制取向是建立绩效预算的必要条件，没有有效的预算控制做基础绩效管理不可能真正实施（希克，2000；马骏，2008）。图6-1刻画的是绩效预算的政策流程与管理流程相互支撑配合的过程。相较之下，现阶段预算绩效管理并非完整意义上的绩效模式。

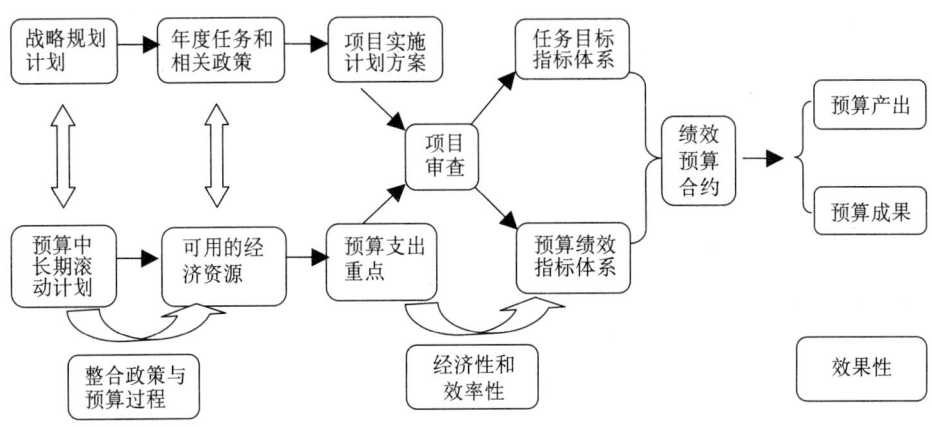

图6-1 绩效预算的战略、目标与成果

二、双进程演进阶段国防预算绩效改革的矛盾

当前,国防预算改革所处的双进程演化过程中面临着双重挑战,在正式制度的建、破、立过程中,不可避免地会遇到因制度体系不健全导致非正式制度取代正式规则的现象。一方面控制型预算尚不健全,需要继续强化对预算行为的有效控制,集中统筹财力资源,合理分配财权,通过严格控制强化预算法规的权威性。另一方面要向绩效管理转型,需要以政策目标为导向,重视预算结果的有效性,但是这个过程中必然要求适当放权。由于刚刚起步,现行的国防预算评价与真正的绩效管理还有较大差距,不仅测量水平需要提高,而且预算流程和预算关系也需要重塑,否则预算技术也不能充分发挥作用。

通过分析国防部门推行经费绩效管理工作的指导意见,有两点需要注意。

第一点,笔者发现《意见》中似乎提出了相互矛盾的改革目标,即"改进经费支出控制"和落实绩效目标要求,这其实是一方面强调要突出"预算执行全程管控",严格按照批准的预算方案组织执行,另一方面强调要"以产出与结果作导向"。《意见》明确,在制定预算时要确定绩效指标体系,预算执行中要加强全程管控,预算完成后要严格绩效问责,实际上从预算制定、执行和考评三阶段加强全过程控制,似乎与绩效预算的原本含义相悖(本章第二节已有相关分析)。

第二点,有关财务部门与支出部门关系的认识。《意见》中提到,全程监控预算执行确保符合绩效目标要求,而且"偏离绩效目标时,及时采取措施进行纠正"。《意见》中提出的措施反映出财务部门将是此次绩效管理工作的主导者和调控者,而支出部门将是预算方案的执行者,二者并非基于绩效"契约"的合作关系,而仍然是传统预算语境下的管理者与被管理者、控制与被控制的关系。显然,在现阶段财务部门没有也不可能将预算执行过程中的支出自由裁量权交给各支出部门。

三、理解国防预算绩效改革的矛盾之处

绩效预算改革的初始制度存量在国防部门内部、外部是不同的,决定了国防预算绩效管理具有自身特征。一般的绩效变迁路径是在成熟的控制体系、

自觉守纪的情况下实施的,而且对非正式制度的要求也较高。比如,对于核心预算机构而言,必须具备高效收集信息的方法、熟练运用绩效管理工具的能力、深厚的绩效文化积累以及其他良好的职业技能训练,而支出部门则需要具有基于绩效合同的合作理念和践诺精神。对比而言,国防部门绩效管理改革实际是在正式、非正式制度均不够健全的情况下开展的,而《意见》中对于绩效管理看似矛盾的提法,实际上与当前国防预算的任务和建设实际相符合。

1. 完善规范严密、控制严格的预算体系仍是当前建设的重点,绩效管理的当前任务是打基础、做准备,并未完全推开。在双进程演进过程中,当下紧迫任务是完成向"预算阶段"转型。在国防预算正式制度失范、支出机会主义行为盛行的实际预算环境中,相较绩效结果,追求合规性控制这一目标无疑更具有紧迫性和现实意义。财政责任机制还没有建立、预算责任还处于失控状态的实践证明,在各种非正式制度行为盛行的环境中,全面推开绩效管理是非常艰难的。

2. 当前绩效管理试点要求加强支出的目的管理,为预算分配阶段"给得科学"提供依据,因而能与控制型预算对支出过程中的管理属性互补,这点在预算绩效改革的初期阶段仍可以并行不悖。

3. 结果导向型预算是符合新时期强军目标的管理模式。虽然国防预算的发展总体还处在追赶阶段,但我们可以积极创造条件,通过供给型制度变迁适当加快这一进程,不必等到正式、非正式制度都成熟时才实施诱致性变迁。

完善绩效预算制度,还包括制定有效的绩效评估体系,推行权责发生制会计及对应的预算模式,制定完整规范的绩效评价管理办法和建立绩效预算基础资料数据库等等。而且,绩效预算管理流程为上下结合并以从下而上为主,从传统的预算管理模式到绩效预算模式,需要重塑整个管理流程。

第四节 非正式制度与正式制度的龃龉之处

一、错误认知影响对绩效管理的理解

只有处于对等层次的正式、非正式制度组合在一起才能发挥最大作用,

超越了非正式制度范畴的正式制度改革会由于协调冲突成本过大而难以实施。综合当前的研究不难发现，我们还处在需要积极向党委宣传财经法规知识，需要向支出部门宣传预算就是法规的理念的阶段（焦兵、于红星，2013），预算非正式制度显然落后于其正式制度。

国防预算"双进程"演化的矛盾，反映了国防预算系统内在的非正式制度与正式制度不适应的问题，特别是正式制度超前而非正式制度相对落后，可能对绩效管理导致摩擦。在比较研究中笔者发现了一些错误的观念和提法，比如有人认为之所以应当实施绩效预算是因为它比零基预算更容易实施、绩效预算有助于加强对支出的控制等，而实际情况正好相反。这种错误认知以及以此形成的错误期待，可能都会造成预算非正式制度领域的混乱，不利于预算制度改革。

二、符合绩效管理的预算理念还未确立

对预算权力和预算关系的分析表明，正式制度如果缺乏规范性或可操性，预算过程就会被非正式制度主导；而对国防预算绩效管理改革的研究表明，如果要确立的正式制度所代表的理念超前于对应非正式制度的演化阶段，正式制度的实施也会面临诸多挑战。

前面已经分析到，预算表面上是技术性工作，但在深层次上是政策和治理，预算理念体现了治理理念。作为预算的深层次内核，预算的价值理念是其区别于其他预算模式的特征，也是制度变迁最困难的地方。现代预算应当具有的内核是预算民主、法治权威、理性精神和契约理念的融合[95]。即便正式制度短时间内改动，这些内容并非能够一朝一夕能建成。以预算法治原则为例，在一些西方国家，确立这一理念经历了上百年的斗争与积累，特别是经历了新公共管理和后新公共管理运动的催化更加深入人心。这些都是自发演化形成的结果，与一同形成的法律体系和制度规范具有高度一致性，因而这种理念能够获得普遍认同。国防部门确立一种新理念也不是一朝一夕能完成的。国防部门从2001年开始才进行预算编制改革，至今只有10余年时间，预算法治原则还远未成为一种普遍被遵守的理念。建立这种非正式制度无捷径可走，正如"你能牵马到河边，但是无法强迫马喝水"，先进的预算非正式制度只能通过逐步推进正式制度不断宣传和强化。

三、正式制度不健全导致对非正式制度产生扭曲

对结果负责的绩效理念作为绩效预算中基本的非正式制度，需要正式制度的支持。当前绩效管理难以取得实效，一个根本的原因还是正式制度与非正式制度不够衔接配套。从正式制度角度看，凡列入集中采购目录的支出，必须在年度预算中准确列报，实行集中支付，不得采取拆分项目、化整为零或者强调专业性特点等方式规避集中采购和集中支付。在实践中，我们通过调研访谈和问卷的形式调查发现，经常出现这样的情况，或是由于任务紧急需要，或是由于地理便利等因素，各单位就近就变采购物资器材具有效率性和经济性，但是根据规定又不得不通过集中采购的方式，在已确定的供应商目录里进行选择。导致的结果往往是时效差、花钱多，质量和服务也并不突出。

可以看出，如果是在以结果为导向的绩效管理模式下，正式制度和非正式制度显然存在冲突，主要症结是支出部门无法对自身支出行为产生的绩效结果负责。在实践中各级部队想方设法规避这种限制，就是明显的例证。绩效管理要求承担任务的主体能够自主支配经费使用方式方法，只需对最终结果负责。但是现在的问题是，我们一方面通过正式制度加强对支出部门经费开支过程的管控力度，另一方面积极推行绩效评价。支出部门并没有必要的自由权利，自然无法承担起预期的绩效责任。在这种理念下推行绩效预算管理，无异于缘木求鱼，难以实现真正的绩效目标。

四、绩效契约精神与预算控制取向存在冲突

我们长久以来对预算管理形成的认识就是实施控制，但绩效管理本质上是基于契约的合作过程，不存在绝对的控制。如何引导预算实现从控制向合作、放权的平稳转变，财务部门还需要探索如何与党委与支出部门培养合作精神。

财务管理部门不仅自身要树立预算绩效理念，更重要地是要引导和激励支出部门树立绩效预算的理念。上一节分析到的国防预算绩效管理有两个问题，反映出当前这项工作还仅是以财务部门为主导来推进实施，并没有建立起把支出部门有效包容进来的机制。如果支出部门对预算的绩效管理理念不

能认同，财务部门没有得到支出部门的自觉支持与配合，那么绩效管理在重塑预算模式、提高经费使用绩效或者优化预算关系方面恐怕很难取得实质效果。

同时还有一个难题就是党委领导对如何使用绩效信息和信息公开的态度，也与当前存在的"政策领地"与绩效评价可能会有潜在的冲突。因为根据绩效信息评价和透明要求，会减少党委领导的自由决策空间。如果按照绩效预算的要求，党委的决策机制也将会更加透明，所做出的决策需要符合绩效评价的结果，我们有理由猜测将来一些单位党委领导对是否公开和是否使用绩效信息会持摇摆的态度，担心可能削弱领导权威性。

五、结果导向与投入导向的预算理念相互交织混杂

转变预算理念背后代表了预算非正式制度转型。当前一些单位形象工程、面子工程、钓鱼工程屡禁不绝，反映出转变预算理念的重要性。

国防部门绩效管理改革中提出的看似相互矛盾的改革目标，实际上正是反映了处于转型期的国防预算的非正式制度与正式制度存在冲突的问题。国防预算以2001年改革为标志，从分配、支出和结果控制都很薄弱的前预算时代逐步建立起强调总额控制和支出合规的控制型预算模式，预算的正式制度得到了有效加强，但是这一进程还远没有结束。由于非正式制度相对落后，预算松弛现象还比较突出，预算违规违纪问题十分普遍，因此加强预算控制将仍然是今后一段时期的重点。同时，加快转变战斗力生成模式要求国防预算更加突出目标性和效益性，以完成规划目标的有效性衡量预算成果。因此两种改革压力相互叠加，反映到绩效管理实施方案中，体现了当前绩效理念的相对滞后性，无形中也加大了预算管理改革的难度。

第五节 绩效管理要协调正式与非正式制度关系

绩效管理是公共预算的发展趋势，也是适应国防建设和国防预算管理的必然选择，《意见》明确到2020年全面推行经费绩效管理。预算绩效管理分为三个阶段，首先是提升目标管理能力，对战略目标的阐述至关重要，要在资源与政策相结合的前提下开发清晰明确的绩效目标体系，这一过程做好了就能确定最根本的结果导向；第二是提高信息收集、分析能力开展绩效评价，根据指标体系对产出与结果有效性进行评估；第三反馈和改进，把绩效结果和资源再分配联系起来，持续改进预算管理绩效。这三阶段体现了绩效管理的经济属性与治理属性的结合，而且作为一个循序渐进的连续过程，每一阶段都要踏踏实实走好而不能跳跃。当前预算管理还处在积累正式制度资本阶段，正式规则不够健全或缺乏权威性，而各种非正式制度盛行。在"双进程"演进的特殊阶段，如何处理好控制导向的预算和结果导向的预算的关系，成为当下预算制度改革的最大难题。

一、纠正几个绩效管理的观念误区

绩效管理是国防预算发展目标，所以有必要纠正几个绩效管理误区，在研究绩效管理是什么之前，明白绩效管理不是什么。

1. 绩效管理不是控制的手段。2001年以来预算改革旨在建立一种控制取向型预算，预算合规性为主要目标，而绩效预算是结果导向型模式，预算"绩""效"是主要目标，两者属于截然不同的管理模式。国防预算改革要"蹄急而步稳"，而不能急功近利，要防止绩效管理成为新的预算控制手段，不要"穿新鞋走老路"。如果在实施过程中，仍然只重视加强财务部门的控制能力特别是以绩效评价作为预算支出的管理依据，而不重视如何通过有效的契约机制增强对支出部门的激励，进而提高预算支出的整体效率和履行受托责任的能力，那么这种改革仍然是有偏差的，只是看到了绩效管理的技术性特征，而尚未真正学到绩效管理实质。加强控制和追求绩效虽然都是当前"双进程"演进阶段的任务，但二者有轻重缓急，不能混同。加强控制仍然是当前的重点，但是追求绩效管理并不是提高控制能力的手段。

2. 绩效评价不等同于绩效管理。推进国防预算绩效管理还要区分一个经常混淆的误区，即把绩效评价和绩效管理混同，绩效评价只是绩效管理的一部分，而且由于突出技术性，是相对容易学习的一部分。我们面临的一个矛盾是，一方面如果不能把绩效管理打造成一个首尾相连的闭环过程，即以绩效评价指导和影响资源配置，这样的绩效管理只能说是处在探索阶段。另一方面，以当前的制度条件和技术条件，国防部门管理在较长一段时间内还不可能实现绩效评价与政策制定和资源分配的有效关系（这也是为什么2020年后才全面推行绩效管理的原因①)。制度资本的积累和预算理念的跟进需要不断培养,所以当前我们不应过分拔高绩效评价对预算的促进作用,也不应在绩效评价和预算之间机械地建立关联。

3. 不是任何制度条件下都可以进行绩效管理改革。传统的控制型预算不仅是当前不可逾越的阶段,而且是需要继续完善的阶段。传统控制型预算,同追求结果有效性的绩效管理一起,应当形成相辅相成格局。有效的行政控制是预算管理的基础,只有把有力的预算控制和"合规"文化内化为一种被普遍接受预算理念和习惯,绩效管理才可能在这样的制度环境中落地生根。这样建立起来的绩效管理模式也将代表预算整体效能的提升,是国防部门治理能力的体现。

二、控制型预算阶段不可跨越

(一) 放松预算控制的潜在危害

虽然国防预算处于"双进程"演化的阶段,但是制度变迁的任务也有轻重缓急之分。总体来看,国防预算制度仍处在学习和模仿阶段,各级单位预算对规划和绩效信息的积累普遍不足。有限时间内还无法搭建起一套有效的评价体系。虽然在之前已经开始借助于财务管理综合评价框架积累经验,但在实践上其可操作性和有用性仍需提高。国防预算部门普遍缺乏"遵从规则"的预算理念,如果超越"控制取向"这一预算发展的历史必经阶段而转轨到以结果为导向的绩效管理模式,放松了对投入结构、规模的严格管控,也就是控制预算总量,主要以预算总体平衡的方法进行管控,那么可以预见的结果将是不但不能取得满意的预算绩效,同时还会导致大量的预算资金因纪律松弛而浪费使用。经过权衡比较后,继续保持并改进控制取向的管理模式,适时逐步转轨绩效预算是我们对待预算发展的思路。

(二) 绩效预算也重视"控制"

绩效预算的控制能力并不比传统预算模式弱,只是控制的形式和重点有

---

① 对于《意见》中明确的未来3—5年全面推行经费绩效管理,本书理解为是建成具有绩效特征的预算流程,不过距离真正、全面地建成绩效管理模式,无论是从技术方法、制度程序和管理理念上,都还有很长的路要持续完善。

所不同。从前预算时代到预算时代的控制型预算重点是预算的总额和支出行为，而对预算结果的有效性无法控制。通过研究已经实施结果预算很长时间的OECD国家，可以发现结果导向的模式仍然注重投入控制和合规性管理。按照绩效预算的契约管理精神，支出部门与核心预算机构确定绩效契约，明确预算产出成果，同时赋予支出部门在经费投向、投量上拥有的自主权。但是这种放权需要确保：一是必须明确支出部门对预算支出结果的有效性负有直接责任；二是需要明确核心预算机构在必要时刻拥有指导、干预的必要权力，如果发现支出部门的违纪行为，要有权力采取措施进行纠正。否则，支出部门获得的自由裁量权越大，越有可能导致严重的决策随意、无序开支、低效浪费甚至贪腐行为[96]。所以，绩效预算中放权应当把健全的内控机制、外部监管体制、目标决策机制、绩效评估机制和问责机制作前提。

OECD国家的改革历程也证实，绩效预算中虽然支出部门放松了原来对支出过程施加的严格外部控制，但是将控制转向内部控制和结果控制。所谓内部控制是利用预算制定、执行和监督问责相制衡的权力结构对预算实施责任管理，而结果控制是在预算过程中加强核心预算机构对预算决策及绩效问责的控制。希克就曾警告说，如果不遵从这样的顺序，"在建立起强有力的控制制度之前就把决策权力下放的话会带来巨大风险"①。可以预计，这种风险很可能就是，虽然在明文中确定了绩效管理的框架，但是由于外部控制弱化、预算主体对绩效管理理念缺乏认同，导致绩效管理有名无实，名义上是绩效管理，但是实际上各类预算非正式制度才是真实的主导规则。只有首先有效地落实了财经纪律，确立起预算法治原则，并积累了相当的预算分析能力后，真正的绩效管理才有可能建立起来。

（三）相关制度条件欠缺制约了绩效预算进程

制度有效性取决于其所存在的制度体系和规则机制是否支持。我们需要看到，国防部门预算制度改革是嵌套于整个国防制度改革系统中的重要一部分，预算制度改革不可能太超前于国防制度整体框架，预算制度改革的深度广度也要顾及相关规则的支持力度。例如，绩效管理的模式从层级制变换到市场制，如何形成稳定的合作关系，就有一系列的现实障碍。例如，财务部

---

① 转引自马骏．中国公共预算改革：理性化与民主化［M］．北京：中央编译出版社，2005：157．

门有权力对项目支出结果进行科学评价吗？评价结果能够反馈并影响之后的规划目标和预算安排吗？如果对支出部门放权，那该如何处理年度结余资金？能够允许支出部门分享预算结余，实现"利润共享"吗？在多大程度上允许支出部门把资金根据需要在不同科目间转移？如何协调与党委管财的制度要求的关系？另外，在信息披露机制不健全、预算会计方法需要改进的情况下，很难确保绩效预算所依赖的预算项目、成本和成果的信息准确、完善。这些制度基础不具备的话，绩效管理改革似乎并不现实。

鉴于种种外在制度条件暂时无法满足的情况，国防预算绩效改革也不能毕其功于一役。不过，我们仍然可以进行试点探索，不断积累理论认识、技术方法、价值认同等预算改革所需的制度资本，待将来条件允许时实现更高层次的预算制度改革。

三、绩效预算是应当坚持追寻的长期目标

绩效管理是国防预算应长期坚持的目标而非要立马实现的结果。当前预算管理改革还不具备向结果导向型绩效管理模式全面转轨的条件，主要任务仍然是健全内部、外部控制，强化预算权力相互制衡，这也是为什么《意见》明确先行试点、逐步推开。实际上，只有在正式制度层面确保预算合规性、在非正式制度层面建立起"遵从规则"的预算文化之后，才有可能探讨把支出的自主权交由部门，实现结果导向型预算模式的转变。

当下国防预算的主要任务，一是磨刀不误砍柴工，循序渐进地做好基础工作。坚持和完善控制取向的管理制度，理顺管理流程，明晰管理责任，健全权力制衡链条，控制非正式制度对预算正式制度的不良影响；二是未雨绸缪有所作为，积极地探索绩效管理的试点工作，当作是投一处"闲子"，将探索绩效管理方式和完善现行预算制度结合起来，将来能成为取得先手的好棋。应当把绩效管理看成国防预算的一种持续的、价值理念上的追求过程而非某一时刻建成的状态，这样可能会更好地促进国防预算制度发展。在这个过程中，正式制度是预算活动主要依据，而非正式制度要能够支撑正式制度实施。

除了通过完善正式预算制度，以消除各种不良的非正式制度的影响，还应当通过正式制度积极影响和带动绩效管理的相应理念，把绩效管理理念嵌入当前预算管理制度中。在当前的绩效管理试点中，可以从绩效评价指标体系、典型项目的绩效评价情况和绩效评价结果的反馈应用情况三个方面入手，

在不断强化预算正式制度体系的同时，积极寻求嵌入绩效管理因素，在实际管理中培植和发展绩效理念，为全面推行绩效管理准备非正式制度基础。

小　结

新绩效预算是改革的大趋势和未来坚持的方向，这点毋庸置疑，但是在国防预算"双进程"演进的过程中，由于正式、非正式制度不相协调或者相互冲突，预算绩效改革面临诸多挑战。现实的矛盾是，一方面控制的任务没有完成，遵从型预算文化还没有建立，同时又面临着以结果为导向的预算转型要求。"在建立起强有力的控制制度之前就将决策权力下放的话会带来巨大的风险"。由于正式制度建设和非正式制度准备（如预算理念）都存在不足，因此，绩效管理不是当前可以立即全面实施的预算管理模式，但是却是国防预算制度改革应坚持的长期选择。当前的任务是，一方面要加强控制型预算体系的建设，完善预算正式制度体系，提高权威性，为预算活动提供确定性依据；同时，积极试点绩效管理工作，通过实施先进的正式制度在循序渐进中影响和带动预算理念的整体提升，促进预算正式制度与非正式制度相协调。

第七章　国防预算制度系统的一般均衡分析

"科伊问题"作为预算研究的元问题，是由公共预算学者科伊（O. Key, 1940）提出，即公共预算要回答的根本问题是："基于什么基础，决定把某一额度经费分配给项目 A 而非项 B？"[97]对这一问题及相关预算逻辑有不同解读，形成了多种分析思路。

第一，从静态角度讨论预算机制运行。预算表面是技术和方法的问题，但在深层次上是政策问题，预算是经济属性与治理属性的融合。所以预算改革不应当只被看作是技术、经济或工具的问题。国防预算的治理属性如何体现？一是因为预算的结果是可用资源与规划计划的结合，所以资源配置必然要得到政策指引；二是因为预算方案是协调各方利益诉求后的结果。换言之，预算不单是一个技术过程，因为在很大程度上预算过程就是决策与治理的关键[98]，也就是"数字中有政策，决定数字就是决定政策"①。

第二，从动态角度分析预算制度改革。预算改革就意味着预算权力结构的重组[99]，理解预算权是理解国防预算制度变迁的关键；改变预算权力就会改变预算主体的行为模式。所谓"预算权"问题，等价于谁掌握"钱袋子"的权力；而钱袋子的权力如何配置，体现了公共部门治理的行动逻辑和行为框架。英国历史上，围绕预算权的争夺，重塑了英国现代国家治理结构，确立了"没有议会允许不得进行任何支出"的法治传统，这一制度遗产对改革预算制度改革的影响延续至今。

正式制度可以一夜发生变化，但是非正式制度变化往往跟不上步伐②。之

---

① 邓小平，在全国财政厅局长会议上所作的报告，1954 年 1 月 13 日。
② 参考秦勇. 诺斯求解：如何抑制国家转型中的暴力［N］. 经济观察报，2018 - 09 - 24（30）

前国防预算制度改革重点是建立健全正式制度，逐步建立起基于预算正式制度的局部均衡。通过对国防预算属性及预算管理进行现实分析可看出，非正式制度的作用不能忽视，需要协调国防预算非正式制度与正式制度，缓解二者不相适应导致的持续紧张关系，本章将从分析国防预算的双重属性入手，提出一个国防预算非正式制度的解释框架，进而研究如何达成国防预算非正式、正式制度的一般均衡模式。

第一节 国防预算治理的一个综合性解释框架

预算是治理现代化的重要载体和工具。在深化国防和军队改革的大背景下，国防预算非正式制度的相关问题是预算制度改革进入深水区后必然面临的挑战，当前预算改革的技术导向和政策导向相互交织、影响，各类预算非正式制度问题就在这"双进程"演进过程得到集中体现。

一、"双重属性"是国防预算治理的根本特征

预算管理是通过获取和配置经济资源，取得预定成果目标的过程，相应的公共预算就是将公共资源转化为公共目标的过程。公共部门的预算活动既是配置和使用经济资源的工具依托，也是治理决策的集中体现，因此具有经济属性和治理属性。国防部门是纯粹的公共部门，国防预算因此具有明显的公共预算特征。因此，国防预算活动同样具有经济属性和治理属性的双重含义。

（一）经济属性

国防预算的经济属性是国防预算的最直观含义。预算的经济属性赋予预算的基本职能是核算、记录和控制，忠实地记录经济资源的获取和支出过程，并确保支出与预算安排相一致；经济属性的预算是利益中性的，也就是说，虽然预算强调提高经济效益但并不涉及特定的利益指向或利益诉求，或者说经济属性的预算不具有协调利益关系的功能；经济属性的基本要求是准确、严格和控制有力；经济属性的预算关注点是预算管理对象，即代表经济资源的一连串经济数字。在形式上体现为各种规范化的制度标准和技术过程。经

济属性的预算因其直观性和生动性，体现了预算管理的工具理性，因而很容易在直观概念中被理解为预算活动的全部。

（二）治理属性

治理属性反映了国防预算管理的价值理性。经济属性是预算发展过程中的首要属性，在预算出现后就天然的并长期的成为理解预算活动的观察视角，甚至是唯一视角；而预算的治理属性作为预算管理的内在属性，其重要性则是伴随着公共治理体系的发展而发展的。治理属性的预算不再满足于一种管理工具，而是主动寻求与决策制定和行政管理结合起来，将资源支出与政策制定结合起来，具有规划性、层次性和目标性。治理属性的预算体现了价值诉求，通过衔接公共部门决策和公众诉求，预算管理具有统筹目标和资源、协调矛盾、解决冲突的功能。治理属性的预算的评价标准也随之发生变化，不仅重视预算支出是否控制严格、效率高不高，而且更加关心预算支出好不好；不仅要有效率地生产公共产品，关键还要生产符合需求的产品。治理理性的预算关心是否体现了公共价值、达成了公共目标，这就要求预算不能只局限于财务部门甚至公共部门之内，要遵循民主性、科学性的原则处理好财务部门和支出部门之间、公共部门内外之间的预算关系。各类预算关系是治理属性的预算的重要关注点[100]。

预算管理的经济属性和治理属性不可分割，以经济属性为"表"，以治理属性为"里"。经济属性在预算出现后就一直伴随预算活动，而治理属性虽然也一直存在，但是直到现代公共治理体系建立完善，治理属性才被广泛重视和研究，成为理解现代公共预算管理的关键。表7-1详细分析了经济属性和治理属性的含义，以及二者的调和。

表7-1　　　　　　　　　　国防预算的属性分析

	关注重点	变迁的路径	预算模式	预算理念	预算方法
经济属性	关注于预算的投入总额不能超出限制，同时支出过程合法合规	突出预算程序和技术方法的改进，一般属于供给主导型变迁	理性主义道路	控制导向，认为正确的预算过程会引致正确的预算结果	分项列支，零基预算
治理属性	主要研究政策制定过程和预算分配过程的博弈	一般属于需求引致型变迁，预算模式主要在边际上发生变动	渐进主义道路	结果导向，重视预算产出，但是仍缺乏对预算目标正确性的分析	基数预算，绩效预算

续表

	关注重点	变迁的路径	预算模式	预算理念	预算方法
综合属性	在预算投入上关注制定绩效指标，形成绩效合同	在技术上可以强制变迁，在预算文化等非正式制度上注重长期培养	混同模式，兼而有之	控制投入，重视结果，在支出过程中放权	新绩效预算

资料来源：自制。

二、国防部门治理机制影响预算管理和改革

随着现代公共治理的发展特别是随着"国家预算"向"公共预算"[①] 的整体转变，已经没有纯粹经济意义上的预算管理活动。伴随预算制度改革的深入，制度变迁将由技术路径向注重预算技术和治理过程的双重路径转换。之所以强调国防预算管理的治理属性，是因为与国防预算的本质和职能分不开。如果把预算看作是一个关于产出的函数，那传统的预算模式是主要以投入为自变量的线性方程，资源投入的多少及其组合决定了产出数量。但是随着现代公共部门治理活动的极大丰富和拓展，预算管理已不仅仅是治理活动的实施载体，而且已成为直接影响决策的和管理的制度框架。国防预算活动的决策属性集中体现在要解决的两个难题以及克服的两种约束。

（一）要解决的两个根本难题

国防预算作为公共部门以行政权威汲取和配置公共资源的治理过程，要解决两个根本难题。

从其外部环境来讲，要解决资源汲取和配置的合法性问题。公共预算用强制手段从社会汲取资源，对应地必然要为社会生产所需的公共产品。国防部门是纯粹的公共部门，国防安全是纯粹的公共产品，用以生产国防安全的经济资源无一例外的都来源于公民社会。在这种从社会到国家代议机构再到国防部门的委托代理机制中，国防部门与代议机构、国防部门与公民社会之间建立起某种具有契约特征的关系，并通过治理结构的改善逐步通过制度和

[①] "国家预算"和"公共预算"具有根本区别，"国家预算"泛指政府组织的预算管理，这种预算活动存在于社会发展的各阶段，例如封建统治阶层的预算管理也属于"国家预算"，"公共预算"是公民社会发展到一定阶段的产物，本质上是为全社会共同利益服务的预算。

法律的形式予以确认。在这个过程中，公民社会努力谋求建立起对资源支出的认同机制、控制机制和问责机制，一方面确保预算支出配置过程民主化和科学化，使预算支出符合多数社会成员的利益需求，有效完成自身担负的受托责任，另一方面确保预算支出配置的效率性，使每单位公共资源都最大限度地满足公众安全需求。因此国防部门需要借助于预算制度，在不损害公民社会由市场配置经济资源的活力的情况下，汲取适量资源最大限度地实现公共安全。

从预算内部环境分析，预算管理要确保支出的合意性。预算支出和产出之间并非简单线性关系，除了投入资源的多少能影响产出外，资源在国防部门内部的配置和管理过程也是影响预算结果的关键因素。以前的预算研究多把国防部门内部的预算参与者及其相互关系当作"黑箱"处理，也就是把预算管理简化为资源组合投入后对应产出的行为。实际上我们已经认识到，国防部门内部的预算主体并非具有完全相同的价值追求，另外财务部门、党委和支出部门之间也并非简单的控制与被控制、命令与服从的关系。而是像之前分析所显示的那样，不同的预算主体之间可以形成复杂的讨价还价、妥协、交换等多种关系。围绕预算的决策、分配、支出和监督检查等权力，各预算参与主体形成了错综复杂的交互关系。例如，支出部门一方面既可以追求自由裁量的预算最大化，从而同财务部门形成非合作博弈关系，同时也能意识到基于绩效和结果的责任管理也能使自身免受各种非正式制度困扰，控制交易成本，所以乐意与财务部门合作。各个预算主体如何参与到预算进程中、各自扮演什么角色、各自的预算动机及背后的激励机制等，对预算合意性问题的研究指向的是，国防部门内部各主体如何形成一致规划以落实公共受托责任。

（二）要面对的两种约束

在解决上述难题的过程中，国防预算管理会始终面对两种约束。

第一，资源有限的约束。新世纪以来，我国国防费始终保持较快的增长幅度，但是同时国防部门职能任务也在拓展，资源约束一直是预算管理面临的主要问题。以经济属性的视角观察，应对资源约束问题的主要做法是提高支出效率、减少资源浪费、开源节流，通过成本效益分析（Cost-Benefit Analysis）和边际分析确保总体支出和边际支出的收益最大化。这种经济分析的假设基础为，"如果程序是合理的，那么其结果也是正确的"[101]。所说的结果

"正确"是指在符合既有支出规则条件下取得最大的产出效益。为此，我们的主要方法是探索控制取向的预算模式，包括：细化分项列支的支出计划并在执行过程中严格控制实际支出，确保符合预算安排；确保支出不超过总额安排；查处预算违纪行为等。不过正如希克所言，在实践中即便有良好的预算程序也有可能引致不太满意的结果。控制取向的预算一个潜在问题是不能确保预算的支出结果与国防部门所承担的受托责任相一致。这是支出有效性的关键评判标准。

第二，目标冲突的约束。目标冲突和资源有限是相关联的，资源供给不受限制时自然就不存在目标冲突。国防部门及其内部的支出机构，都是有自身利益追求的主体。如何解决财务部门与支出部门、国防部门与委托部门之间的目标冲突，强调经济属性的控制取向型预算往往无能为力，而强调预算的治理属性则成为研究方向。这一方面除了预算正式制度对各预算主体的职能任务、预算规范和和所掌握的信息进行分析之外，还存在各类预算非正式制度对预算主体的激励、控制和协调机制。另一方面，预算决策需要对各种规划目标进行价值评价和取舍，但这些目标往往缺乏可比性（尤其在行政管理中），所以很难使用以边际效用为标尺的经济分析来排列预算目标的优先性，所以实践中主要依据行政治理的价值，即从行政管理的角度进行判断[102]。

从上述分析可以看出，由于受到解决两个根本问题的驱动和两类约束的限制，预算除了最基本的资源支出管理功能、控制功能外，在现代公共部门治理环境下，还需要兼容民主决策机制、契约制定机制、目标筹划机制以及冲突协调机制的功能。包括国防部门预算在内的现代公共预算，都应当坚持从经济属性和治理属性相互结合的角度考察预算管理。

三、国防预算制度改革离不开治理模式改革

（一）国防预算制度改革需要符合双重属性

预算制度改革的研究视角从经济属性过渡到双重属性，是国防预算制度发展到一定阶段的必然要求。从经济属性理解预算，预算管理改革的任务难度相对较小，属于改革的"浅水区"。但是对于当前国防预算制度改革面临的制度性难题，单纯的经济视角很难再释放更多的制度空间。

第一,在积极响应承担公共部门责任方面,国防部门在整体上仍然缺乏一个在时间跨度上连贯的、整合可用资源与国防建设目标的预算管理计划,对国防部门建设的资源可承受性缺乏评估,因而还没有形成一个明确的、负责的、可稽核的国防建设目标,对预算支出的合法性、合意性问题缺乏正式回应。

第二,预算管理权力失衡。由于没有形成集中统一的管控机制,预算从编制到执行和结算的过程中都可能会有不确定性;缺乏制衡的预算权力催生了预算正式制度之外的大量非正式制度,进一步瓦解了预算的权力框架;权责不对等的情况仍然存在,勉强作为核心预算机构的财务部门就面临权力小而责任重的难题。

第三,预算的权威性和法治性还很不健全。国防预算执行过程中随意调整项目内容和支出数额的情况时有发生;预算支出的刚性原则在实际预算过程中受到多重挑战;核心预算机构在方案决策、开支管理、项目调整、信息公开、监督评价等环节时常面临多重干扰。

(二) 国防预算需要着力统筹决策制定和预算制定过程

国防预算制度变迁过程中面临的这些问题,在表现形式上都可以认为是程序性、技术性的问题,但在本质上则是由于在预算制度改革过程中没有意识到把预算管理和国防部门的治理模式相统一,没有把预算过程融合到决策过程中考察。国防部门的治理结构限定了预算改革的可行制度空间。随着国防预算制度改革不断深化,预算管理与国防部门治理的内在联系也会更加紧密,也就越凸显了从经济属性和治理属性两方面把握预算制度变迁的重要性。威尔达夫斯基认为,预算不可避免地会与行政决策和管理体制相联系,(因此)影响预算最有效的方式是对公共部门的治理机制进行变革;如果不革新治理进程,那预算流程也就不会发生显著变化。从这个意义上讲,在不改变决策过程的情况下对预算机制修修补补并没有实际意义[103]。国防部门启动预算制度改革以来,一直把改革的内容限于资源分配、总额控制、收支管理等技术性、经济性领域,受制于国防部门治理体系和其他制度环境的限制,未能推进到更深层次的对预算权力和预算关系的改革层面上来。这样的预算制度改革当前面临着一些瓶颈,主要表现在由于从源头上缺乏对公共受托责任的负责机制,不论是人大还是国防部门内部的核心预算机构(当前是财务部门),都无法确保国防预算在有效控制、支出效率和预算结果方面取得良好效果。深入推进国防部门预算改革，迫切需要从治理体系的改革入手，清除这一系列制约因素。

回顾国防部门预算制度改革的历程可以发现，预算作为国防部门实现公共受托责任和自身职能任务的制度安排，既包含了在核算方法、评价体系、预算程序等技术方面的改革，也包括在预算理念、预算文化等组织信念方面的更新，还要包括对国防部门治理体系、预算权力框架的解构与重塑。因为涉及经济属性和治理属性两个层面，所以预算制度改革表现出了明显层次性、递进性和复杂性，不可能一开始就在所有领域推开。从2001年以来，国防部门预算制度改革遵循先易后难的方针，从技术性改革入手，加强对支出部门的过程控制、降低预算执行和调整中的不确定性、强化财经纪律，这种控制取向的前期探索为深化预算改革积累了重要经验。下一步，应继续坚持双进程演化路径，一方面深化现有治理框架内的预算改革，另一方面推动治理体系的现代化，为深化预算制度改革拓展空间。

四、处理好国防预算正式制度与非正式制度关系

总结以上对国防预算治理的分析，形成以下几点考虑：

1. 正式制度始终是预算治理中的最重要依据，因为正式制度能提供稳定的预期和明确、可操作的行为规范。正式制度建设代表了国防预算的发展阶段。

2. 正式制度固然重要，但是无法全部取代非正式制度，任何时候正式制度和非正式制度二者都并存。在一些领域不必也不可能全部实现"制度化"，建立健康的非正式制度尤为重要。比如，基层建设需要购买很多东西，但是机关的购买程序相对复杂，加之供货商不是每次都有那么多的货，基层工作不得不未雨绸缪。有任务需要的时候要到外面进行采购。虽然这些物品可以报销，但路上的车费就只能自己掏腰包。时间一长，有的官兵听到外出帮连队买东西，都是能躲则躲[①]。这种情况就是正式制度过多过细，"侵入"非正式制度领域的结果。在理想的情况下二者应当相互支持，而且非正式制度中的预算文化、预算理念等将为国防预算正式制度变迁提供源源不断的原始制度资本。

---

① 见吴迪. 报销，一个不得不说的话题 [N]. 解放军报，2018-8-29（5）.

3. 在自发演进的需求诱致型制度变迁中，非正式制度是正式制度的直接来源，一般会与正式制度相协调。国防预算制度变迁虽然有需求诱致的因素，但也有相当大一部分预算制度是供给主导型变迁的结果，这导致当前国防预算管理中正式制度同非正式制度失衡，体现为本该由正式制度主导的预算活动领域却让位于非正式制度，因而造成了大量预算冲突、预算失范行为。这些问题是本书非正式制度研究的重点。

4. 预算非正式制度问题的原因既有非正式制度没有及时被规范为正式制度，也可能是因为正式制度缺乏规范性或可操性，或者是因为供给主导型的预算变迁过程中正式制度所代表的治理理念超前于作为基础的非正式制度自发演化步幅。

5. 关于协调国防预算正式制度与非正式制度，一方面预算制度建设需进一步强化正式制度的规范性、权威性、完备性及执行力，使正式制度可以调节预算活动就不要由非正式制度来规范；另一方面，在国防预算探索绩效管理的进程中，要发挥正式制度对非正式制度的提升和促进作用，通过落实相关正式制度，带动非正式制度（包括预算理念和预算文化）向前演进。

第二节 对国防预算非正式制度现象的解释

一、国防预算理性主义改革道路的不足

国防预算制度改革历程是一种理性主义目标下的渐进过程。我们需要研究清楚，国防预算过程到底是渐进预算还是理性预算？治理过程和技术过程哪个更多一点？

（一）国防预算改革以技术性为主

我们知道，预算决策模式有理性主义和渐进主义两种，分别具有不同含义。前一种坚持理性人假设和经济效益最大化原则，认为同质的支出部门间在可以技术量化的情况下按理性主义原则竞争。后一种则认为预算是有限理性的，充满了机会主义行为，而且部门间是非同质的，动机不同而且信息不

对称，需要用政治决策而非技术规范理解预算活动。国防预算改革从总体而言还是技术性改革方案为主，受到体制的限制、改革程度的约束以及党委支持力度、自身能力等因素制约，财务部门并没有有效影响其他部门的预算权力和预算关系[104]。

国防部门在预算渐进式的增量改革中，不断积累制度资本，包括三个方面，一是管理技术的进步，精确化、科学化的预算管理必然需要相应的技术作支撑，而财务部门目前仍然十分匮乏；二是预算信息能力的进步，包括必要的历史信息积累，并形成稳定、全面的信息来源途径，辅以必要的信息分析能力；三是制度模块的积累，制度变迁不会突然地、整体性地全部推倒重来，在旧制度体系中必然有先进的、能与新制度对接的制度存量，可以称之为制度模块。制度模块的性质如同积木，可以被从旧制度系统中移植出来用于新的制度体系建设。例如，预算管理绩效评价、预算信息公开机制就是这样能同时被传统预算模式和新绩效预算模式兼容的制度模块。这一过程也是正式制度与非正式制度发生冲突、实现协调的过程。

（二）国防预算理性化过程遇到的问题

如果不从政策层面设计预算制度变迁，技术改革路径很快会遇到治理制度的瓶颈。国防预算理性化的努力与现行治理机制的冲突是预算非正式制度的重要诱因，这种冲突首先体现在国防预算的技术性与政策性冲突。威尔达夫斯基的渐进理论在一定程度上也提示了预算非正式制度产生的诱因。渐进主义回答的是"实然"问题，而理性预算则回答"应然"问题[105]；预算技术过程属于事实判断，解决"是什么"的问题，但对于预算的价值判断不能回答"应该是什么"的问题。公共预算决策在根本上属于治理活动，属于公共治理的核心，它应当遵守利益均衡的管理逻辑。因此，国防预算的理性化努力面临着政策环境的限制，对预算过程中的控制与反控制、博弈与妥协，经济属性并不能给予全面回答。

这种表现就是，即使有制度规定，也会遭遇执行难或变通执行的问题。2015 年，《关于规范完善军队人员有关福利待遇的若干规定》下发部队施行，这是针对全军普遍情况制定的利好政策，但是一些单位因为怕担责、怕"惹来麻烦"，所以简单化搞"一刀切"或者选择性地落实。比如，曾经报道过，边防某连不通班车，官兵因公包车到营部需 150 元钱，单位领导却担心不符合规定不予报销；某哨所山高路远，雇人背送发电机，产生的 80 元运费无法报销，连长只得自掏腰包等现象①。再比如，对于差旅费，根据规定，除了出差途中的伙食补助之外，其他时间的误餐费，要求凭票报销。但是实际情况是，有时候出差在外，就餐要么不能刷公务卡，要么无法取得发票。一方面是财务制度的规定要求，另一方面是现实环境因素的限制，导致报账困难重重。原本好的制度因此"剪不断，理还乱"。

总体而言，国防预算管理的现状是以理性主义为牵引的渐进模式，在改革方向上接纳了理性主义的价值观念，但实践中由于种种限制无不表现出渐进主义的特征。由于国防预算制度改革没有对传统的预算决策模式这一预算核心机制进行优化调整，而是把改革重点放在通过更新技术手段和强化管理力度的方式，寻求解决因预算权配置不当造成的一系列问题，因此我们看到的预算改革主要就是强化财经纪律，增强财务部门的预算权，特别是强化对经费的集中调控能力。

（三）预算理性主义问题的解释

新制度经济学关于制度变迁的分析较偏重于对制度需求的分析。其基本观点如下：在某一制度环境下，如果制度改革的总体收益大于成本，那么改变现有制度就能获得额外的制度收益。因此，生活在这个制度环境中的主体（理性人）在感知到潜在收益时就会主动寻求创设新的制度框架，以响应获利机会；当寻求获利机会的主体力量足够大时，就会淘汰原有的制度模式，从而达成制度变迁。当继续调整现有制度的潜在收益归零时，制度也就达成均衡。简单而言，这种自主制度变迁模式就是新古典价格模式的翻版，只是把自变量和因变量从商品的价格与产量变为制度供求的收益和成本。这里面几个关键假设同新古典经济学的假设一致，例如完全理性、无摩擦、信息完全等。不过，确切地说，需求诱致型因素只是提出了制度变迁的必要要件而非充分条件。

两层原因导致以新古典经济学为基础的理性主义制度分析框架不足以完全解释国防预算制度改革进程。第一，制度主体并非对制度结构有完全的知识或足够的计算能力，也就是不完全理性。在第五、六章已经介绍到，财务部门在实施预算控制时仍然缺少有效的管理手段，对支出的实际需求不清楚，对可用资源掌握不清，因此财务部门一开始就应当被设定是有限理性的。第

---

① 宋朝华，李国涛. 还有几多囧还有哪些盼 [N]. 解放军报，2017-1-25 (5).

二，制度是嵌套运行的，也就是制度要作用于一定的制度体系当中。为什么起初设计很好的制度不能够在实践中很好地实施？为什么一样的制度在另外的环境里会产出迥异的制度绩效？青木昌彦总结认为，制度是一个复合体，即使能从外部引进已被证明为优秀的正式制度，但如果本身环境中的非正式制度因为路径依赖而没有及时调整，那么新引入的正式制度和已存在的非正式制度必然会发生冲突，结果往往是新引入的正式制度不能有效落实[106]，由此引发非正式制度的问题。

二、国防预算供给主导型制度改革的缺陷

2001年以来的国防预算制度改革在启动机制上判断，都属于供给主导型变迁，也就是强制性变迁。因为预算改革从上而下进行，改革方案的确定、实施的步骤、改革的深度广度等都是在中央军委的统一领导下组织实施的。虽然预算改革前肯定会进行关于制度转轨收益成本的分析，但是并非"一个人或一群人基于响应获利机会时自主倡导、组织并实施的"（林毅夫，1989），因此国防预算改革的模式属于供给主导型变迁。

（一）供给主导型制度变迁的一些问题

我们在宏观层次上承认当前国防预算改革主导方向的同时，在微观层次上必须确保引进的改革措施与国防预算原有基本制度的适应性，即正式制度自身要完整，并且与深层次的非正式制度相配套协调。

根据前面分析，已有的国防预算改革措施中，预算管理问责机制仍然是十分薄弱的一环，既没有严密的规定更没有有效的执行措施。如果没有强有力的内、外部问责体系，如对人大①负责的制度，现有管理方式仍旧容易成为预算官僚晋升竞争制度的"俘虏"。国防预算问责机制的弱化导致预算监管问责与行政问责、对上负责相重合，对这点第四章已有分析，这是各类以行政权干扰预算的非正式预算行为的主要诱因。

另外，改革中自下而上的支持还不够。国防预算制度改革还没有形成一种能包容参与式预算改革的框架，不能从下往上地汲取制度变迁的制度素材与支持。实际上，国防部门预算的制度资本积累仍然十分有限，我们推行的

---

① 或者是其他类似的外部控制机构。

理性主义改革措施总是让位于非正式制度就是证明,以至于现实的预算管理还停留在以主观直觉判断和简单归纳分析为特征的表面层次,"拍脑袋"决策的成分多,量化分析少,决策的科学依据不扎实①。治理的现代化也并非要求各类正式制度在技术手段上能够对越来越多的细分领域进行规范,而目前的制度建设还打不到这一要求。一个现实的例子是,某干事负责单位一台节目的导演工作,在彩排关键时期,舞台音响线路烧坏,需要请技术人员进行更换。但是单位离市区很远,维修人员单程过来都需要两个多小时,早已超出免费上门维修距离。由于时间紧迫,只能花钱请人上门服务。最后,虽然维修人员用了两天时间把线路修好了,但是除了开具正规发票的维修费800元以外,零零碎碎花了近500元都是没有发票的,这笔钱也只能经办人员自己垫付了②。对于这类现行规定无法涉及的细分领域,基本上只能靠个人关系、部门之间的默契以及单位领导的担当意识等非正式途径解决了。

(二) 非正式制度对制度移植的制约

制度是可看作能提供稳定预期的博弈规则。现实中有很多理论上设计很好的制度或者在其他地方运行很好的制度,移植过来后的制度绩效却不理想。在国防预算管理的环境下我们也可以问,为什么在理论上零基预算很契合当前预算管理的需要,但是在实际运行过程中却走了样?为什么确立了正式制度,但是在预算分配和执行过程中仍然充满了不确定性?

一个关键原因在于引入制度时没有认识到正式制度和非正式制度的相容性问题。回顾国防预算的制度变迁过程可以发现,处于最活跃领域的技术方法变迁给正式制度体系带来制度变迁的压力,因此正式制度总是滞后于预算技术方法的调整;同时,非正式制度由于内在的传统积淀和更强的路径依赖且不具有突变机制,调整更加滞后于正式制度,只能在长期的渐进调整中逐步完成。但是,非正式制度演进的速度不能过于滞后正式制度框架。当前的问题是,预算理念的调整并不及时。在传统预算看来,预算是公共部门配置资源的一种工具,以公共选择这种非市场方式配置和使用资源。这代表的是

---

① 见雷洪山,陈俊. 军队事业经费支出绩效评价信息系统的构建 [J]. 军队财务,2013 (5): 56. 还有一些研究学者把这种预算决策模式总结为"拍脑袋定事,拍胸脯保证,拍大腿后悔,拍屁股走人",参考张卫东,任振源. 新形势下加强党委管财工作的意见和意见 [J]. 军队财务,2013 (4): 39. 此外还有刘君扬、张海燕 (2012),王大怀、龚贻军 (2011) 等都论述过相关问题。

② 吴迪. 报销,一个不得不说的话题 [N]. 解放军报,2018-8-29 (5).

投入预算的理念,其管理重点是预算资源的投入、分配、使用过程,但缺乏对预算资金使用结果的监管,注重事前管理而非事后结果。随着现代公共预算理论的发展,公共预算已经突破了简单的投入论,而是把重点转向预算投入所带来的结果,既讲求程序正确,也讲求结果正确,这代表了产出预算的理念,而之前的改革虽然突出了预算理性和正式制度建设,但却没有同样关注作为支撑的非正式制度。

三、国防预算权力结构对非正式制度的影响

(一) 国防预算权力结构失衡

综上分析,国防预算权力结构失衡表现在:第一,监督(代议)机构虚置。除了预算编制、执行、决算(监督)的权力外,由于与其他公共部门相比,国防部门没有代议机构(如人大及其委员会)或类似机构(美军的参联会或拨款委员会)的监督制约,因而监督问责的力度较弱,不能形成严格意义上的三角形、稳定的权力结构。第二,还要认真考虑对待预算的修正权。预算修正权针对两个问题,一是预算编制时要针对政策规划、投向投量重点、产出目标综合考虑资源与政策需求,进行再平衡;二是在每个预算年度的中期进行预算调整,要将预算修正权与预算决策权分离开,不能使预算制定和调整的权力在一个部门中不当集中,也不能存在不受审查的无限权力。

根据第四章分析可知,财务部门职能的有限性与财务管理的分工负责制导致支出部门及分管领导可能存在"分大家,保小家"的行为;缺乏必要的制度支撑,导致现有的监督多是定性管理而非定量管理。因此从权力制衡角度看,核心预算机构应当获得对预算草案的单项修正权,对党委的决策权进行补充,而且这种修正权应当可以逐项审议。面对一揽子预算安排方案,避免面对单位预算草案时,要么全部接受要么不得不全盘否决[①]的尴尬境地。而且,这样能将传统的财务部门进行职能上的适当剥离,把预算审核功能让渡给核心预算机构,避免原来的预算编制与预算执行相重合的不合理设置。

另外,国防部门预算权力结构的制定也侧面表明,国防预算改革的阶段性目的还应当是建立一个权责明晰、标准严密、支出规范、约束有力的控制

---

① 当然,这是仅从理论上而言可能会存在的情况。

导向的预算制度体系。基于预算正式制度和非正式制度的相互关系,这个阶段无法逾越,国防预算制度改革不会一蹴而就。我们现在仍需要借助于先进的预算技术,培养和巩固现代预算理念,使各部门以更负责的方式参与预算。

(二) 行政权力与预算权力的冲突

从更广的视域观察预算权力,我们需要考察行政权力和预算权力的关系。预算权和行政权无法也不会完全等同。这两者是否相适应,也是决定预算制度绩效的重要因素。

行政权力可能会对预算权产生混同和扭曲作用。正是由于预算权不明确、约束力差,才会导致财务部门需要依靠党委强化自身的管理权,而支出部门也试图通过借助行政权强化自身预算权。这也是为什么不少研究中都会提及,由于财务部门与支出部门平级,缺乏强制性权威,所以会出现预算软化现象;有的研究将"党委管财"发展到无所不包、事无巨细的地步,以及前面提及的财务部门和支出部门都重视与党委"支持"的问题。这些观点都一定程度反映出对待预算管理,仍然没有摆脱行政权与预算权合一的思维。可以设想,如果只有依靠行政权威才能有效地管控预算拨付与支出,那按照这种逻辑,只有把预算全部工作交给党委才能管好,但这显然是不合实际的。不少财务工作者坦言,面对一些领导以行政权力为支撑,通过"批条子"、打招呼等非正式方式影响预算资金分配和使用的行为,财务部门由于受到自身职能定位的限制,经常无法抗拒那些处于"高层次"非正式预算权力[107]。

本书总结认为,虽然预算权力包含于国防部门的治理体系之中,但行政权应当与预算权适度分离,行政权不应当过度干涉预算权。我们现在出现的一些预算非正式制度和非正式预算行为,究其原因主要是由于行政权力对预算权运行的不当干扰,或是预算权借助行政权为自身"撑腰"才导致的。

第三节 国防预算正式与非正式制度的非均衡分析

理解国防预算中的非正式制度,还要从预算正式制度本身寻找原因,包括预算制度零碎化,如预算权力的零碎化和预算过程的零碎化;正式制度改革不及时,无法适应实际预算管理的需求;正式制度虚置或缺位,没有发挥出应有作用等。

一、非正式制度的特性决定了演化容易滞后

在建立和完善现代公共预算管理体制的过程中，我们本身就处于后发地位，主要通过模仿、引进消化和再创造建立起国防预算制度。虽然国防预算正式制度可以在较短时间内建成，但是非正式制度如预算文化和预算理念等，则需要长时间的逐步演进。公共预算经典原则也是在大宪章运动后经过数百年之久的时间才被广泛认同。因此，正式制度可以跃迁，但非正式制度存在更强的路径依赖性。

我们要着力培养"遵从规则"的预算文化。当前国防预算制度正处于转型期，制度资本的积累还相当有限。如果说预算制度是一幢大厦，制度资本就是构成大厦的建材。制度资本积累是一个历史过程，当然不会朝夕之间完成。就国防预算的正式制度而言，我们在各级还普遍缺乏能够熟练运用绩效评价技术方法的专业人员；就非正式制度而言，预算中还普遍缺乏"遵从规则"文化和"负责"文化。可以预见，完善国防预算制度会是一个长期、动态的过程。同时也需注意，非正式制度的实施成本较低，从节省社会交易成本的角度分析，非正式制度有经济性的比较优势。如果能够确立适应预算管理的非正式制度，将会有效节省预算过程中的交易成本。

制度的主要作用是为不同的主体提供稳定的预期，根据制度修正自身行为能最大限度地减少不确定性。但是现行国防预算管理中，正式制度还不够健全完善，或者是制度供给不及时（例如经费支出标准体系、资源配置标准等迟迟不能完善），或者是正式制度本身设定就并不合理，再加之预算权力碎片化，导致预算非正式制度广泛流传开来。因此，预算过程中充满不确定性，不论是财务部门还是支出部门都需要有一种制度填补正式制度的缺位，尽量减少预算过程中的交易成本和预算执行的风险。

二、治理体系不健全致使正式制度虚置

1. 财务人员权责分配失衡。在现行财务管理体制下，财务工作人员对单位领导有工作上的利益依存关系，其从属地位使得财务人员自身在履行法律法规赋予的监督职能时往往力不从心。这种权力与责任不一致的情况，使得

财务人员面对单位领导的不合规要求时，就会陷于被动地位，甚至不得不违反财务原则[108]。显然，行政管理制度处于强势地位，而财务（预算）管理制度处于从属的地位。一旦行政管理和财务管理之间出现分歧，难免会出现行政意志超越于财务管理纪律之上的现象。

2. 正式制度的实施机制不健全致使预算正式制度虚置。例如行政消耗性经费限额管理的问题，虽然各级一直有控制在10%以内的提法，但是在权威的文件中找不到具体量化依据，甚至哪些应当纳入行政消耗性经费的标准原来都不统一；再比如资产管理，哪一级应该配置什么资产，一直缺乏统一明确的配置标准，导致资产管理很难有良好效果；当前部队营房建设形成规模，但相应的标准迟迟不能配套，造成维修管理的困难。还有就是制度维修落后，对能够量化和标准化的经费应当尽快出台规范标准，比如还没有从事业经费中剥离出行政消耗开支或者明确其比例等[109]。此外，有些制度标准脱离实际，难以满足实际消费需求，导致操作性不强，难以规范经费支出活动。例如，主管部门在2007年、2013年、2017年调整会议费标准规定后，当时规定的一类会议标准仍不能完全满足会议的实际需求，在管理中供管脱节。面对这种情况，财务部门只好对这些违规和超标准消费行为采取默认态度[110]。

三、非正式制度对正式制度具有比较优势

制度的交易成本有设计成本、实施成本和监督成本几类。非正式制度在这三个方面的交易成本一般均要小于正式制度。国防预算正式制度和非正式制度作为规范预算行为的"游戏规则"，显然也存在制度竞争关系。虽然正式制度能提供确定性，但是如果其实施机制的交易成本耗费巨大，不易实施，那就有可能虽然存在正式制度但大家却倾向于遵守非正式制度。

在当前国防预算管理中，我们正处在学习和追赶的阶段，由于正式制度可能不发达、不完善，正式制度的实施机制不完整，大量预算活动无法得到正式制度的规范，只能由非正式制度来调节；或者是缺乏来自第三方的强制性惩罚，不遵守正式制度的成本小于收益。违法成本一部分取决于正式制度的实施机制，而实施机制的强弱又依赖于两方面：实施正式制度的意愿和实施的力量。一旦正式制度的实施机制减弱，人们就会调整自身行为，寻求重新界定预算制度的边界。

四、国防预算正式制度有供给不足的问题

国防预算正式制度还存在空白。正式规则具有层次性,正如奥斯特罗姆把正式制度按由高到低分为三个层次,即《宪法》的制度、集体选择的制度和具体操作的制度(奥斯特罗姆,2012)。同其他公共部门一样,国防部门的科层制也有层次性,对应的各种正式制度规则也呈现出层次性和等级性,高层次的正式制度不仅能约束低层次的正式制度,而且由于摩擦成本的原因其供给顺序也要优先于低层次的制度。顶层的正式制度效力大,统辖的范畴广,但是侧重于原则性和指导性,底层的制度针对于特定的行为范畴,更重视操作性和具体性。完善底层制度体系所需的交易费用要大,因为细化顶层制度为具体可操作的法案需要大量的信息和技术支持。随着认识的深化,只有当交易费用降低到一定程度后,才可能制定出细化、有效的底层制度。

实际的情况更复杂,由于环境(国防部门内部和外部)的不确定性、行为的复杂性,制定更为详细的预算制度的成本可能大大超过制度实施后的预期收益,因而在治理体系内留出了大量的"制度空白"和"产权空白"。这些空白地带必然成为非正式制度成长的土壤[111]。这种非正式制度到底是支持还是抵消正式制度,取决于行为主体的意识形态、职业素养、内部文化等多因素的效力。当职业理念、内部文化落后时,这种约束力就会减弱,各种潜规则就会出现①,非正式预算行为也就容易盛行。

第四节 国防预算制度系统的一般均衡分析

一、国防预算制度系统均衡的含义

(一)国防预算制度系统和国防预算制度子系统

前面已经明确,国防预算制度系统是规范国防预算活动的各类单项制度

---

① 这就是前文提到的非正式制度与潜规则的重合之处。

安排的总和，这些单项制度又可以归结为正式制度和非正式制度两个子系统，制度子系统之间的关系分为独立、耦合和对立三种。

国防预算系统由各单项制度及制度子系统构成，导致国防预算制度系统表现出关联性和层次性[112]。关联性是指正式制度与非正式制度应当协调。仅就当前国防预算实际来看，非正式制度的要求（如财务人员职业道德）需要通过强化正式制度刚性来实现，而正式制度的实施如果没有适应的非正式制度支撑，也会因为实施成本过大而拉低制度绩效（比如被普遍接受的"遵从规则"的预算文化就有助于落实预算法规）。制度的层次性是指非正式制度的产生往往早于正式制度，预算正式制度（即便移植而来）都是在非正式制度基础上产生的。基于这种制度格局，非正式制度构成基础性制度安排，而正式制度则是衍生性制度安排。

（二）国防预算制度系统均衡与非均衡

国防预算制度系统均衡是指一种各预算主体无意也无力改变现有制度存量的状态[113]，也有学者定义这种系统均衡为制度间相互协调适应且满足各主体意愿的状态，即各单制度之间不存在互斥关系，同时制度系统内各主体也无法通过改变现有制度获得潜在收益。

制度系统均衡的一个必要条件是，当前制度安排的社会净收益是所有可能的制度选择中最大的。如果不满足，那么在新的盈利机会下，人们会因为对潜在获利机会的追求，可能会寻求创立新的制度安排。因此，制度系统的非均衡是指虽然有通过改变制度安排获取潜在收益的机会，但是新制度的需求主体还不够强大，不足以克服改革制度的摩擦成本，这种意欲改变但未能形成改变的状态就是制度系统的非均衡。

二、国防预算制度系统正处于非均衡状态

国防预算中大量的非正式制度及其导致的非正式预算可以用预算制度系统非均衡解释。长期以来，国防预算制度改革的重点是正式制度领域，通过学习和引进已有制度成果，我们已经建立了一个较为完善的控制型预算制度框架。虽然国防预算的正式制度子系统可以在较短时间内建成，达成了正式制度的局部均衡，可是非正式制度子系统却并没有同步同向改变，长期以来仍然顽强地发挥作用。非正式制度子系统的发展显然滞后于正式制度子系统

的变革，因而和正式制度子系统形成持续紧张的关系。这种紧张关系表现为预算正式制度的要求超出了非正式制度的发展水平（如绩效预算对契约精神和自觉遵章守纪的普遍意识的要求），而非正式制度由于不能完全适应正式制度的要求，对正式制度形成了修正、替代、补充的作用，无可避免地引致各种非正式预算行为。所以国防预算制度系统至今建立起的只是正式制度的局部均衡，而且由于国防预算正式制度子系统与非正式制度子系统之间并没有直接的传承关系①，这种不一致性很容易导致制度系统的非均衡，诱发各种非预算行为，同时也扰乱了预算正式制度子系统的运行。

三、非正式制度与预算制度系统一般均衡的演进模式分析

基于制度收益成本的角度分析，只要在现有的制度系统之外，还有备选的制度方案能带来更大的社会经济效益（大于零），并且对制度需求的潜在力量足以克服因外部性和"搭便车"导致的交易成本时，追求潜在收益的行为主体就会积极行动推动达成制度变革。考虑到非正式制度的影响，国防预算制度系统在实现一般均衡的过程中一般会遵循以下模式。

（一）国防预算制度改革将会是非一致性变革

国防预算制度系统的改变首先会从作为衍生制度的正式制度领域开始，然后逐步过渡到作为基础性制度的非正式制度领域。正式制度和非正式制度两个子系统一快一慢，这两个子系统之间将呈现出交替演进的模式。正式制度容易习得和改变，而非正式制度植根于制度系统中难以短时间内改变，因而遵循先易后难的步骤，往往是正式制度子系统发生变化后，再返过来带动非正式制度子系统提高，引导非正式制度发展。整个国防预算制度体系将处于从非均衡到均衡、再到非均衡之后再均衡的螺旋上升的循环过程中。

（二）协商性变迁模式有可能促成制度均衡

制度系统创新主体不同，带来了不同的制度创新的模式，主要有两种：基于一致同意的协商性变迁及由特定预算制度主体主导的强制性变迁。

从经济效率考虑，制度变革之所以得以实现，是由处于决定地位的制度

---

① 国防预算制度改革大多是借鉴外部已有制度成果，较少从自身文化和传统基础上发展起来。

供给者考虑到新制度能带来的收益超过了所付出的成本,所以会推动预算制度改革,但是制度改革的净收益和成本会由制度体系内的全体成员承担。正是由于这种不一致性,导致少数人主导的、自上而下的强制性变迁可能并不符合整体社会的利益需求。基于一致同意的协商性变迁属于自下而上的诱致性制度变迁模式,它的好处在于,一是如果是由各个相关主体共同发动,那么制度改革由于能够容纳多数社会成员的需求,因而遇到的摩擦阻力最小,改革容易成功;二是由于制度创新主体的多样化会产生更多的"制度企业家",能允许通过自主性制度创新为制度改革提供多种不同的制度样板,这样制度创新不容易被特定利益主体"俘获"。

国防预算各主体既是预算新制度的需求者,也将是预算制度产品的接受者。国防预算制度改革应坚持开放性的创新模式,提供更多的制度创新平台。

(三) 国防预算系统会逐步从局部均衡向一般均衡演进

国防预算制度系统的特征决定了系统均衡只能由局部均衡向一般均衡逐步演进,国防预算制度系统的整体性变迁很难一步实现。通过变革处于核心地位的单项制度,之后逐步扩展到更新制度子系统,然后逐步积累制度资本,当社会对制度变迁的需求足够大时就会引发制度系统的变化。也就是说,制度均衡将是一部分一部分地逐步实现,制度变革也是一部分一部分地进行[114];单个制度的变更有可能引发连锁反应,最终导致制度系统的整体性变化。国防预算制度从局部均衡向一般均衡的演进过程中,制度资本的积累包括,改变相对价格(例如,随着信息技术的发展,预算过程的信息不对称现象能有效缓解)、技术水平、法律法规等。通过考察渐进性的历史进程也可知,在达成制度系统一般均衡前,先达成的是导致制度局部均衡的制度变迁。诺思(1971)也提出,这种背离、替代或修正现有基础性制度安排的变革会不断释放压力,最后引导基础性制度安排发生全局性变化。

小 结

研究国防预算管理和制度变迁中的非正式制度问题,不仅在于国防预算过程中存在各种非正式制度现象,更因为虽然我们建立了正式制度,但是人们却愿意按非正式制度行事。国防预算所处的"双进程"演进阶段使国防预算在不同方面显示出双重属性：国防预算既有治理属性也有经济属性；改革过程既有渐进主义也有理性主义的一面；既有需求引致的因素也有供给主导的因素。总体来看，当前预算制度的重点是确立严格的控制取向，以系统的标准、全方位的规范、严格的执行为主要特征，目的之一在于树立现代预算管理理念，在各预算主体中确立"遵从型"预算文化。

虽然如此，不可否认的是国防预算制度仍然处在后发追赶的位置，在正式制度建设方面还处于相对落后的阶段。之所以会出现非正式制度盛行的现象，一方面正式制度还不严密，也就是预算"零碎化"严重，预算的约束力、权威性需要进一步提高，制度执行机制不健全，多种因素导致正式制度不能落实，因而让位于非正式制度。另一方面则由于非正式制度的特性所导致，非正式制度演进速度慢，很难强制性地变迁，所以当我们没有确立起与正式制度相适应的预算文化、传统时，正式制度的实施就要受制约。

通过国防预算制度系统的一般均衡分析可知，除了针对性地从预算权力结构、预算关系和制度变迁等方面完善正式制度，提高可执行性外，还要看到，以预算文化为代表的国防预算非正式制度一方面受到自身一贯的传统文化、价值理念的影响，显示出很强的制度惯性，同时新的预算文化和理念也可以从长期的预算管理实践中习得，通过实施预算规范化管理，将新的预算价值理念嫁接到传统文化框架中。长期的预算实践所培养的惯例和规范做法是影响预算非正式制度的重要渠道[115]。对此，下一章会进行专门论述。

第八章　国防预算非正式制度的整体性治理思路

公共行政管理运动极大影响了公共预算发展，整体性政府的理念也融入到现代公共预算管理中①。根据党的十九大提出的建立现代财政制度总体要求，面对国防预算正式制度零碎化、正式制度与非正式制度子系统不均衡、不协调的问题，国防预算制度改革应坚持整体性治理对策，坚持主动变迁和诱致性变迁相结合、技术路径和政策路径相结合，规范正式制度与非正式制度的作用范围、完善制度的实施机制，促进国防预算管理实现从分散迈向集中，从部分迈向整体，从零碎迈向整合，在完善国防预算制度体系的过程中建立起符合现代意义的公共预算管理模式。

第一节　国防预算为何采用整体性治理

一、整体性治理的含义

整体性治理是针对传统科层制和新公共管理的积弊发展而来的新型治理模式。在英国，佩里·希克斯和帕却克·登力维[116]针对新公共管理的问题，率先提出整体性治理概念（Holistic Governance）。整体性治理针对公共部门内

---

① 见第一章第三节的相关分析。

部零碎化的状况，主张实现公共部门内部的整体性管理，使治理从分散转为集中、从部分转向整体、从零碎转为整合①；整体性治理注重结果，注重满足社会公众需求并强调有制衡的分权[117]。

整体性治理脱胎于后新公共管理运动，是整体政府治理理念的关键部分。不过要注意区分一点，虽然国防预算制度表现的问题和新公共管理的一些问题相似，可是导致问题的过程却完全相反，新公共管理强调去官僚化，国防预算真正的问题是尽管有正式的规则和规章，但权力不当使用和制度失范问题仍然存在，预算管理结构仍然处于初步发展阶段[118]。因此，国防预算中缺乏的因素不是正式的规则和规章，而是行为规范的落实，也就是经典的韦伯意义上的官僚制，而不是日常意义上的官僚制。

二、协调国防预算非正式与正式制度的关系

非正式制度的不断演进是建立完善的正式制度的前提，而对应的，这种正式制度是国防预算治理的根本依据。国防预算正式制度的发展水平代表了预算治理水平，包括制度的完备性、适用性、前瞻性等，我们研究非正式制度，就是通过研究非正式制度如何促进或阻碍正式制度产生作用，为何正式制度可能缺位，研究改进正式制度治理的对策。当前我们面临的问题是，一方面国内外的公共预算管理制度发展日新月异，国家治理体系与能力的现代化要求国防治理与时俱进；在国防预算制度领域，我们需要学习和吸收借鉴先进的预算管理制度，因此加快国防预算制度创新是现实需要。另一方面，国防治理体系现代化是一个系统工程，国防预算制度变迁能否得到有效落实，也需要与一系列其他相关领域的制度改革相衔接，同时预算理念、预算准则等预算非正式制度不能与现代预算制度完全吻合，也限制了深化国防预算制度改革的步伐。

所以，国防预算理论中虽然有新公共管理的基础，但是国防预算制度变迁要超越新公共管理，特别超越单纯的理性主义或技术路线；不仅要依靠良好的预算程序，而且要实现正式与非正式制度协同演化。在国防预算整体重塑的政策制度改革中，必须通过整体治理实现国防预算制度的顺利变迁。

---

① 参考了佩里·希克斯关于整体政府的相关论述。

第二节　国防预算整体性治理的要求

一、兼顾当前与长远的需求

当前，国防预算制度改革要应对双重挑战，即在没有形成很好的控制能力和预算合规文化之前，面临着绩效预算的趋势。西方主要国家现代预算制度的确立是新兴的资产阶级通过与封建统治者的长期斗争、妥协过程而演进发展来的，是预算原则、法治条文和预算理念的统一体，这种理念深入人心。国防预算制度需要进一步完善，这种完善之处，既在于成文的预算规则需要跟进，同时，各预算参与者所秉承的预算理念也需要跟进。正式制度能够一夜之间确立，但能否顺利执行、在多大程度上被遵守，在一定程度（甚至很大程度）上要看非正式制度是否与之适应和协调。这是国防预算制度发展在长期过程中要解决好的问题。

作为一项确立了多重政策目标的改革进程，国防预算制度改革需要平衡好长远追求、关键问题和当下任务。基于之前关于非正式制度在国防预算管理过程中的影响，我们认识到走"双进程"演进路径也要主次分明。当前的主要任务，还应当是建立起统一、完整的综合预算体系。解决存在的各种因正式制度不健全导致的非正式制度现象，例如预算外收入游离预算之外，需要纳入统一管理，把全部收入和支出纳入国防预算管理体系。通过逐步积累正式制度资本，最终渐进地取代那些不适当的非正式制度。继续完善以细化预算、分类预算、零基预算、综合预算为主要内容的预算改革，在预算流程层面进一步加强预算控制，确保财务部门能够控制预算的收支管理权，把财务部门打造为核心预算管理机构。

二、兼顾技术属性与治理属性

国防预算制度改革要兼顾预算的技术属性与治理属性。在预算管理从技术属性到治理属性逐步过渡的过程中，有四个方面需要重视。

1. 提升预算信息化技术。通过开发和实施信息化、精确化和智能化的管理技术，促进现有预算制度有效落实；打造基于网络环境的一体化财务信息系统，有些财务制度例如资金集中支付制度，就是随着金融远程支付结算技术的发展才逐步形成的；通过建立可视、可知、可控的信息网络体系，从长远规划、顶层设计入手，综合集成，升级改造信息网络平台；依托"军财工程"二期网络与数据中心的建设成果，将纳入财务集中统管范畴内被统管单位的财务数据信息，集中汇总到财务集中统管中心所在单位的数据中心链条内，消除资源迷雾、需求迷雾、数据匮乏、信息孤岛等老问题；随着"军财工程"二期的稳步推进，将建立覆盖总部到任何一级独立核算单位的全维管理体系，数据的远程传输、集中处理、智能汇总分析及实时监控将成为可能，极大提升财务管理效率；借鉴最新金融网络信息技术，构建军队资金动态监控网络，功能包括资金拨付自动化、经费收支透明化、大额支付智能预警，还能做到违规支出自动处置、资金流量系统分析。

2. 调整国防预算收支科目的分类体系。要继续深化预算收支分类体系改革，建立科学规范的预算支出分类体系，全面、准确地反映部门预算支出内容和资金流向；通过优化预算分类标准，进一步规范预算科目设置，与绩效评价指标体系相对接，为预算绩效管理中的分析、评价、预测提供信息支持。

3. 建立健全项目绩效评价指标体系。对预算任务按经济分类科目体系细化支出内容后，还要对应发展出一整套系统全面、有操作性的绩效评价指标体系。绩效指标要阐释项目决策目标及预算结果的绩效信息，覆盖预算结果的数量、质量、项目实效等信息。数量指标刻画项目结果的数量总额；质量指标用以描述预算达成规划目标的情况，按照准确性、公众满意度、全面性、与规划目标的一致性等四个方面评价；项目实效是项目在预算任务期内的完成情况。通过细分，每一个预算项目都有一套完整的绩效指标来衡量，每一项支出的成果都能得到可靠的评价计量，绩效预算就会有根本的实施依据。这种预算科目和绩效评价相辅相成的体系，有助于从根本上改进传统的概略式财务管理方式。

4. 整合政策与预算分配。随着国防战略目标逐步清晰和转型，国防预算管理的意义早已经突破了经济和财务保障范畴，成为国防部门治理的不可或缺环节。作为具有双重属性的制度改革，国防预算制度创新需要综合考量政策管理中的目标约束、动力机制和供需关系。针对预算正式制度片面性、零碎化的现状，按照现代公共预算管理模式，整合治理层级、拓展治理功能、健全治理部门，完善国防预算制度体系。对财务部门而言，应当着力强化两方面能力，一是辅助决策能力，使财务部门确实成为预算资金的管理者，既是党委首长管财理财的参谋助手，也是整合决策制定与资源配置的具体操作者，从被动保障转变为靠前规划、靠前实施；二是规划设计能力，把任务规划分解为预算目标体系，统筹预算方案制定，实现从资源分配的平台向规划计划的平台转变，跳出预算资源分配中的本位主义，推动经费资源优化配置。

三、兼顾预算改革和治理体系改革的关系

国防预算制度嵌套于国防治理体系中，因此国防预算要与国防部门治理体系相适应，既不应滞后于国防预算治理的发展总态势，也不可能超前太多，否则就会欲速则不达。

预算制度改革同国防治理中其他领域的改革是内在联动的。一方面，预算表面上是经济问题，但更深层次上是政策选择问题，因为财经支出的重点和模式决定了达成政策目标的方式，所以国防预算制度的改革能"重新塑造（公共部门的）治理制度和政治文化"[119]。另一方面，预算改革有赖于国防管理制度全方位改革的实施，预算改革不可能大幅度超越于现行国防治理的发展框架。当前的国防预算改革应当在适当前瞻的基础上遵循切实可行的原则。比如，优化国防预算的权力结构，不论是增设类似核心预算机构的部门，还是强化预算监督问责机制，都不可避免地会触及国防管理中的行政权力。现有的治理体系框架可能会成为预算改革的阻力，但是预算改革追求的制度、理念上的创新，如目标管理、权责对等、结果导向等，也会成为推动国防治理体系上升的动力。

四、兼顾不同预算行为主体的利益

国防预算制度变迁过程不仅仅涉及财务部门，也不局限于党委、支出部门，各类内外部监督主体、社会评价主体等都会涉及其中。所以预算管理制度改革就不仅仅是财务部门的责任，而是涉及国防预算所有相关者的责任。

国防预算制度改革既要坚持技术创新和理念创新的驱动作用，同时也要考虑到预算作为国防部门统筹决策制定与资源配置的核心机制，是技术过程与治理过程的复合体，因此必须考虑到不同预算主体的兼容性。预算管理改

革应当有长远目标,但是当下的改革举措不可能大幅超越于现有治理框架和利益格局。比如说在财务部门的定位问题上,围绕把财务部门建成一个具有权威性的综合性协调管理机构,不同的研究文献提出了不同方案,有的建议把财务部门整个独立出来并赋予更高的行政管理能级,有的建议在不动现有管理体制的情况下把决策职能整合进财务部门,有的则建议把财务部门按照决策职能和管理职能分开的原则分解为两个部门,等等[120]。对于这些改革的建议,既要考虑某一部门的需求,也要考虑到与其职能定位是否相符,与其他部门是否相容等因素。

五、兼顾上下结合的预算制度创新需求

为了更好地实现制度的有效供给,制度改革过程中需要不断地试错。当前国防部门深化预算制度改革,主要遵循从上而下主导的强制性变迁模式。问题是,如果长期仅有一种单向的创新渠道,有可能会限制基层各预算主体的积极性。实际上基层单位是预算理论与实践结合最为紧密的地方,越是处于基层的制度一线实施者对制度潜在收益的感知越灵敏,创设新制度的需求在基层单位内更强烈。因此,应当重视上下结合的预算制度变迁方式,积极鼓励基层单位在规定的范围内进行制度试验和创新。

第三节　整体性治理下的国防预算制度改革

一、国防预算改革的任务与策略

(一) 国防预算制度改革的任务

国防预算制度改革的任务关键有三点:重新诠释并构建起公共责任与预算管理之间的联系平台;对各个预算主体进行合理的职能定位;建成三权适当分离、相互制衡又相互配合的预算权力结构。以财务部门为例,财务部门需要在预算改革中超越传统的投入、控制角色,可以考虑把财务部门承担的

预算编制职能与预算执行的职能分离开来，负责预算编制的是核心预算机构（可以借鉴美国的预算管理办公室的相关经验），整合政策制定过程与预算制定过程，而负责预算执行和监督管理的将是更加专业化、专一化的财务部门。

（二）国防预算制度改革的策略

渐进预算理论虽然能较好地解释当前国防预算演进的现状，但是这种缺乏价值理念、严格的程序标准和可靠的实施机制的预算模式，既不是预算制度改革的最终目标，在当前而言也不是一种令人满意的模式。渐进主义把预算过程简单化、同质化，虽然突出了预算的治理属性，强调从整体上理解预算过程，但是它对如何形成一份全面的、融合政策过程与预算过程的预算方案无能无力。同时，渐进主义过于强调不同预算主体之间的竞争、妥协等博弈策略，不但使公共部门难以形成一致的目标，实际上也会阻碍提升预算绩效。

所以，要坚持"零敲碎打"的具体实施策略，调和渐进主义和理性主义两种预算改革模式，在渐进预算中巩固理性主义思维。国防预算制度改革应从建立和完善一个个技术层面入手，进一步推进细化预算、综合预算、责任预算，通过推行预算公开化、责任化、透明化，使预算管理不断向现代公共预算制度的模式靠拢。继而，随着技术改革路径的深入推进和制度资本的积累，预算改革将实现从量变到质变的跃迁，并引致治理层面的改革。

二、整体性治理下的国防预算非正式制度演进

国防预算改革从控制投入转向重视产出，从支出的合规性管理转向绩效管理，坚持的是一种增量式、不可逆的进程。在国防预算制度改革的过程中，如何理解广泛存在预算非正式制度以及对预算制度改革的影响，我们需要以更全面的视角来考察。

1. 国防预算制度变迁并非完全是根据自身的制度积累循序渐进地演化，也有的是通过积极主动学习、引进外部先进制度，形成了自主演化和引进"移植"并存的发展局面。自主演进过程中形成的制度传统与引进的制度也有一个相互调整适应的过程。在这个实现"本土化"过程中，解决正式制度和非正式不协调的问题显得尤为必要。

2. 在预算管理制度和机制创新的领域，我们作为后发者始终处于追赶前

沿的位置。在学习和引进的过程中，我们认识到预算制度发展有较明显的阶段性甚至"跳跃性"特征，导致国防预算管理制度的各系统制度之间演进有先后次序，因而子系统之间发展不均衡就形成了制度"代差"。研究非正式制度也是研究制度的耦合性问题。

3. 在国防部门改革的大背景下考虑，各项制度变迁的不均衡也对预算制度改革有影响。前面已经分析到，预算制度融合了技术性和政策性，因而涉及面十分广阔，因此受制度变迁不均衡的影响也就更明显。预算制度改革要更多地放在国防部门制度变迁的大环境中考虑，不可能太多地超越国防预算制度框架。

4. 国防部门预算制度变迁是一个长期的、"双线作战"的艰巨任务。我们还没有完全完成从"前预算时代"到"预算时代"的转型，还没有完成向控制有力、严格规范的投入型预算体系转型，预算改革趋势已经开始向强调结果有效性的绩效管理模式转型了。在这方面，我们的制度资本积累显得还很薄弱，而且在这个过程中国防预算正式、非正式制度之间的冲突甚至会不时激化。但是，制度发展特别是非正式制度的发展有不可跨越的特殊阶段，我们要坚持循序渐进的稳妥路径。

第四节　国防预算日常管理的整体性治理模式

整体性治理模式能够包含多重属性，涵盖所有相关预算主体和预算流程，连接项目任务和经费预算，在年度预算到跨年预算的范畴内实施管理。当前，国防部门预算正处在转型期内，实施预算管理应当更加注重以整体模式审视预算管理。

一、静态视角下的国防预算整体性治理模式

单就年度预算而言，可以把这种整体预算模式划分为四个阶段，即规划决策、项目制定、实施管理和监督反馈，构建起类似于戴明循环的一个闭环管理过程。四个阶段分别有不同的主责部门，根据管理的性质按照不同的学科属性实施管理，四个阶段的预算治理分别对应的是预算的行政属性、经济

属性、管理属性和法律属性[121]。具体内容如图8-1所示。

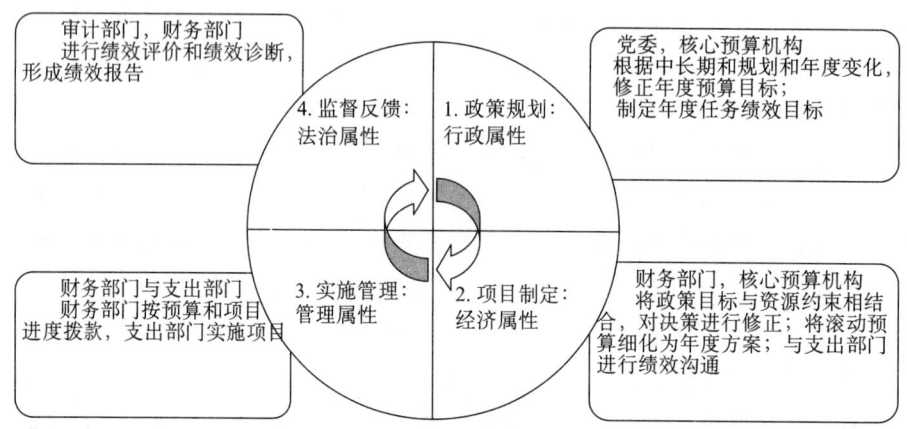

图8-1 国防预算的闭环管理过程

根据图8-1，国防预算在闭环管理的每个阶段都有不同侧重和不同任务。

1. 在年度预算的起始阶段，即政策规划阶段，主要由单位和核心预算机构根据中长期规划、年度变化和绩效评价结果反馈情况，统筹规划年度事业任务，确定计划目标。目标具有统揽全局的性质，因此这一阶段的治理属性以行政属性为主。

2. 第二个阶段是项目制定，主要由核心预算机构根据党委会议通过的单位年度任务目标和资源约束，把年度预算目标转化为可实施的预算方案，实现决策和预算的匹配。对于资源约束无法实施的项目，核心预算机构应当提出自己的修正意见，将预算过程返回第一个阶段重新开始。这一过程要确保"要得科学、给得合理"，需要以经济效率为评判标准，在不同的选择方案之间比较之后确定效益最高的预算方案，因此本阶段主要遵循经济属性。

3. 在管理实施阶段，由专业化的财务部门和支出部门公共管理负责预算方案的执行，并以财务部门为主。财务部门依据年度预算方案和项目实施进度负责经费供应保障，并监督支出部门的预算执行情况，对无预算、超预算以及自行更改预算计划的支出不予拨款，做到一切经费支出都符合预算方案。这一阶段是落实预算合规性、严格性、公开性原则的关键阶段，因此以管理属性为主。

4. 预算闭环管理的最后一个环节是监督反馈阶段，主要通过实施严格的监督检查，形成预算管理的绩效评估报告，落实预算责任，因此体现了预算管理的法治属性。在这一阶段要全面落实预算就要尊重预算的法治精神。这里讲的法治要高于、严于当下意义的"依法理财",基本含义如下:不存在不用负责任的权力,行使预算权力的背后都要担当对应的预算责任;即便是行政权力也不能随便干预具有法律效力的预算;预算权力要相互制衡,预算绩效评价应当具有权威性,惩罚措施要有强制性、监督检查要有独立性和权威性。

二、动态视角下的国防预算整体性治理模式

动态视角包括两层含义,第一层含义是把预算管理从年度视角拓展到跨年度视角,观察预算在时间维度上的连续和变化;第二层含义是指预算管理过程中重视不同管理科层之间的互动和影响。

(一)跨年度的动态视角

从跨年度的动态视角来看,预算管理在时间上有继起性,在程序上有连续性。时间上的继起性是指监督反馈阶段是上一个预算周期的结束,但是并不意味着预算管理的结束,实际上监督反馈应当与下一个预算周期的政策规划具有直接的传承关系。一方面下一周期的预算管理应当研究监督反馈形成的预算实施报告中反映的管理漏洞,改进预算管理手段,另一方面通过研判上一周期预算绩效的问题修正年度任务目标,进而持续改进整体资源分配格局。

程序上的连续性是指不同的预算周期之间具有紧密的内在联系,通过过程监督和对结果进行绩效评价,分析预算完成政策规划目标的完成程度,并将绩效信息反馈到下一周期的初始阶段用以持续改进目标管理,因此监督反馈环节是达成国防预算经济价值、管理价值的关键所在。如果监督反馈环节不畅,预算实施的效力必然因此大大折扣。只有紧紧抓住和着力加强监督反馈这一承上启下的预算环节,以严格的绩效评价和严肃的责任追究落实预算法治精神,对扭曲预算正式制度的各种非正式预算行为给予处置,才有可能真正解决预算软约束问题,提升预算执行情况同预算目标追求的契合度。图8-2正是反映了预算在跨年度视角下不断提升和改进的渐进过程。

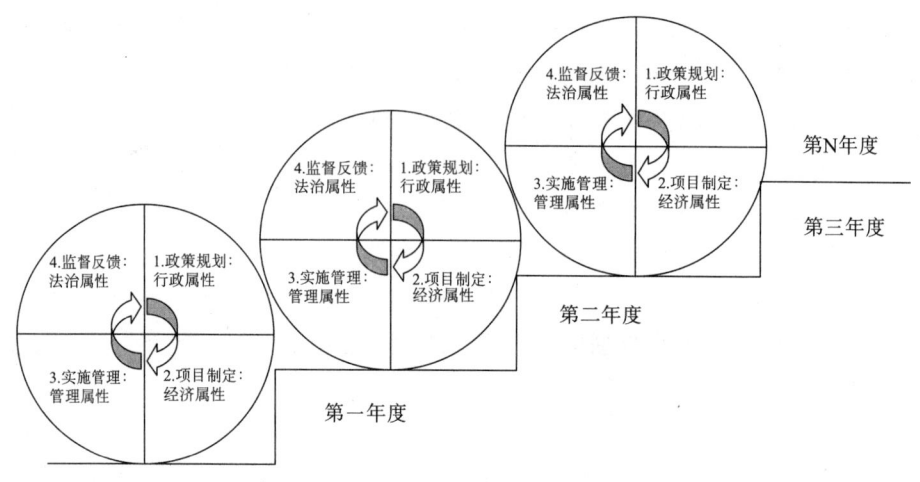

图 8-2 预算管理的跨年度视角

（二）科层间的动态视角

从科层间的动态视角来看，国防预算过程实际上是不同管理科层之间的信息流、资源流实时交换的过程。不同的预算层级之间的职能任务不同，从政策规划、项目制定、实施管理到监督反馈的各个环节中，上下科层之间充满了信息交换、政策磨合、预算修正，是一体联动的整体过程。以图8-3联合演习项目为例分析了不同科层主体在国防预算管理过程中面临的任务与各自行动。例如，在预算实施的监督反馈阶段，在项目的实施层到战略规划层之间既有自上而下的绩效评价也有自下而上的结算报销，既有上一层级对下一层级的控制，也有下一层级对上一层级的影响。图8-3中把国防预算管理在横向上分为战略规划层、组织协调层和项目实施层，在纵向上分为政策规划、项目制定、实施管理和监督反馈四个环节，展示了国防预算系统在纵向、横向之间的有机联系，即科层间的动态视角。

三、国防预算管理中非正式制度的治理思路

国防预算活动表现出一系列问题，在政策规划阶段的政策目标模糊、绩效导向不突出，在项目制定阶段政策和资源配置相分离，在实施管理阶段预算约束性差，在监督检查阶段对违规问题不能有效纠治、改进预算政策建议无法落实等。这些问题都与预算过程之间相互割裂有关。国防预算的整体性

第八章 国防预算非正式制度的整体性治理思路

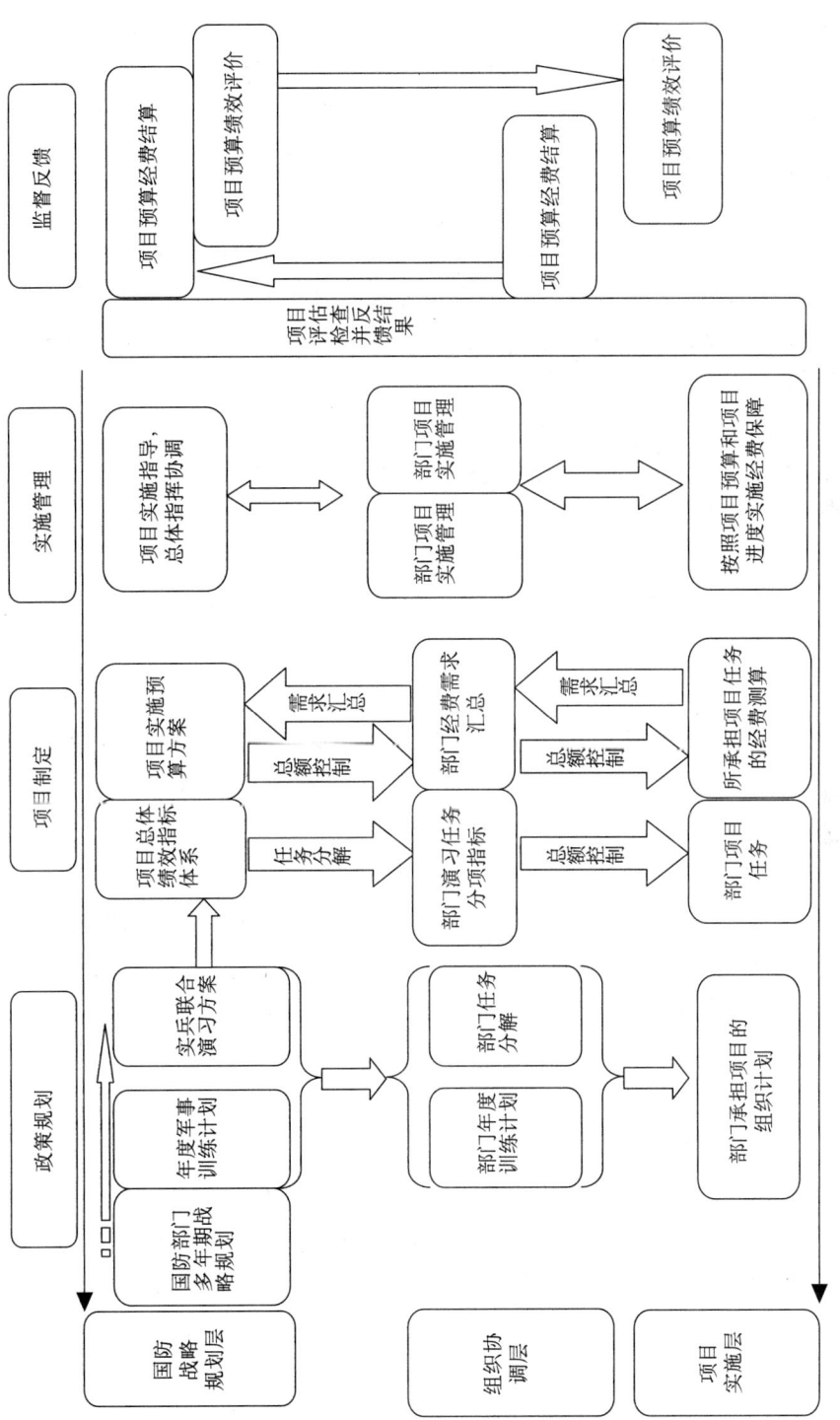

图 8-3 预算管理和科层间的视角

治理就是要兼顾预算活动所具有的不同属性，在预算管理的不同阶段有所侧重，把四个预算阶段链接为一个有机整体。这样做可以针对性地运用不同的预算管理技术和手段，同时明确区分不同预算主体的权力责任，有效缓解预算的零碎化问题，做到预算主体的权责一致、突出绩效导向、持续改进预算管理。

有一个倾向性问题要给予关注。当前国防部门推行的绩效评价还只是绩效管理大系统的一个初始步骤，远远不是绩效管理的全部。最重要的是要能够把绩效评价与预算决策结合起来，使预算责任约束预算行为，整体预算绩效得到持续改进。能否把绩效评价和预算决策首尾连接起来决定了绩效预算制度的效果高低。因此，现阶段我们在注重开发利用绩效评价手段的同时，也应当思考如何从机制上实现让绩效评价结果推动预算绩效改进。

第五节　国防预算改革中的非正式制度治理

希克斯的整体性治理模式理论的重点是，整体性治理作为一种新型公共治理方式，它的对象是在 20 世纪 80—90 年代公共部门因"企业家改革"而导致的零碎化问题；而国防预算整体性治理的对象就是因预算正式制度零碎化而引致的各种非正式预算问题。依据现代公共预算的评判标准，国防预算制度改革的预期目标应当涵盖：一是结果导向和目标的确定性，将资源与政策相结合；二是信息公开，建立起完善的监督和问责机制，预算结果可核查可监督，对结果负责；三是预算权力适当分离、相互制衡又相互配合。

一、整体性治理下国防预算制度改革的思路

比照之前分析，既然在国防预算管理中正式制度和非正式制度不协调，由此引致的交易成本使人们更愿意遵循非正式制度，那制度改革成功的关键也就转移为能否建立起相容性的非正式制度框架，但是我们知道非正式制度的变迁不能简单地诉诸于理想信念教育或道德说教。由于大量非正式制度是因为减少正式制度的交易费用而出现，所以最根本的办法应当是在预算管理中通过技术的、行政的多种治理手段，引起相对价格水平发生实质性变化，

增强正式制度的吸引力，推动非正式制度适应并助力正式制度变迁。

按照国防预算制度系统一般均衡的思路，国防部门预算制度改革不会以一种单向的、直线式的模式进行，在制度改革中肯定充斥着正式的制度规则同非正式制度、传统理念、习惯做法的冲突。解决冲突的思路是，寻求让正式制度不断积累、逐步成长，最终实现对那些不适应的非正式制度的渐进替代；通过设计并严格执行能够有效抑制非正式预算行为的制度机制，让正式制度主导和带动非正式制度的加速变迁。

国防部门预算制度改革实际上代表了一场深刻的治理模式变迁，要改革的不仅是正式制度领域，深层次的非正式制度也需要随之提升，制度只有相互配套才能有效。按照之前分析，基于整体性治理的预算治理架构应包涵三个互为支撑的子系统：一是预算权力配置及运行系统；二是整合了的政策制定及预算制定系统；三是预算监督问责系统。三个子系统相互支撑，共同构建起国防预算制度整体性治理框架。其中，预算权力的优化配置是另外两个子系统运行的前提。只有建立起权责一致、权力制衡、使用规范的预算权力系统，将预算权力有效地纳入到制度规范的管理框架下，另外两个子系统才有可能充分释放制度效力。整合后的政策制定和资源配置系统是预算管理制度改革的关键与核心，也是现代预算管理制度的特征，既是最难的部分也是评价改革成功与否的标准所在，将政策制定和资源分配过程整合后的预算模式将有助于塑造各预算参与者的现代预算管理理念。预算管理问责系统是保证正式制度得到有效落实的制度设计，长期以来国防部门预算管理制度中由于缺少严格问责这一环节，不能形成闭环的管理回路，导致很多制度效果打折扣或流于形式，因此亟须补上这一制度短板，让严密的监督和预算追责成为预算行为的有力约束机制。三个子系统相当于针对非正式预算设立了三道过滤系统。

二、基于一般均衡的国防预算制度改革路径分析

根据诺斯的分析，非正式制度的变革主要是决策主体的观念转变并观察到了制度变化可能带来的福利改进，这种变革相对缓慢，有冒险精神的政治家是推动这种变革的重要主体[①]。根据国防预算制度改革的"双进程"演进路径，预算正式制度和非正式制度之间应当达成一种理想的均衡状态，有以

---

① 参考秦勇. 诺斯求解：如何抑制国家转型中的暴力 [N]. 经济观察报，2018–9–24（30）.

下标准：正式制度和非正式制度子系统之间实现均衡，二者相互支撑，而非相互竞争或相互替代；供给主导型的国防预算制度创新速度与对制度创新的需求之间形成均衡；预算各参与者之间达成利益的动态均衡，并且这种均衡与社会整体利益也处于均衡状态。

（一）一种可行路径的推断

国防预算制度改革应当遵循三层准则：需要响应预算管理科学化的要求，积极探索研究新的管理技术和管理模式；需要结合国防部门治理体系的现状，并着眼未来治理体系的发展趋势，为预算制度的深入发展做好规划；需要重视不同预算主体之间的相互关系，满足其各自的激励约束条件。由于预算制度改革具有层次性，因此对国防预算制度改革是否达成理想目标的判断标准也具有阶段性。

当前阶段的目标是，建立起完善的支出控制和监督核算体系，增强核心预算机构对支出总额、支出项目的控制能力；建立精细、科学、严密的管理制度依据；在支出部门中大力培养建立起基于"遵从规则"的预算文化。

在第二阶段，优化预算权责配置，实现权责对等、权力相互制约、权力流程完整；完善对不同预算主体的激励约束机制，建立起协调一致的预算目标；同时以预算制度改革为切入点，通过探索建立能够整合决策制定和资源配置的预算模式，增强预算的有效性，引领国防部门治理体系改革的深入发展。

在预算改革的第三阶段，以绩效管理为主要目标，增强国防部门预算支出的规划性、目标性，使国防预算支出的结果与外部代议（控制）机构和社会的追求相一致，有效提高国防部门承担公共受托责任的能力，持续提升国防预算的合法性、经济性和有效性。

因此，本书基于之前的分析认为，国防预算制度如何由前预算时代的预算管理体制成功地向现代公共预算以及超预算时代渐进变迁的一个可能路径是，在国防预算制度改革之初，由财务部门推动的供给型制度变迁模式，开启了预算制度改革进程，在这个过程中随着预算权力的明晰、预算权责的明确、对预算信息汲取和分析能力的加强，预算支出控制模式将逐步让位于结果控制模式，支出部门将能够有机会、有动力去感知和把握预算制度非均衡条件下的获利机会，自主进行制度创新，从而不断引领预算管理模式向绩效模式转变。在这个转变过程中，非正式制度与正式制度的摩擦减少，适应现代预算管理的预算理念得到普遍认同,预算制度不均衡的情况得到有效缓解;国防预算正式制度通过经年累月的积累,终将会渐进地替代非正式制度。预算制度变迁的主体也将由财务部门一方主导转变为财务部门和支出部门共同推动,制度变迁模式也会由最初的财务部门供给主导型向不同预算主体的需求引致型转变。

从前预算时代到绩效管理模式,这种预算制度变迁的路径模式符合实践经验,大体上确实要走先集权后放权、先控制后放松的路径。当前的预算管理就是为了将支出部门塑造成合格的"制度企业家",重塑行为模式,最终实现过程可控、共同推动、不可逆转的预算制度变迁。

(二) 实现预算制度系统一般均衡的演进方式分析

统筹协调好非正式制度和正式制度,实现预算制度系统的动态均衡,主要有三种演进方式:

一是将非正式制度涉及的有益经验做法上升为正式制度。也就是在政策制度改革过程中,强化正式制度的有效供给。当前一些很好的制度改革措施没有发挥出应有效力,主要是因为这些制度需要依托于一套与之相适应的制度系统发挥作用。如果原有外部制度系统没有明显改变,那么仅仅是单项改革措施注定无法发挥作用。就像当前如果尚未有效建成规划计划预算联动机制、项目库系统,仅有的绩效评价制度就会成为心照不宣的非正式制度。因此,在改革进入深水区的今天,原有的"单兵突进"式改革已经无法满足需求,必须实施全面、系统式深化改革。

二是继续保留并持续优化非正式制度。对于难以实现制度确定规定或者难以强制执行的非正式制度,需要继续加以倡导和引领。近年来,财务行业领域经受了执纪问责的洗礼,纠治了大量问题积弊,但是也留下了诸多深层思考和建设难题,需要通过发挥非正式制度的积极作用,起到稳住人心、凝聚士气的作用。例如,我们调研发现,通过清查整改,党的十八大之前默认的、通行的违规做法都要求整改,但是这就导致经费经手人成了第一手责任人,实际上当时这些事项都是根据领导意图办的。在一些单位,面对审查审计问责,出现领导不认账、把责任推脱给下面的经办人的现象,导致干部之间、上下级之间不信任甚至起冲突。一些单位则矫枉过正,"为了不惹事,宁可不干事",一些领导对于正常的开支事项也推脱责任,出现不作为、懒作为。总之,在审计审查、财务大清查的"下篇文章"中,如何建章立制、树立好规矩是一回事,如何建立风清气正的关系、修补上下级之间以及同级之间不信任的漏洞成为一件重要而紧迫的事。

三是用正式制度规范持续非正式制度的作用领域。也就是用明规则代替潜规则,用制度规矩而非个人判断约束财经行为。现在财务工作正处于改革转轨、整体重塑的关键时期,重点任务、重要项目、重要工程领域的明规矩已经逐步确立起来,铁丝网也开始"通电",但是威慑力、约束力还没有充分显现,还没有内化于心。在财务制度建设方面还要持续推进,主要是完善经费标准体系、明晰财权事权关系、创新内外监督方式方法等。此外要注意,把握好辩证关系,用正式制度规范非正式制度时,并非要完全消除各级的自由裁量权,因为若完全没有必要非正式制度,那么正式制度规则必然会非常复杂繁琐、不具有执行性。

(三)需要关注的重点

第一,培育制度创新的主体。国防预算制度改革将会继续坚持渐进式、增量式改革,在这过程中制度创新主体发生变化。制度创新主体即"制度企业家",应当由财务部门推动到相关利益主体,并共同推动,为预算制度创新提供更多的共识和依据。在国防预算制度改革的初期,我们采用供给主导型,开启了国防预算制度改革的进程,这在当时的环境下是有必要性的。随着国防预算制度向更高层次跃迁,由于协调成本的增加,财务部门已经不再适合单独担当"制度企业家"。

根据第七章关于协商性变迁模式的分析可知,基于对外部制度利润的收益和成本的比较,会引致各预算主体寻求能使自身收益最大化的制度安排,制度变迁模式将由行政命令强制推进转变为基于谈判、协调,一致推进,这时候财务部门对支出部门无法再进行事无巨细的控制,因为只靠行政权力不能有效地把外部潜在收益内部化。伴随着财务部门控制取向的弱化,如果将来条件成熟时能够引入预算的"剩余索取权",支出部门将有机会自主捕捉制度创新的潜在利润,能够更加激发其寻找制度创新机会的动力。在绩效管理模式中,以自愿性契约为基础的合约机制、以参与式预算为载体的开放平台,能够为各类"制度企业家"评估和捕捉制度收益提供操作依据。

第二,充分挖掘潜在的制度收益。国防预算制度改革不可能超越现行的治理体系框架太多,需要在当前的治理框架内寻求改革的最大公约数,最大限度地挖掘制度潜力;在积极试点前瞻性的预算制度改革方案的同时,也需要考虑当前治理体系的兼容性和国防部门治理体系改革的阶段性。国防预算制度通过渐进改革、持续改革和增量改革，兼顾"双进程"演化的不同需求，有缓有急地推进，将预算改革引入一个递增的、平稳的和不可逆的良性轨道上；以点带面，以健全预算管理体系为重点，使预算经费支出管理建成一套完整的预算报告、审查、听证、审计、评估、监督和问责制度；建立供需结合、上下结合的改革机制，鼓励基层在原则框架内进行制度创新，拓展基层参与预算改革的渠道，通过实践探寻最适合的发展路径，为达成国防预算正式、非正式制度子系统之间的均衡提供指引。

小　结

国防预算活动的治理既需要正式制度也需要非正式制度，但是国防预算发展的主要趋势还是预算活动的更多领域能够由完整、高效的正式制度来规范，同时，正式、非正式制度之间要相互协调。公共行政管理理论为国防预算制度发展提供了理论与实践参照，面对国防预算过程中因预算体制机制"零碎化"导致的非正式制度盛行的问题，作为公共行政管理新阶段的后新公共管理运动，针对性地提出了整体性治理思路。

国防预算的整体性治理需要兼顾预算的不同属性、兼顾不同预算主体的需求、兼顾预算的长远安排等。其目标是，在日常管理中建立起首尾相连、不断提高的闭环管理模式；在预算制度改革过程中，解决冲突的思路是，寻求让正式制度不断积累、逐步成长，最终实现对那些不适应的非正式制度的渐进替代；通过设计并严格执行能够有效抑制各种非正式预算行为的制度机制，让正式制度主导和带动非正式制度变迁，最终国防预算正式、非正式制度子系统之间应促成一种较为理想的均衡状态。

第九章　国防预算非正式制度的整体性治理对策

在国防预算制度的"双进程"演进过程中，着眼实现国防部门财政领域治理体系与治理能力现代化，落实全面依法从严治军要求，当前的主要任务是加快完成向"预算时代"的转变，建立起制度措施严密、行之有效、控制有力的制度体系。改革任务具有牵一发动全身的特点，我们应当继续以渐进的改革方式，通过设立综合性、包容性、激励性强的实施机制，稳妥推进制度变迁。

在由下而上方面，国防部门各级应当在微观管理上继续坚持零敲碎打、小步快跑式的改革，巩固深化财务工作大清查的成果，从近而远、由易而难，继续修补、扎牢扎密制度的笼子，因地制宜地细化财经管理措施，完善经费、资产、采购、核算、评价等方面的管理办法，做好控制取向预算的建设，逐步培养支出部门重视预算法制性、为支出结果负责等现代预算管理必备理念，打牢实施中期预算和绩效管理的制度基础。在从上而下方面，国防部门在预算宏观管理上必须坚持从顶层设计着眼和入手，以确立预算的结果导向和政策属性为优先选项，同时辅之以专家评审协商为主要依据的决策机制和预算综合报告制度，推动国防预算管理从传统的合规要求、支出控制，切实向绩效目标、结果导向的预算转变。国防预算管理部门要以强军目标和"战斗力标准"作为预算制定和实施的总依据，统筹各层次的政策规划制定过程和资源配置使用过程，为预算改革确立正确的依据，指导各级部门不仅要有效率地支出，更要正确地支出。这样预算改革才能"蹄急而步稳"，各项制度改革措施才能相向而行、协力推进。为平稳实现预算从控制导向到结果导向的变迁，本章将从优化预算权力结构配置、整合政策确定与预算制定的机制设计以及预算参与和预算问责几个方面提出建议,以规范非正式制度,提高预算治理绩效。

第一节 以核心预算机构为重点理顺预算权力结构

国防预算权力结构的设置原则是,预算权力都有各自归属且不同部门的职能不能重合,不相容的权力不集中于一个部门,不同部门间权力相互配合嵌套,形成既分离制衡又互补合作的格局。要使决策权、执行权、监督权既相互制约又相互协调,具体到国防预算管理就是以"管支的不管编,管编的不管拨,管拨的不管钱"为标准,完善权在党委、钱在财务、事在部门的分工框架,进一步将预算的决策权、分配权、开支权、决算权、监督权在不同部门之间合理分配,建成预算编制、执行和监督三权既相对制衡又彼此互补依赖的格局[122]。

一、建立核心预算机构

(一)核心预算机构的目的

基于能力的国防和军队建设发展模式,要求国防预算向绩效管理模式转型,就需要更加突出预算的结果导向,需要有专业化和权威性的机构负责整合政策制定过程和预算制定过程。把当前财务部门负责的预算规划和决策功能同管理执行、监督评价这些相冲突的功能相分离,建立起相对独立、有权威性的核心预算机构,在更高层面整合政策决策与资源分配,显著加强对预算源头的控制能力。因此,建立核心预算机构的目的,就是为了整合当前零碎化的预算权,将其他部门实际拥有的预算分配权统筹起来;通过法律的形式明确核心预算机构对预算草案的修正权或调整权,有助于实现预算编制、审批、执行和调整权力的平衡[123]。

(二)核心预算机构的权力

核心预算机构的权力,除了被赋予常规的建议权、咨询权外,为了有效履行整合政策制定与配置资源的职能，还应当被赋予适当限度的政策审查权、预算修正权，这既是确保预算项目方案符合规划目标的需要，也是确保项目方面不突破资源限制的需要；探索预算支出的"听证"制度，作为党委"一支笔"审批制度的必要补充，有必要坚持让握有审批公务消费开支大权的责任者定期履行报告义务，对照检查监督预算和有关标准制度规定落实情况，以书面传阅或会议通报形式公开公务消耗开支，通过把责任落实到具体个人；预算责任者就个人批准经费开支的情况进行答辩，形成对领导者权力的必要监督，防止个人说了算和在花钱上的随意性；在资产管理上负责统筹编制行政资产编配标准；甚至可以设想，在将来建立统一的预算决策机构，把当前相分离的后勤财务和装备财务的预算功能整合起来，建立一个独立且统一的下辖于中央军委的专职规划决策和预算编制机构。这一综合性规划和预算机构主要负责依据国防政策和军队发展规划，制定全军中长期经费滚动保障规划和年度预算，审核事业部门的分项支出草案及项目预算绩效计划。

（三）核心预算机构的形式

统筹政策规划的制定过程和经费资源的配置过程，是核心预算机构的关键。当前，国防部门还缺乏有权威性的综合协调部门和部际协调机制，这成为制约中期管理实施效果的短板。一方面，虽然中央军委在2011年正式成立了专职的战略规划部门（在新一轮国防和军队改革中调整为战略规划办公室），负责统一制定国防建设的中长期规划和项目计划，但是这一部门仍主要负责战略目标、政策规划的制定，而在计划项目与资源方案的对接过程中，同财务（预算）主管部门的对接协调还不够顺畅。另一方面，鉴于传统的财务（预算）管理体制存在职能交叉、效率低下、相互推诿、缺乏制衡等突出问题，需要有一个权威的核心预算管理机构统筹预算工作，通过建立跨部门、跨领域的项目预算分配机制，打破"部门领地"的界限，整合零碎化的预算分配和管理格局，建立起预算编制、执行和监督相对独立又制衡监督的管理体制。这一核心预算机构既是统筹政策制定过程和资源配置过程的关键，也要促进规划计划由"条块"管理向基于能力的跨部门综合管理转变，特别是要在预算筹划和制定阶段发挥主导作用，因而应当具有跨部门、权威性、统筹政策制定和资源分配的特点。

如何设立统管部门，我们可以参考美国国防部经验。美军的预算管理以国防部长办公室为主导，下设高级别的规划与资源委员会，与总统管理和预算办公室（OMB）相对接，统一筹划军队的战略规划、建设计划和资源分配。在我国国防部门中，作为建立预算管理职能相对分离和相互制衡机制的一部分，我们根据预算编制、执行和监督相对分离的要求，可以考虑把现有财务部门内的预算机构和其他担负分项预算编制的预算机构整合并剥离出来，提升其管理权限，明确赋予统筹政策制定与资源配置的相关权力，建立起专业的核心预算机构，负责预算编制。同时，对于原有的财务机构，可以改造成为专职财务部门，将主要负责资金的供应核算（依托各区域的联勤保障中心，通过建立区域性的财务支付结算中心来实现）、预算执行监管和财务大数据信息的收集、整理、分析（绩效评价的基础信息和分析数据将主要来自于此）。在这种架构下，核心预算机构要独立于现行财务部门之外，主要职能是基于"能力"导向，与战略规划部门一同确定政策规划重点，根据财经预测报告调整政策规划的优先性顺序，审定政策规划的建设目标。在制定预算方面，核心预算机构负责审定支出限额和支出重点，专职财务机构则一同参与审查项目安排是否符合规划目标[124]，二者在预算方案审查、项目绩效评价、编制财务综合报告业务中协力发挥作用。

二、规范预算权责分配

党委管财在当前遇到的问题是由于对预算权力的规定不够明晰，没有明确预算权的边界在哪里，导致行政权和预算权混同使用，因而导致各种非正式预算。因此，国防预算中党委的预算权力要进一步细化明确，党委管财也必须在法律法规的框架内实施。党委的预算职责是实施总额控制，确定支出的政策目标，以及宏观调控，对于符合预算程序的项目支出与评价等具体业务，党委应当尊重财务部门、支出部门的正当权利，最大限度地避免以行政命令进行直接干涉。同样的，财务部门和支出部门应当有权从程序性、技术性的角度对党委（分管领导）可能的不当干预行为提出质疑，确保预算合规合法。

党委在预算管财中应当坚持预算法定原则和技术程序上的预算分工制度。为了把党委管财这一制度落实好，需要做出明细化规定。鉴于目前关于党委管财只涉及到原则性要求，导致执行中弹性很大，个人的权力意志常常压制了决策理性，因此下一步需要把党委管财制度从原则化具体为有章可循的执行机制，明确党委管财议财要遵守相关程序和规范，以好的执行机制落实好的制度。

规范党委预算权力将会对各部门特别是党委领导的预算理念产生较大冲击。在预算管理的程序性问题上，各部门之间包括党委应当形成合作关系，预算拟定和预算调整都要按照预定的技术程序实施，不能以权害法、以权代法，有效遏制非预算行为滋生。

三、建立专职财务部门

规划决策和日常管理职能相对分离后，新的财务部门将专职负责预算的日常管理，具体包括修订完善财务管理的标准制度，编审财务收支计划，统一组织部门经费请领拨付，集中处理各类经费的划拨、收缴、领报与结算，组织财经纪律监督检查，综合上报经费收支及预算执行的信息。

治理机构内部制衡机制是预算权力在行政部门内部如何划分的问题。一般可分为部门内部制衡和部门间制衡两种模式，例如，财务部门拥有预算编制和执行的权力，就属于部门内部制衡。如果预算的编制权和执行权由不同部门负责，则属于部门间制衡，一般 OECD 国家都是部门间制衡这种类型，国防部门专职财务机构也应当是这种类型。按照批准的预算计划监督预算实施进程。财务部门将负责管理单位财务预算内和预算外资金账户，审核支出部门提出的公用和专用经费需求，按照年度计划组织预算内、外资金拨款保障和经费报销，编制单位年度决算；同时，明确财务部门对资产的管辖权，主管核实部队存量资产，加强资产产权与价值管理。

作为预算的专职执行机构，要按照全面建设现代后勤部署，推行资金收付与经费预算相分离制度，建立和完善集中统一的军队资金支付体系。财务结算中职能为"集中审核经费开支，办理资金支付，做好经费资金保障，根据经费预算监督事业部门预算执行，履行财务监督职能"。具体而言，建立新型的资金收付管理体系就是，立足预算审核、开支结算与决算审核三类财务活动实施集中统管。一是要集中统管被统管单位的预算审批业务活动，具体由财务集中统管专职机构会同被统管单位党委共同审议批准该单位的预算，并承担预算审批和上报的责任；二是要集中统管被统管单位的经费开支结算活动；三是要集中统管被统管单位的决算审核活动[125]。确立起"财务部门管理为主，支出部门管理为辅"的适度分权、相互配合的预算支出权力框架。根据经费预算与资金收付相分离制度的要求，"以总部和军区两级财务结算中

第九章　国防预算非正式制度的整体性治理对策

心为主干，循序渐进创造条件，构建区域性支付机构"。

建立区域性财务保障中心，需要根据部队性质和区位集中程度，建立起综合性的区域财务保障机构。在当前，可以先着手改造军种级大单位的财务结算中心，拓展其职能，并把原来分散的财务机构整合，由统一的综合性保障机构负责区域内单位的资金供应、经费请领、决算核销、结算报销等日常业务。这个综合性财务保障中心将集中负责本保障区域内不同单位的日常财务供应管理。在将来，按照联合作战行动保障的发展趋势，可以在区域财务保障机构的基础上，将不同军兵种的后勤财务保障机构进一步整合成为地区综合性财务保障中心，并下辖若干财务分支机构，负责本区域内三军财务保障，在管理上则直属总后财务部，使军委财务主管部门成为全军性、实体性财务保障管理机构。按照上述改革思路，新的预算组织框架关系如图 9-1 所示①。

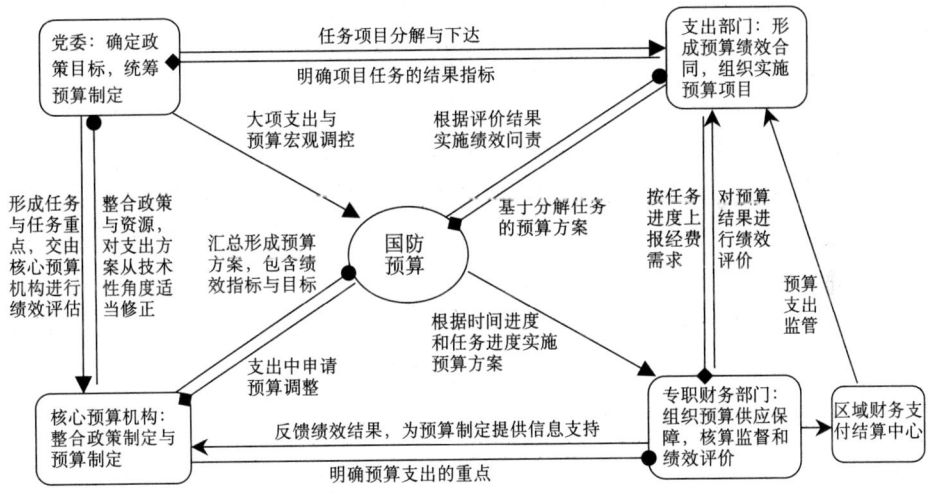

图 9-1　新的预算组织结构及关系

---

① 为了便于区分，分别用圆箭头、小三角箭头和大三角箭头、方箭头表示由核心预算机构、专职财务部门、党委和支出部门主导的预算活动流程。

第二节　以中期预算管理为依托重塑预算管理流程

一、中期预算的基本概念

中期预算管理（Medium Term Budget，MTB）或称中期预算框架（Medium Term Budget Framework，MTBF），是公共部门在中期年度内（一般为3—5年）统筹军事需求、规划计划目标和资金收入情况，统筹政策规划制定过程和资源配置过程的一系列约束性程序，明确在未来3—5年内为了达成目标制定什么政策规划、安排什么支出项目以及资金如何筹划、项目如何管理等相互关联的问题。本书研究的是适用于国防预算的中期管理模式，是指以单位（部门）的总体目标为依据，着眼为期3—5年的预算实施周期进行政策筹划和收支预测，统筹政策规划、军事需求和财力资源可能，在年度预算基础上分别编制具有约束性和指导性的"基期＋中长期"跨年度综合预算方案，通过滚动递推的管理机制实现军事需求、政策目标、财力资源可能和项目实施方式的衔接统一。

因此，所谓国防部门中期预算管理并不是年度预算的简单延长，也不是指某一种单独的预算模式，而是以实现强军目标为牵引，通过建立宏观的规划计划体系、明确经济资源收支限额、整合政策规划的制定实施过程和经济资源的配置使用过程，并采取总额控制、目标管理、跨年平衡、绩效评价等方法，以实现财政纪律、支出效率、绩效目标等多重追求的现代预算管理模式。可以说，军队中期预算是现代公共预算理念（比如目标导向）、方法（比如绩效管理和综合评价指标体系）、管理流程（比如跨年度综合平衡）和制度框架（比如政策性的核心预算机构）的整合与集中体现。

二、中期预算的积极作用

中期预算管理改革，我们不仅要看到其与年度预算、部门预算、零基预算和绩效管理密不可分的内在联系，也要紧紧把握公共财政改革、国防和军队改革这个大趋势。探索中期预算管理改革,要以新时代强军目标为统领,以国防部门建设发展规划为根本依据,以财务管理的政策制度改革总体框架为规范,借鉴财政部关于实施中央部门滚动预算管理改革要求,按照综合考虑、整体规划、立足当前、着眼长远、突出重点、兼顾一般、协调推进、完善机制的思路,立足财力可能,区分轻重缓急,突出保障重点,合理安排投向,优化支出结构,逐步建立起需求牵引规划、规划计划主导资源配置的机制,为军队建设发展和履行职责使命提供有力有效的财力支撑和治理服务。

具体而言,中期预算是一个将政策、目标和支出结合起来的有效工具,对提高预算管理整体绩效有积极作用,主要包括:能够明确支出的总成本,不仅测算当下预算年度的成本,同时关注长期内的总成本,从而进行更准确的成本收益分析;有助于预测和调控财务波动,强化收支风险管控;把预算项目放在三年或更长的预算周期内综合考察,能够抑制各种短视行为的"逆向选择"风险;中期预算框架能巩固对年度项目支出的管控,确保支出重点不偏移,从而强化财经法规建设。

特别是,当前许多决策或支出目标可能潜在地蕴涵着在以后年度致使开支或损失激增的财务风险,如果仅凭单个年度预算框架,由于这些开支无法体现在年度预算方案中,那么管理者容易对这些可能导致高价损失的内在风险视而不见。相形而言,中期预算的一项比较优势就是能引导管理者去关注当下决策在长期的稳定性,使人们在早期阶段就能鉴别不利的支出趋势,从而及早停止或削减这些支出或转投他向。

三、中期预算的制度内容

从预算制度运行的外部环境看,国家财政的波动会对各级财务保障产生直接影响;从内部因素看,政策变动和项目实施的总成本是约束预算制定与执行的关键因素。中期预算要通过综合分析经费的可得性和项目的可持续性,提高预算项目的可预测性和可控性,在总量约束和项目预算限额内有效配置资源,克服短期行为。

一是通过实施宏观财经预测明确未来收入情况。宏观财经预测方案是对国防部门所面临的中长期财经政策目标的说明,主要是确定中长期内(5—10年)预算支出的倾向性政策、收入来源、保障重点等。编制宏观财经预测方案是预算中期管理的起点。由于国防部门是一种不从事直接生产而是生产

"保卫"的特殊组织形态,因此受到外部经济波动的影响会比较直观。依据总的政策规划目标、宏观财政形势展望、潜在风险因素(如连续支出项目的引致成本)以及对公共部门在5—10年内财政收入的可持续性预测,建立分析框架,按照预算功能和大项经济类别(包括生活费、购买服务、工程投资、武器装备、对下转移支付、利息收入等)形成综合预测方案,主要工作包括:第一,在现有五年财务保障计划基础上不断细化,使其在总量上和重点项目上都具有较强的指导性和约束力,减少预算安排受随机行为的干扰。第二,在经费保障计划和国防部门发展规划之间建立必要的联系。鉴于当前政策制定过程和资源配置过程之间缺乏联结机制,项目出台并不主要考虑财力承受能力,而制定财力保障计划时由于受"条块"架构所限制,也不能与规划计划很好地匹配,我们在宏观预测阶段就要考虑政策规划和经费配置的匹配问题。第三,在年度预算和中长期规划之间搭建滚动衔接的桥梁,为编制滚动预算做好信息和技术方面的支持。

二是健全承上启下的滚动预算机制。中期财政规划的主要作用是确定未来各年度的预算限额,并以年度预算限额作为预算编制的重要依据。但是中期财政规划(5年期的保障计划)无法自动地把任务落实到年度预算中,在中间必要以滚动预算(一般3年期)为依托来承上启下,把中长期财力资源约束、项目规划重点逐步落实到年度预算当中。借鉴中期预算发展的一般经验,在中期财政框架内,主管部门应当根据规划任务和预算限额形成中期财务支出框架(Medium–Term Expenditure Framework,MTEF),用以指导滚动预算编制。这是一组在三年滚动周期内必须严格遵守的规范性文件,是中期预算运行的压仓石。中期财政规划管理中,滚动预算第一年的规划约束直接对应当年预算执行,而后两年规划指引则对应年度预算编制。年度预算执行后,对后两年度规划及时进行细化,并再添加一个年度规划,形成新一轮滚动预算。

三是提早介入政策制定和资源配置的整合。公共财政发展的经验表明,如果缺乏强有力的财经纪律和管控能力,中期管理不但不能控制支出成本,反而会助长支出部门在中长期讨价还价的冲动。以往的国防预算管理虽然有中期政策规划和中期财务保障计划,但是难以对预算编制产生实质影响,就是因为这些计划既没有细化更没有严格的约束力,难以形成有力指导。当前的一项重要工作是,预算主管机构在预算准备阶段就要强力介入,与政策规划部门共同发挥主导作用,把准备阶段的指导性、约束性文件做细做实,并赋予法律强制性严格执行。只有这样，预算中期管理才能建立在牢固的基础之上。为了把中长期政策规划管理、近期项目计划分析和年度预算编制与执行方案等三部分融为一体，从政策规划向计划项目分解的过程中，国防预算管理机构与规划决策部门要共同提出对重要政策和重点项目的审查方案，制定计划决定的备忘录，并向相关部门下发任务计划和预算分配的计划决定备忘录（在预算"一下"阶段），这里面应包含预算年度和未来年度资金及项目计划，同时据此调整未来年度任务计划并完善下一财政周期的预算。

四、实施中期预算的重点

在实施过程中，建议以预算筹划准备等基础工作作为改革着力点。当前，做好预算的基础准备工作具有优先重要性。充分而全面的预算准备和先期审查工作，是中期预算与年度预算在实施策略上的最大区别，是联结政策制定过程和资源配置过程的关键，也是强化资金控制、进行有效的项目审查的直接依据。在预算准备、编制、执行、评价四个阶段，准备工作是决定预算总额控制、配置效率和使用效率能否达成的关键。以往的改革往往把重点放在支出阶段，希望达成合规且高效的目的，但实际结果却不够理想。鉴于此，中期预算改革应当循序渐进，优先强化预算的筹划和准备工作，做好数据统计分析工作，通过建立模型，基于已有数据进行支出预测分析，然后再渐次拓展到绩效评价，而不应当寻求在现阶段就从准备、编制、执行和评价阶段全面地改进预算管控方式。

建议由点到面，从重点项目开始，逐步扩展到全面预算。实施中期预算管理可以先选择那些资金投入大、跨年度的建设性项目进行试点。在筹划准备阶段，由于一开始缺乏预测能力与统筹能力，并且没有足够的统筹政策与资源的权力，难以发展出系统全面的政策文件，改革的重点可以首先放在强化财务部门的中期支出筹划能力方面。在预算准备过程中，对下一年度（CY+1）及以后年度的支出安排进行预测，提早筹划，并反过来对项目安排规划进行约束，以此增强预算在政策规划制定和资源配置之间的紧密联系。另外，改革之初，也不必针对所有部门实施全面的部门项目规划管理。为了更好地促进中期预算管理落地生根，同时也是为了降低实施难度，应当抓大放小，推出针对若干个具有资金二次分配权的准预算部门（比如军事设施建设部门）的"部门支出项目规划"，探索在总体目标、政策规划和部门项目之间建立紧密联系，增强财务部门在项目预算中的主导性。实现预算的全面性还有一点要求，就是清理和取消各种形式的"法定支出"①，任何项目支出在纳入预算之前都要经过经济性、效益性和效果性审查，没有哪个项目出台时可以不考虑资源的保障能力，不应当还存在仅靠政策文件或领导批复就能获取资金安排的项目。

同时，加强项目库管理制度的建设。参考中央财政关于推进预算项目库建设管理的方法，军委财务局和各战区级单位要按照需求牵引、规划主导的基本思路，根据军队建设项目立项审批相关规定，以及规划计划安排和事业任务建设需求，完善项目前期论证、方案编制和审核报批流程。对拟申请纳入预算安排的项目，需要会同军委机关主管部门，组织专家和中介机构对项目必要性、可行性和效益性进行集中评审，做好重大项目投资审核论证。

第三节　以项目预算绩效评价为抓手探索绩效管理

实现以效能为核心的军事管理革命，绩效管理是必然要求和基本路径。美国联邦政府从 2002 年开始，推行基于项目分级工具（Program Assessment Rating Tool，PART）的项目绩效管理办法。PART 的管理思路是，每个预算项目的绩效都应当能够被量化，并且能持续改进。作为一种"打分+诊断"的绩效管理工具，PART 包含了一整套标准化问卷，对所有预算项目进行量化评估。绩效评价的实施主体是 OMB 与公共部门中的项目计划与预算办公室。评价内容包括预算结果的有效性，即完成规划目标的程度，还有预算完成的经济效率。PART 工具评价的结果信息将反馈到预算制定阶段，改进预算决策制定，为改善下一阶段预算绩效提供依据。

一、探索建立项目评价的标准体系

开展项目绩效评价是绩效管理工作的关键。按照"以军事需求牵引各项

---

① 这是根据新修正的《预算法》中提出的有关要求，清理那些支出与财政增长幅度挂钩的项目。

建设，以规划计划主导资源配置"的原则，探索预算项目的评价指标，汇总建立起综合性的项目评价指标体系，不断充实绩效管理的制度基础、技术基础。通过完善绩效评价的指标体系，有助于将不明晰的正式制度规定逐步明确，如果有需要可以创设新的正式制度，从而有效减少非正式制度存在的空间，为预算活动提供稳定预期。

完善项目指标评价体系，首先要做好项目的前期论证工作，对绩效目标要在从上到下逐级分解的过程中不断细化，建立起涵盖不同项目的预算绩效指标体系。具体任务包括：对本单位（部门）职能使命、规划任务、成果目标状态和达成效果进行详细描述，确保规划任务符合职能使命，同时也根据使命任务及时修正完善自身的职能使命；对达成成果目标状态进行详细描述，包括组织流程、技术需求、所需的人力、资金、信息等资源的描述。综合性的预算评价体系需要整合两个体系，即预算绩效指标体系和预算执行体系。根据此设计，图9-2展示了两个体系的任务，以及相互配合、相互作用的过程。

二、以预算项目为单位的问责体制

部门问责是绩效合同有效实施的关键。要把绩效评价的结果落到实处，还需要建立起集中统一、约束力强的财政问责体制，包括水平方向的内部问责和垂直方向的上下级问责，明确绩效问责的途径。

由于一些不可预见因素，预算在执行环节进行适当调整（比如追加预算）在所难免。但是，应当保持预算调整在项目执行中的严肃性和特殊性。按照预算统一性原则，调整行为不应当成为预算执行环节的常态。预算调整的频次过大或过于显著都会损害预算的法律威严，扰乱财经秩序。目前国防部门还没有专门预算法规对允许进行调整或追加预算的标准进行明确，这就在预算调整申请与审批过程中留下了大量可操作性空间。对于这种未定义的制度范畴，各种基于行政管理关系的非正式制度就会出现，显示预算过程的不确定性将增大。除了明确可以调整的标准外，还需根据预算调整的情形，对确认的程序予以规范，包括哪些可以由支出部门自行调整，哪些需要党委批准，核心预算机构是否介入等。因为，这种法律制度的欠缺，不仅鼓励了部门的机会主义行为，而且人为地增大了交易成本，在下一步需要出台详尽的标准进行专门规范。

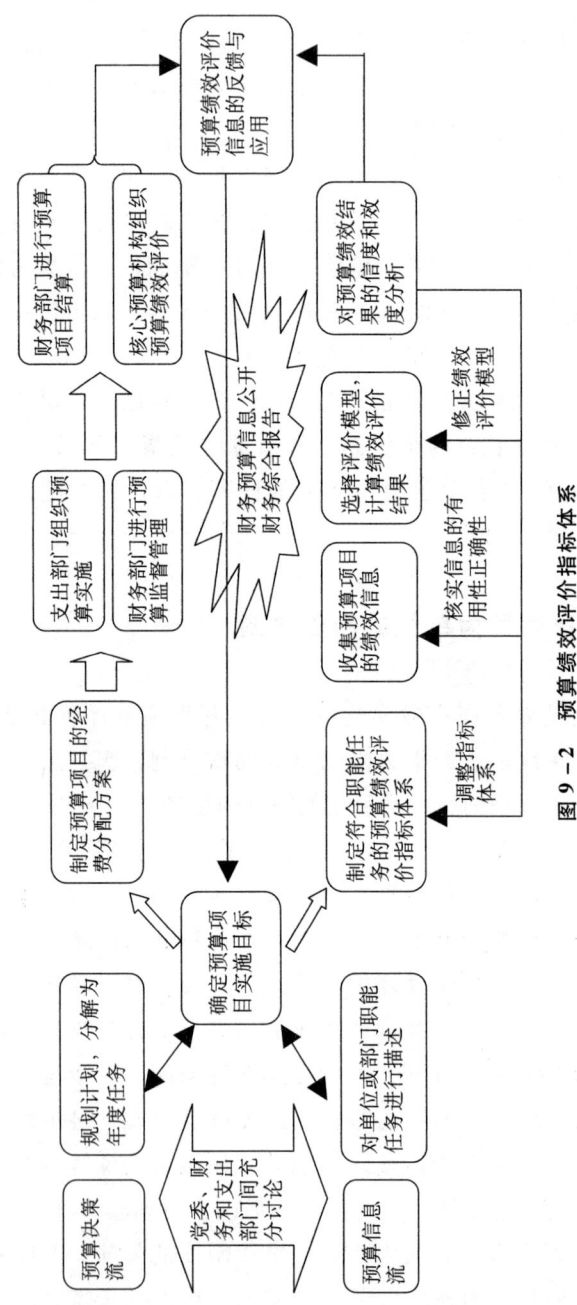

图 9-2 预算绩效评价指标体系

三、预算绩效管理需要制度系统协调发展

绩效管理是应当长期坚持的建设目标,而非可以马上实现的结果。在当前还不具备向结果导向型绩效管理模式全面转轨的条件下,应当实施循序渐进的制度改革,使正式制度和非正式制度协调发展、相向而行。

当前部队预算改革是理性主义指导下的渐进模式,技术取向较为明显,特征是重点关注于预算方法而非治理理念,关注技术而非预算关系。预算表面上是技术性工作,但在深层次上是政策与治理过程。部队绩效预算应具有法治权威、理性精神和契约理念相统一的内核,不过正式的法规制度可以短时间内建成,但是作为非正式制度的预算理念并非一朝一夕确立。以预算法治原则为例,在公共预算中这一理念经历了上百年的积累,特别是经历了新公共管理的催化后才逐步健全。这些非正式制度与作为明文的正式制度规范具有内在一致性,为新绩效预算奠定了坚实基础。部队预算理念的发展还不能适应现代治理的要求,特别是预算法治原则还远未成为一种普遍被遵守的理念。建立这种非正式制度无捷径可走,只能通过逐步推进正式制度不断引导和强化。

在正式制度层面,部队预算绩效管理要不断完善控制取向的管理制度,理顺管理流程,明晰管理责任,强化预算权力相互制衡,并积极地探索绩效管理的试点工作,将探索绩效管理方式和完善现行预算制度结合起来,提高绩效管理的适用性,其中包括三个关键阶段的工作。第一是提升目标管理能力,在资源与政策相结合的前提下制定清晰明确的绩效目标体系,确定预算过程的结果导向;第二是提高信息收集、分析能力开展绩效评价,根据指标体系对产出与结果有效性进行评估;第三是反馈和改进,把绩效结果和资源再分配联系起来,持续改进预算管理绩效。这三阶段体现了绩效管理的经济属性与治理属性的结合,而且作为一个循序渐进的管理过程,每一阶段都要扎实走好而不能跳跃。

第四节 以修正的预算会计制度改进预算信息系统

会计信息系统的质量决定了预算管理特别是绩效管理决策信息的质量，是国防预算制度改革的重要基础制度。基于对理性预算的追求，如何强调预算信息（特别是关于成本、收益的信息）的重要作用都不为过。收付实现制与重视投入、控制支出、追求过程正确的控制取向的预算相适应，是控制型预算的产物。直到 20 世纪 70 年代，OECD 主要国家都普遍使用收付实现制。但是，正是从那一时段起，随着 OECD 国家向绩效管理模式转型，公共预算管理采用权责发生制的会计核算制度成为发展的趋势。

一、权责发生制会计是预算绩效管理的前提

权责发生制不是一项独立的技术，而是国防预算管理改革的基础性制度，甚至在一定程度上与军民融合发展战略有关联。

一是实施绩效管理的前提条件。绩效预算作为一种结果导向的模式，要求以可量化的产出指标与结果指标作为制定预算的依据；支出项目的预算额度要以明确的目标成本为依据；以成本效益原则作为资源配置的依据；同时，按照绩效管理的内在要求，支出部门应当在预算完成阶段编制财务报告，向委托者（如代议机构）和审计机构提供财务和预算执行信息。权责发生制会计有助于准确核算项目的实施成本，将项目成本与收益进行配比，确定项目的实施绩效，同时也是将来随着绩效管理深入推进，实施单位财务管理综合报告的技术前提。

收付实现制会计由于种种不足难以适应绩效管理，例如人们能够提前或推后资金拨付时间，从而有目的地操控预算财年实际支出。反过来，由于收付实现制不支持把资本支出在资产使用年限内逐期摊销，国防部门在某一时段提供公共产品与服务的真实成本难以得到客观、全面的反映。也就是说，虽然收付实现制与控制取向的预算相适应，但是无法正确分配项目的成本费用（例如不能将资本项目在其使用年限内分摊，不能反映资金支出的机会成本）。由于收付实现制无法反映项目建设成本、效益和绩效之间的关系，因而

不能适应结果导向的绩效管理需求。权责发生制能够避免这些问题，全面反映公共部门真正的预算成本情况[129]。OECD国家中实施绩效管理的国家都已经实施完全的或修正的权责发生制。所以，国防部门的绩效管理必须首先改革会计制度，推行权责发生制，为核算成本、评价产出绩效提供更可靠的依据。

二是中长期预算接续管理的必要基础。权责发生制会计能够提供具有可靠性、一致性的财务报告，包括完整的资产负债表、运营表和资金流量表，准确核算资产负债的变动，因而有助于揭示财务管理在长期运行中的潜在风险，反映财经管理的综合情况，因而是预算中长期滚动管理不可获取的支撑性工具。

三是综合预算和复式预算的必然要求。权责发生制会计能够统筹核算单位的资产和资金，把资产管控与预算管理统一起来。单位管理资产时需要将购买或建设固定资产的费用在寿命期限内摊销，分步计提资产折旧。当前国防部门资产管理的一些问题，比如实际固定资产已经淘汰但是账面仍留存，造成虚增固定资产；行政事业固定资产不计提折旧，现有报表无法反映资产净值，都跟没有实施权责发生制管理方法有关。

同时，权责发生制会计也符合深化军民融合的需要。军民融合过程中，如果要从私人部门采购服务或产品、进行项目建设或维修等，国防部门需要建立起具有可比性、一致性、透明性的会计核算口径，准确核算项目成本，最大限度地利用市场力量采购质优价廉的产品。收付实现制无法将项目支出合理分配到产出物品与服务中，因而无法与市场进行比较。所以，党的十八届三中全会提出推动军民融合深度发展，权责发生制将能够发挥更积极的作用。

二、国防预算管理应采用修正的权责发生制

（一）公共部门会计制度改革的经验

当前公共部门采用的会计制度分为四类：完全的收付实现制（Cash Basis Accounting）、修订的收付实现制（Modified Cash Basis Accounting）、修订的权责发生制（Modified Accrual Basis Accounting）以及完全的权责发生制（Accrual Basis Accounting）。按照渐进改革思路，会计制度的发展一般会顺次经历这四个阶段，即收付实现制、修正的收付实现制（总体是收付实现制，对特定业务如债务利息等实行权责发生制）、修正的权责发生制（总体是权责发生制，但不对资产实行资本化与折旧）、完全权责发生制。

虽然会计制度改革是实行真正的绩效管理的前提，但是目前全球仅有 12 个主要国家实施了完全的权责发生制，大多数实行权责发生制的国家都针对自身绩效管理需要实施了部分权责发生制。综合会计发展的实际情况和预算制度变迁的需求，将来国防部门的会计制度适宜采用一种过渡模式的会计制度，即修正的权责发生制。可以预计，即使国防部门在将来采用权责发生制，收付实现制因素也不会彻底消失，而是长期共存。表 9-1 是对四类会计分类的简析[130]。

表 9-1　　　　　　　　公共部门会计模式分类

	制度特征	主要优势	困难或不足	适应的对象或层次	实施的范围
收付实现制	以款项实际收付为标准，会计信息的透明度和负责程度较低	对多数公共部门而言是务实的选择，会计实务的处理相对容易	不能反映公共部门在长期的负债和财务风险，不能及时反映已发生业务，不利于及时披露完整的财务信息	短期、不连续的支出活动	完全的收付实现制仍然有很大的适用性
修正的收付实现制	主体仍是收付实现制，但是在涉及固定资产、投资的活动中加入权责发生制因素	过渡的选择，在保持财政总预算会计制度不变的情况下，引入权责发生制因素	预算整体仍然存在被操纵的风险	更多的公共部门选择将两种会计模式相结合，实现优势互补	公共部门财政总预算会计制度不变，但在下属的事业部门采用体现权责发生制原则的会计制度
修正的权责发生制	权责发生制为主体，保留一定的收付实现制因素	响应外部利益相关者需求，提供较为完备的信息	不同的会计原则、两套报表体系可能导致管理成本增加以及预算信息的混乱（可比性问题）	固定资产和长期负债管理	大多数 OECD 国家或地方政府、部门都采用了某种形式的权责发生制
权责发生制	着眼于实现良好的公共治理，强调对公众负责，履行受托责任；会计信息的透明度增加；反应灵敏	能提供口径统一、完备的财务信息，特别是长期内的公共部门支出成本	完全的权责发生制要求在会计核算、财务报表和预算编制等环节都采用权责发生制	地方政府或部门比中央政府先试点实施	转轨到完全的权责发生制的国家比较少，主要是新公共管理运动的"先锋国家"，比如英国、新西兰

资料来源：姚宝燕. 权责发生制政府会计改革问题研究 [M]. 厦门：厦门大学出版社，2010.

(二) 国防部门应采用修正的权责发生制会计制度

国防部门会计制度改革的总体思路，一是循序渐进，逐次扩展，渐进引入权责发生制；二是先行探索，分步实施。由于权责发生制会计制度是绩效管理的前提而非相反，所以国防部门应当在开展绩效评价试点的同时，着手开展会计权责发生制的可行性研究。

国防预算制度改革是更深层次的国防制度改革的一部分，会计权责发生制也需要适应国防制度改革的需求。在国防部门治理改革的初级阶段，面对的首要问题是确保资金使用合法合规，对应的会计目标应该定位于建立完善的内控制度，因此会计可以采用完全或修正的收付实现制。随着预算治理水平的提升，当绩效管理成为现实需求后，会计确认基础可以相应调整为修正的权责发生制。而当将来国防部门治理发展到一定层次后，会计管理需要全面反映国防部门所承担的公共受托责任，这一目标要求以修正的权责发生制为基础，进一步体现资本性支出得到的实物资产以及折旧、长期债务信息，这时会计就需要实施完全或接近完全意义上的权责发生制。例如，在修正的收付实现制阶段，行政事业部门资产由单位资金购置生成，可以先不进行成本核算，在年度预算中仍然不计提折旧，但是部门要在上报年度预算时做一个详细的固定资本报表，采用虚拟折旧方法体现资产使用情况，加强行政事业资产的管控，这样也能为绩效管理提供有信度和效度的信息。

三、积极稳妥地推进国防部门会计制度改革

国防部门的会计制度改革以公共部门会计制度改革为依据。由于会计权责发生制属于更深层次公共治理模式改革的一部分，所以国防部门是否实行以及在多大程度上实行权责发生制，在较大程度上要以国家预算会计制度改革进程为依归。

不过，在此之前国防部门并非无可作为。虽然采用权责发生制以全面核算项目实施成本、反映单位潜在经济风险方面的实际情况还不成熟，但对于国防预算管理应当以积极稳妥的态度坚持试点，循序渐进地积累经验，而且通过积极宣传更新理念，有助于提高对此的认知。实际上，一些带有权责发生制因素的核算方法已经成为目前国防预算五项改革的配套措施。今后在资产管理中应当进一步探索和拓展资产计提折旧的办法，将资产管理与权责发

生制结合,积累更多经验。

四、健全国防部门的复式预算管理体系

在国家层面,从 20 世纪 90 年代起就已经明确要求各级编制复式预算。当前,国防部门在支出科目分类上虽然有维持性经费、建设性经费等分类,但编制预算并没有完全根据这个分类实施,而且这也不是严格意义上的复式预算。所以,国防部门也应当建立起自身的复式预算体系。这种复式预算体系包括:一是基本预算,用以核算国防部门的基本支出;二是军队国有资本经营预算,用以核算国防部门以国有资产经营者身份管理的资本金以及相应收益;三是国防部门的保障性预算,用以核算各类社会保障资金收入和支出。国防部门的保障性资金涉及住房、失业、医疗等领域。

结合预算绩效管理以及预算会计制度改革的长期发展趋势分析,国防部门最终还应当建立起一个全面、系统的财务报告制度,按照全面性、公开性、可比性的原则形成规范透明的预算信息披露机制,内容涵盖预决算信息、固定资产购置和使用信息、国防部门各类保障基金信息。相对而言,只有权责发生制下会计核算才能确保预算报告信息质量尽可能准确。

第五节 以预算信息公开把预算活动置于监督之下

一、预算公开是国防部门治理的内在要求

财政透明、预算信息公开是当代公共预算的基本涵义。相较于国际货币基金组织对透明度的定义(见《财政透明度良好做法守则》),我国公共部门预算报告中有关信息不全、发布不及时,如预算信息按功能分类还较为粗糙,没有精确为具体支出项目;预算公开范围有限,社会无法有效获取预算信息;没有部门发布中期财务报告,而决算报告涵盖的内容也不完全;对各类准预算行为、可能的财政风险等信息也没有体现在预算文件中。对比而言,客观地讲，虽然财务条例明确按规定实施预算公开符合经济民主要求[①]，但是上述这些问题在国防部门预算信息披露中也普遍存在。

国防部门要推动建立预算公开制度，应当具有更大的改革魄力，因为这既是预算管理的职责要求，也是加强当前财务部门弱化的管控权力的一个重要途径。虽然当前面临不同方面的阻力，但财务（预算）信息公开作为一个大趋势是不会扭转的。而且，建立明确的财务信息公开制度，推行阳光财政，在当前情况下既是对财务部门工作的支持，也是弥补专职监督机构缺位的不足。另外，不仅要在事前披露，对编制详细的预算草案进行公开说明，还要在预算执行后披露所取得实际支出效果，使之成为绩效问责环节的组成机制。

国防部门预算公开应当遵循透明、规范、民主的原则，具体而言，要确保以法治化、民主化、规范化的公共选择机制进行财政资源配置的决策、运行与监督；确保公众的知情权、质询权、建议权、监督权得到落实；确保有效落实公共部门责任，以预算公开为推动实行绩效管理创造条件。

二、以预算公开推进预算管理理念的更新

现代预算制度的实施离不开现代预算理念。为了避免出现"预算制度悖论"[②]，必须更加重视培育现代预算文化，包括绩效预算在内的现代预算制度之所以主要来源于西方国家，一个原因在于监督、公开、权责一致等基本的预算文化天然地嵌套在其组织体系中。现代预算理念和现代预算制度是相互促进的。比如对于绩效管理，如果基于目标导向和对结果负责的绩效文化没有形成，绩效管理制度也难以真正落地，另外，只有不断严格执行绩效管理制度，绩效文化才能逐步深入人心、获得更多支持。

在实际中，除了通过完善正式预算制度，确立绩效管理规则，还应当通过正式制度积极带动绩效管理理念的发展，把绩效管理理念嵌入预算管理过程中。只有在正式制度层面确保预算合规性、在非正式制度层面建立起"遵从规则"的预算文化之后，才有可能把支出的自主权交由各部门，实现结果导向型预算模式的转变。在当前改革试点中，可以从绩效评价指标体系、典

---

① 见《中国人民解放军财务条例》第五十三条，2011年。
② 建立现代预算制度的悖论，指的是一些国家或部门实施绩效管理的项目花了更多钱，结果不但没有提升整体绩效，反而因为流于形式、过于烦琐、难以理解和真正执行等原因，导致更大的不满意。

型项目的绩效评价情况和绩效评价结果的反馈应用情况三个方面入手，在不断强化预算正式制度规则的同时，积极寻求嵌入绩效管理因素，在实际管理中培植和发展绩效理念，为全面推行绩效管理打牢制度基础。

三、国防部门实施预算公开的机制设计

1. 建立财务风险报告制度，把财务风险报表设定为财务报告体系一部分。作为基本要求，全部被鉴别与量化的财务风险都必须以财务风险报表形式进行报告，随预算整体文件上报审批。风险报告要涵盖影响单位收入与支出预估数的各类关键财务风险，不过那些已经被特许批准的预算或预有储备的风险不在此列。风险报表中涉及的风险有积极、消极之分，不过都应尽量进行精确量化，以便评估预算方案的适用性，为可能导致的财务支出结果提供预见性。

2. 以预算民主约束行政权力对预算公开活动的不当干预。在推动预算公开的过程中，循序渐进地完善预算信息申请披露和主动披露机制。第一，逐步扩大预算公开范围，将部门预算活动尽可能地全纳入其中。第二，精准定位预算公开内容，使外部尽可能了解到预算活动全貌。第三，预算功能分类和经济分类两方面相结合公开信息。坚持"公开为通则，保密是例外"的预算信息公开基本准则。在预算信息公开发展的高级阶段，通过专门的法律法规为涉及军事秘密的预算内容列出"负面清单"，清单之外的预算信息从预算编制到执行到产出都要公开，接受全过程监督。还有，要以法制规章来规范预算公开，公开不公开、如何公开都有具体的法律可遵循。

3. 适应预算管理改革需要，建立预算报告体系，全面反映财务状况。把各级每季度、半年和年度进行预算执行情况报告的制度加以规范化，改为正式规范的财务报告制度，制定统一的财务报告体例和标准，既能对下公开信息，为实施财务信息透明度提供根本依据，也便于向上逐级汇总信息，有利于信息收集、分析。在财务报告中，要披露预算的指导原则、财务法规、预算支出目标、政策决策等内容，必须交由核心预算部门汇总后定期公布。

第六节 以参与式预算的试验为制度均衡提供素材

一、参与式预算的理念

预算管理是公共部门治理在财政经济领域的具体形式，公共部门治理的理念也必将反映到预算管理中。参与式预算（Participatory Budgeting，PB）以协商民主理论为基础，是公民社会不断成长的大背景下，政治民主在财政活动中的体现。当代公共治理最核心的理念当属对公众负责的民主理念。实现这一理念的公共治理方式可大致区分为直接民主与间接民主。相应的，反映到公共预算管理中，各种内外部控制机制对预算支出实施的基于结果和责任的管理，体现了预算活动的间接民主。但是预算间接民主也有自身的不足，比如由于委托代理链条过长会导致信息不对称、交易费用激增以及寻租的风险等等，这导致预算方案与公民的真实需求可能并不相符。在这种情况下，从20世纪80年代起，作为补充的公民参与式预算在全球范围内逐步发展和变得普遍起来。

参与式预算的兴起还与预算发展的阶段特征有关。总结国内外公共预算发展的经历，特别是预算制度原本处于后发位置的国家或部门，无不是先从最容易的学习预算技术阶段入手，提高预算的经济效率。但是随着公共预算的深入发展特别是进行绩效预算改革后，预算管理就会面临一个深层次的价值问题，那就是如何更好地对公共负责，也就是预算民主中"为谁预算"的问题，这关系到预算的根本价值取向和预算模式的构建。虽然对"预算民主"的理解各有不同，但是关于"预算民主"的一些原则是被普遍接受的，包括预算的透明度、预算的代表性、预算的参与性、预算的负责程度等。这些理念与绩效管理的深层内核相吻合。

另外还有一个现象，参与式预算最先产生于巴西，并且国内外关于参与式预算研究援引的案例都集中在发展中国家，公共预算建设较为成功的OECD国家中能提供的此方面经验并不鲜明。这些现象也从侧面证实，预算理念的重塑是预算制度变迁的最终目标，处于预算制度变迁后发阶段的管理者应对此有准确认识。

二、参与式预算能为制度均衡提供素材

1. 从国防预算的经济民主原则来看，参与式预算作为一种发展趋势，也与我军经济民主、政治民主原则相契合，而且国防预算领域"为谁预算"的问题随着绩效管理模式的不断推进，需要从预算机制和理念上进行明确回应。参与式预算作为一种相对可控的管理模式，能够促进国防预算的民主、科学、透明，提高对公共目标的负责程度，这也是培植现代预算理念的有益尝试，能够以一种更加积极稳妥、总体可控的方式探索我军的政治民主和经济民主形式。

2. 从国防预算制度改革历程来看，对国防部门而言，国防预算制度改革属于供给主导型变迁，由自上而下的强制性权力主导实施，但是自下而上的非权力决策部门（基层单位和预算主体）通过实践，为改进预算管理的方式方法以及预算制度变迁积累了重要的信息和制度素材。随着国防预算规模的扩大、预算技术的发展、预算活动的拓展等导致相对价格发生变化外，非权力决策部门特别是基层的预算主体将会对制度非均衡的潜在收益更加敏感，因此，权力决策中心在主导制度变迁时需要适当重视和参考这种需求主导的制度变迁力量，并加以因势利导，优化制度创新的方式与方向。

3. 参与式预算能激发不同主体的创新积极性。在第七章分析到，协商性、一致性变迁是实现预算系统一般均衡的有效方式。参与式预算为不同预算主体提供了表达预算制度诉求、进行预算管理试验的平台。在这样一个相对开放的制度环境中，基层的预算主体可以根据实践需求，增加或改进预算管理制度的构件、修正制度模式，积极进行制度创新，为协调非正式、正式制度的关系，优化制度管理不断积累新的制度素材。

三、探索实施参与式预算必要可行

国防部门各级单位特别是基层单位实施参与式预算，能够从机制设计上提高预算法治性，促进供需平衡和权责对等，具有系统联动性，是提升基层经费预算精准度和效费比的重要解决方案。

1. 参与式预算能够提高预算法治性。这是提升经费预算精准度和效费比

的前提。预算作为具有法律效力的支出方案，其法治性的基础在于充分体现经济民主原则。随着国防和军队改革发展的深化，作为军队三大民主原则之一的经济民主，在具体实施机制上应当与时俱进地创新完善。参与式预算着眼保障基层官兵和基层组织在单位预算活动全过程的参与权利、提升参与程度、创新参与方式，能够在预算编制环节充分表达意愿，在执行环节进行信息监督，在评价环节对绩效情况打分，因而参与式预算是实现预算民主法治和基层经济民主的重要途径。

2. 参与式预算促进实现供需动态均衡。这是提升经费预算精准度和效费比的关键环节。在基层单位经费供需结构中，相比于供给侧的不足，需求侧管理的无序使得供需矛盾更加突出。当前基层经费供应标准短期内相对稳定，因此加强需求管理、从需求侧寻求对策就显得尤为重要。基层单位经费预算直接保障战斗力生成，与各级官兵战备、训练、生活息息相关。参与式预算通过实施民主恳谈、项目竞争、广泛监督，能够最大限度地把生成战斗力、保障力的项目选出来，依据战斗力标准组织实施预算，促进预算管理从简单的基数加增长模式向零基预算、绩效管理转变，是一种科学的偏好显示机制和供需管理机制，通过精准筛选有效需求对接有限供给，促进实现经费供需动态均衡。

3. 参与式预算促进权责对等。这是提升经费预算精准度和效费比的保障。参与式预算把基层官兵作为预算活动中一类关键的"委托人"的身份明确出来，在财务部门、事业部门、基层官兵（基层组织）之间建立起稳固的权力制约和协作机制。参与式预算进一步明确了经费管理的权责划分，对于由事业部门主管的各项事业经费预算，明确其绩效责任，在优化资金分配、管好用好经费、实施信息公开、促进经费向战斗力转化方面明确事业部门应当担负主体责任。参与式预算也促进财务部门发挥更加积极有为的监管作用，通过培育以基层官兵为主体的合格的非行政参与主体，履行建议、监督、评价职能，形成内外结合、权责对等、多元分工治理的格局，有效缓解"同级监督软、上级监督远"的难题，提升预算分配与执行的科学性、有效性。

4. 参与式预算有效统筹预算管理全过程。这是提升经费预算整体效能的重要创新。参与式预算具有系统联动性，在"需求——规划——预算——执行——评价"[①]的经费配置使用管理链路的各个环节，都需要吸纳基层官兵和

---

① 见国务院新闻办公室发布的《新时代的中国的国防》，2019年7月24日

基层组织广泛参与。在需求生成、规划项目提报阶段，通过基层广泛参与生成基于有效需求的项目库；在预算编制阶段，通过科学的项目竞争使供给和需求相匹配形成可执行的方案；在预算执行阶段，通过全面及时的信息公开督促预算方案严格落实；在评价阶段，由基层官兵参与预算综合评价，落实绩效责任，促进管理效能提升。参与式预算的管理模式作为一种完整的管理链路，不是"单打一"的单项改革，因而能够提升预算管理的整体效能。

四、国防部门参与式预算的实施形式

着眼提升基层部队经费预算的精准度和效费比，结合参与式预算的一般经验和基层部队经济民主制度基础，本书探索建立符合部队实际需求和改革趋势的参与式预算模式，为预算改革提供试验素材。

（一）基层部队参与式预算的实施内容

参与式预算是一种系统联动的改革方案，制度内容包括以下几个主要方面。

1. 参与式预算的层级。参与式预算主要在旅团级单位机关及所属分队实施。之所以选择在旅团级基层单位探索试点，主要是为了统筹平衡程序民主和制度效率的关系。旅团级单位机关与基层营连分队之间行政链条短，而且一般而言，基层部队各部门掌管的经费主要以标准供应为主，较少涉及项目管理经费，以及家底经费、预算外经费、地方保障性经费。预算科目、预算项目、预算关系比较明了简单，对财经专业素养的要求门槛比较低，能够显著节约信息成本、协商成本和经济成本，使得参与式预算的调查、对话、协商等恳谈方式成为可能。

2. 参与式预算涉及的资金。在实施初期一般选择与基层建设发展直接相关的经费，主要包括：基层掌管经费（如伙食费、公证费、俱乐部活动经费等），这是基层单位的基本经济基础；事业部门主管经费中直接用于基层分队建设发展的经费，以及与基层建设相关的地方保障性经费，这是当前化解苦乐不均矛盾、促进供需动态均衡需要重点关注的部分；此外还有少量的专项经费。随着将来参与式预算的完善推广，预算科目应当是涵盖旅团级部队所有经费收支的全口径预算，特别是参与单位结余结转经费、机动费、家底经费、预算外经费的配置使用，以及单位大项资产处置、大项支出、大宗采购

等领域环节。

3. 参与式预算的主体及权责。在党委、财务部门、事业部门之外，还要着重明确基层分队官兵和基层组织（比如军人委员会）参与预算的权利责任。其中党委发挥理财统管作用；事业部门应当发挥更大作用，承担与其职能相适应的资金合理分配、严格预算开支、财务信息公开、提高项目绩效的责任，特别是在参与式预算中有效回应基层官兵关切，突出其实现经费配置使用绩效目标的主体责任；财务部门在参与式预算中需要发挥主导作用，一方面是服务保障，在推动建立意见征询、预算恳谈、项目竞争机制方面发挥主导作用，为基层官兵参与预算全过程建立起制度化渠道，另一方面是管理监督，推动基层官兵通过财务信息公开督促部门严格落实预算、通过绩效评价促使部门为绩效结果负责；对于基层官兵和基层组织，作为重要一环在参与式预算中被突出出来，重要职能是以"委托人"的身份参与意见征询、预算恳谈，由下而上地汇总上报需求，通过统一的评审机制参与项目申报和竞争，通过财务公开掌握的信息对预算执行情况进行监督反馈。

4. 参与式预算的管理链路。这是包括"需求——规划——预算——执行——评价"的完整战略管理链路。根据"需求牵引规划制定、规划计划主导资源配置"的基本逻辑，在需求汇总阶段，财务部门联合事业部门深入基层分队，通过全面的预算恳谈，调查汇总形成包括机关和各基层分队的汇总任务需求清单；在项目筛选阶段，初步梳理形成符合规划计划和资金约束的有效需求；在资金分配阶段，根据项目成效、实施周期、预算约束等确定中期（3年）内资金分配方案；在开支管理阶段，建立高水平的信息公开和评价监督机制，强化监督的约束力量，使事业部门严格按照预算方案支出；在评价监督环节，重点强化基层官兵的主体地位，参与财务部门组织的事业部门预算绩效评价，促使其落实绩效责任。

（二）基层单位参与式预算的实施机制

根据功能作用不同，实施参与式预算重点要建立完善预算民主恳谈、质询答辩、预算评审、信息公开四个关键环节的实施机制。

一是组织全面的预算民主恳谈。组织预算民主恳谈是参与式预算的基本特色，也是做好预算管理链路其他环节的前提。当前基层单位在年度预算编制之前，财务部门通常会召集各事业部门召开预算编制培训会议，或者到各部门走访，以便掌握年度工作筹划情况，但是这种机关部门内部的沟通很难涵盖基层建设的全部需求。预算民主恳谈是在预算编制方案正式编报之前，由财务部门与事业部门共同组织，在基层营连分队开展实施。其组织方式可以根据各单位实际情况不同，分为直接民主和间接民主两种。除了通过军人大会、进班交流等全员直接访谈沟通形式之外，还有定向邀请、随机抽取、代表库选取、等比推荐等其他间接民主的组织形式。通过机关与基层全面高效的对话沟通，一方面建立起广泛的协商渠道，最大范围地征询基层官兵需求和建议，全面汇总各单位对预算支出的偏好，另一方面也对之前预算执行情况进行监督评价，保障官兵全程参与预算执行情况审查监督的权利。参与式预算通过民主恳谈，建立起真实有效的经济民主协商机制，能够促进实现平等公开、广泛参与、民主协商、形成共识、共担责任的目的，为编好预算和严格执行预算打下制度基础。

二是进行预算初步方案质询和协商。在基层广泛参与、调研座谈、广泛收集意见建议的基础上，对全面民主恳谈阶段形成的需求梳理分析后，进行项目质询协商，根据经济性、有效性标准初步筛选出有效需求，实现需求、规划、预算之间的初步对接。这一过程发生在预算"一上"方案正式形成之前。机关部门与基层单位官兵之间可以通过直接民主或间接民主的方式，比如问卷调查、座谈访谈、预算听证（财务部门、事业部门就经费预算安排进行问答）、公开答复、投票决策等方式，对基层需求有所取舍，上下联动地形成预算的初步审查方案。在预算"一上"之前恳谈的对象也面向全体基层官兵，采用广泛座谈与代表恳谈相结合的方式，广泛收集意见进行取舍平衡。这一阶段恳谈的内容，主要涉及基层官兵的公用经费和部门事业经费的安排，重点听取对这些经费分配管理存在的建议，在符合规划安排和经费标准的前提下，形成涵盖"最大公约数"的预算初步方案。

三是组织预算评审实现预算平衡。这一环节发生在预算"二上"之前，为了兼顾时间效率和程序正义，一般选取有专业背景的基层代表参与。在预算"二上"编制阶段，财务部门要对项目方案进行综合权衡，因为不同基层单位提出的预算需求很可能超过预算总额约束，所以在民主恳谈和初步筛选的基础上，还要建立公平的审查机制、进行项目质询和代表答辩，找准经费分配的平衡点，把规划计划落实到预算方案中。在此过程中，财务部门根据确定的预算总额约束和明确的重点规划任务组织实施，基层分队代表就与其有关的项目参与项目答辩。基层代表对项目筛选、资产处置、资金分配、支出方案等进行答辩和有序竞争，最终确定符合规划计划和资金约束的预算方案。对于各部门事业经费中常态化的保障项目,比如日常训练保障、驻训活动、训练场地建设、表彰奖励、营房维修等,可以在维持项目必要性的同时,每年对项目的开支范围、经费标准、保障对象、管理方法等进行重新审核分析;对于各单位、部门的新增项目,比如演习活动、战备建设、营区配套建设等,结合任务要求和保障基础,全面论证经费预算方案,与其他部门经费项目进行充分权衡比较,确定开支的优先性。

四是实施全程的财务信息公开机制。财务信息公开机制是实施全过程监督、确保预算参与成果落实的基本保障,应当在预算执行和监督评价过程中面向全体官兵实施。党的十九大明确要求,建立全面规范、公开透明的现代财政体制。参与式预算的信息公开应当是在公开内容、公开机制、实施保障、监督问责方面更加全面、更有约束力的公开。信息公开要求实行全面规范、全程公开透明的预算管理制度,所有部门的经费支出和预决算都要及时公开,接受基层单位监督,使部门行为从对上负责转向既对党委负责也对基层负责。财务信息公开要确保重要、完整、真实、及时,要重点改进当前涉密信息的范围过多、密级普遍高定的情况,将大部分预算信息及时向部队官兵公开,主动接受监督。在这其中,党委要担当起推动信息公开、破除部门壁垒、主动接受监督的主体职能责任。参照国家 2014 修正的《预算法》、国务院《关于深化预算管理体制改革的决定》(2014 年)等明确的预算公开内容、时限、范围、标准等,参与式预算要对照建立起高质量的信息公开机制,对预算编制执行情况进行全程监督,防止出现随意突破预算约束、随意开支经费或者随意调整年初预算安排的情况。

小 结

针对非正式预算大量存在的原因,从控制导向到结果导向的国防预算制度改革过程中,国防部门应当继续大力建设严密、科学、有效的正式制度体系。按照年度预算和跨年度预算相结合、近期和远期相结合、技术和政策相结合、预算制定与监督问责相结合、从下而上与从上而下相结合的方法,不断优化预算权力结构配置、整合政策制定与预算制定过程以及建立闭环管理的预算流程。考虑到国防预算所处的"双进程"演化阶段的特殊性,这些改革措施与当前建立一个控制严格、追求合规性的预算模式相适应，同时通过规范预算非正式制度与正式制度的关系，更主要的是为下一阶段向结果导向型的绩效管理模式转变积累制度资本和管理经验。

　　本章所列举的一些建议措施只是基于当前预算管理需要而提出的，随着预算改革的深入推进，国防预算方法、程序和机制有待进一步创新。虽然国防预算制度改革总体上还处在追赶和学习的阶段，预算非正式制度不当存在的形式依然很多，但是只要坚持学习借鉴预算管理的先进经验，适应性地优化预算制度设计，强化预算正式制度的权威性、有效性，相信就能较好地实现非正式制度与正式制度的均衡，国防预算制度改革的进程也会平稳、高效得多。

总结与展望

一、总结

行文至此,本书的主体部分已经结束。本书一直坚持这样的观点,预算管理水平代表了公共部门的整体治理水平。预算的实施过程是公共部门规划决策目标在财政经济领域落实的过程;反过来讲,预算管理系统在程序、理念、方法和实施机制上是否科学高效,也直接决定了公共部门的治理绩效。可以看出,预算在本质上不仅有经济属性也有治理属性。因此,本书研究中提出要运用经济学、财政学、行政学、管理学等多重视角进行综合研究。

国防预算治理的最重要依据是一系列设定严密、有效执行的正式制度,因为正式制度具有强制性、确定性。但是国防预算非正式制度作为正式制度的补充和支持机制,也在国防预算过程中发挥着不可或缺的作用。本书研究的切入点是预算非正式制度,但落脚点是协调国防预算中的非正式制度与正式制度关系,以非正式制度的视角研究国防预算管理和制度改革,研究如何达成预算非正式制度与正式制度的一般均衡。这既有助于完善国防预算研究的理论体系,也是当前预算管理实践的需要。

在文献研究和实地调研过程中作者发现,自 2001 年实施预算编制改革以来,虽然国防预算编制、执行、调整、监督各个环节的程序、方法等都从制度(主要是正式制度)上进行了规范,但是这些制度并未完全落到实处。本书通过对国防预算权力结构、国防预算关系、国防预算绩效管理改革的分析总结认为,当前国防预算处于一种"双进程"演进阶段,大量非正式制度和正式制度的关系不相协调,导致正式制度虚置,或者虽有制度规定但不能发挥应有作用,而这些本该由正式制度规范的国防预算领域,现在由各种预算非正式制度主导。

通过对国防预算中非正式制度的表现形式和作用机理进行现实分析，本书认为非正式制度虽然在特定环节上节约了国防预算的交易费用，但总体上来说，大量本该由正式制度调节的预算活动让位于非正式制度，只会造成预算管理的失范和低效。

当前国防预算正处在从传统预算模式向控制型预算模式转变尚未完成，又面临加强绩效管理、向结果导向型预算模式转型的"双进程"演进阶段，研究如何规范预算非正式制度、解决非正式预算的问题十分重要。本书在分析国防预算系统一般均衡的基础上，提出了预算整体性治理的思路，即要兼顾预算的不同属性，兼顾各种预算主体的需求，兼顾预算变迁的当下需求和长远目标，既要大力完善正式制度，增强正式制度的约束力和有效性，同时也从预算理念、文化等非正式制度层面入手，推动正式制度与非正式制度相互协调。最后，本书从完善预算权力结构、采用中期预算框架、完善项目管理机制、推进会计方法改革以及预算信息公开和参与式预算等方面提出了对策建议。

二、研究展望

长期以来，在国防预算研究中我们不是没有理论，而是有太多不够整合的理论。最突出的表现就是，国防预算研究中至今仍然缺乏一个被广泛认可、具有统括性的研究范式。因此，同国防预算实践过程中的"零碎化"现象类似，国防预算理论研究在某种程度上也处于"零碎化"状态。当前在政策制度改革过程中，国防预算制度改革正在更高层次和更广范围内推进，面对实践中出现的诸多问题需要在理论层面予以解释并给出建议。本书努力把行政管理、制度变迁、公共选择等理论整合进一个基于非正式制度的解释框架，以理解国防预算制度的运行与改革过程。在这个框架中，国防预算制度改革的目标是从控制导向型预算到结果导向型预算，绩效管理是应长期坚持的预算模式，而制度变迁的动力则来自预算正式制度与非正式制度要趋于协调。

本书研究还有诸多不足之处，最主要的是缺乏对预算正式制度与非正式制度相互作用、相互协调过程进行更多的实证研究。本书所选的调研材料在信度和效度上都需要进一步提高。而且对于制度变迁的动力传导机制，即正式制度与非正式制度之间如何相互影响，还需要进行更加细致的理论与实证分析。具体而言可在两方面努力。

一是在对预算非正式制度的探讨还可以更深化。本书虽然将现有的国防预算研究理论进行适度整合，但也只能将目光投向非正式制度与正式制度连接和相互作用的领域，仍有大量的非正式制度现象没有涵盖进来。

二是国防预算理论化的努力仍然不够。本书的篇幅还远远不足以容纳建立起一个完整的国防预算管理理论体系，充其量只能揭开冰山一角，明确进一步研究的方向。在将来还需要面向治理现代化，加入更多的国防预算实证化研究，验证预算制度体系均衡对正式、非正式制度的影响。

参考文献

[1] 刁大明. 国家的钱袋: 美国国会与拨款政治 [M]. 上海: 上海人民出版社, 2012.1, 22.

[2] 艾伦·鲁宾. 公共预算中的政治 [M]. 叶娟丽, 马骏译. 北京: 中国人民大学出版社, 2001: 11, 12.

[3] 菲利普·乔伊斯. 美国国会预算办公室的故事 [M]. 刘小川译. 大连: 东北财经大学出版社, 2017: 8.

[4] 托马斯·林奇. 美国公共预算 [M]. 苟燕楠, 董静译. 北京: 中国财政经济出版社, 2002: 10, 11.

[5] [美] 托马斯·D. 林奇著, 苟燕楠, 董静译. 美国公共预算(第四版) [M]. 北京: 中国财政经济出版社, 2002.1: 43, 81-82.

[6] [美] 阿伦·威尔达夫斯基, 娜奥果·凯顿著, 苟燕楠译. 预算过程中的新政治(第五版) [M]. 北京: 中国人民大学出版社, 2014: 6.

[7] 於莉. 预算过程的政治: 使权力运转起来 [J]. 武汉大学学报(哲学社会科学版), 2009 (6): 852.

[8] 阿伦·威尔达夫斯基. 预算过程中的新政治学(第四版) [M]. 邓淑莲等译. 上海: 上海财经大学出版社, 2006: 147.

[9] 王雍君. 论《预算法》修订的核心原则 [J]. 首都经济贸易大学学报, 2008 (6): 62-64.

[10] 王绍光. 中国政府汲取能力下降的体制根源 [J]. 战略与管理, 1997 (4): 2, 4.

[11] 罗春梅. 预算假设、预算申请与政府理财观误区 [J]. 云南财经大学学报, 2009 (3): 133, 134.

[12] 王雍君. 公共预算管理 [M]. 北京: 经济科学出版社,

2002：160.

[13] 邓研华，叶娟丽．公共预算中的政治：对权力和民主的审视［J］．深圳大学学报（人文社会科学版），2012.3，29（2）：95，96.

[14] 吴少龙，牛美丽．理解中国公共预算改革的方向［J］．武汉大学学报：哲学社会科学版，2010（6）：838-840.

[15] 李英成著．国防预算系统研究［M］．北京：海潮出版社，2001：76，79.

[16] 道格拉斯·诺思．新制度经济学及其发展，载于孙宽平主编《转轨、规制与制度选择》［M］．陆平，何纬编译．北京：社会科学文献出版社，2004：13.

[17] 道格拉斯·诺思．经济变迁过程［J］．经济学（季刊），2002.7，1（4）：798.

[18] 道格拉斯·诺思．制度、制度变迁与经济绩效［M］．杭行译．上海：上海格致出版社，上海三联书店，上海人民出版社，2008：64，65.

[19] 王文贵．互动与耦合：非正式制度与经济发展［M］．北京：中国社会科学出版社，2007：36，37.

[20] 詹姆斯·布坎南．自由、市场和国家［M］．吴良健等译．北京：北京经济学院出版社，1988：76.

[21] 伍装．非正式制度论［M］．上海：上海财政大学出版社，2011：11.

[22] 托马斯.D.林奇．美国公共预算［M］．苟燕楠，董静译．北京：中国财政经济出版社，2002：4.

[23] 王绍光．从税收国家到预算国家［J］．读书，2007（10）：4，5.

[24] Lance. L. LeLoup. The Myth of incrementalism: analytical choice of budgetary theory [J]. Public Budgeting Finance, 1978, Vol.10, No.4: 506.

[25] 克里斯多夫·波利特．管理主义与公共服务：盎格鲁与美国的经验［M］．北京：经济科学出版社，1990：39.

[26] 财政部财政科学研究所《绩效预算》课题组．美国政府绩效评价体系［M］．北京：经济管理出版社，2004：37，38.

[27] 道格拉斯·诺思．制度、制度变迁与经济绩效［M］．杭行译．上海：格致出版社，上海三联书店，上海人民出版社，2008：118，125.

[28] 马骏，於莉．公共预算研究：中国政治学和公共行政学亟待加强的

研究领域［J］. 政治学研究, 2005（2）: 108.

［29］阿伦·威尔达夫斯基. 预算过程的新政治学（第4版）［M］. 邓淑莲, 魏陆译. 上海: 上海财经大学出版社. 2006: 329.

［30］刘少杰. 制度矛盾的社会协调［J］. 天津社会科学, 2007（3）: 44, 45.

［31］唐绍欣. 非正式制度经济学［M］. 济南: 山东大学出版社, 2010: 50.

［32］马骏. 收入生产、交易费用和宪政体制, 选自《中国公共预算改革理性化与民主化》［M］. 北京: 中央编译出版社, 2005: 11, 12.

［33］覃敏健."预算国家"与"政府再造"——基于现代国家构建与成长的分析视角［J］. 江淮论坛, 2009（5）: 68, 69.

［34］马骏. 公共预算原则: 挑战与重构［J］. 经济学家, 2003（3）: 73, 74.

［35］Schick, Allen. The road to PPB: The stages of budget reform［J］. *Public Administration Review*. 1966, Vol. 26（December）: 243, 244, 245.

［36］Schick, Allen. Budgeting for results: recent development in five industrialized countries［J］. *Public Administration Review*. 1990. Vol. 50（Jan & Feb）: 28, 29.

［37］Caiden, Naomi. A new perspective on budgetary reform［J］. *Australia Journal of Public Administration*. 1989. Vol. 48. No. 1: 55, 56.

［38］Wildavsky, Aaron. Public Budgeting and Finance: Readings in Theory and Practice. F. E. Peacock Publishers, 1979: 135.

［39］杨瑞龙. 我国制度变迁方式转换的三阶段论［J］. 经济研究, 1998（1）: 4, 6.

［40］武希志. 国防建设资源配置制度研究［M］. 北京: 军事科学出版社, 2013: 6.

［41］V. 奥斯特罗姆, D. 菲尼, H. 皮希特. 制度分析与发展的反思——问题与抉择［M］. 王诚等译. 北京: 商务印书馆, 1999: 131, 138.

［42］马骏、赵早早. 公共预算: 比较研究［M］. 北京: 中央编译出版社, 2011: 39.

［43］道格拉斯·诺思. 经济史上的结构与变革［M］. 厉以平译. 北京: 商务印书馆, 2009: 87.

[44] 张五常. 经济解释（第1卷）[M]. 北京：中信出版社，2010：62，63.

[45] 马骏. 中国省级预算中的非正式制度——一个交易费用理论框架[J]. 经济研究，2004（10）：16，17.

[46] 龚明明. 基于竞争的公共预算理性模式及其启示[J]. 税务与经济，2007（6）：33-35.

[47] 马蔡琛. 中国预算管理制度变迁的经济学分析[J]. 财政与税务，2002（6）：79.

[48] 吴思著. 潜规则：中国历史上的真实游戏[M]. 昆明：云南人民出版社，2000.

[49] 马骏. 中国预算改革的政治学：成就与困惑[J]. 中山大学学报：社科版，2007（3）：68-70.

[50] 冯许平，林忠善. 试论完善军队预算制度[J]. 军队财务，2011（2）：6.

[51] 郝万禄，陈鸿. 军队财务管理学[M]. 北京：解放军出版社，2009：17-19.

[52] 李燕. 政府预算管理[M]. 北京：北京大学出版社，2016：221.

[53] 刘来贵，王慧春. 漫谈资产管理[J]. 军队财务，2009（9）：62.

[54] 沈宝洲，陈智雄. 军队财务职能拓展分析[J]. 军队财务，2012.9：12.

[55] 爱伦·鲁宾. 公共预算中的政治：收入与支出，借贷与平衡[M]. 叶娟丽等译. 北京：中国人民大学出版社，2001：2，3.

[56] 马骏，谭君久，王浦劬. 走向"预算国家：治理、民主和改革"[M]. 北京：中央编译出版社，2011：59，60.

[57] 周振有. 加强边防部队基层财务管理的主要措施[J]. 军队财务，2013（2）：51.

[58] Kenneth G. Lieberthal & David M. Lampton. *Bureaucracy, Politics and Decision-Making in Post-Mao China* [M]. Berkeley：University of California Press，1992：49.

[59] 汪周松. 立足现行军队指挥领导体系，优化军队财权财力关系[J]. 军事经济研究，2014（3）：8.

[60] 李文经，史澜. 深化零基预算改革的必要性和路径[J]. 军事经济

研究, 2008 (6): 38, 39.

[61] 周红山, 熊亚琴. 如何加强军队物资采购财务管理 [J]. 军队财务, 2013 (1): 22.

[62] A. 普雷姆詹德. 公共支出管理 [M]. 王卫星等译. 北京: 中国金融出版社, 1995: 3.

[63] 郝书辰, 王进杰. 政府绩效预算执行控制改革研究 [J]. 财政研究, 2007 (4): 24 - 26.

[64] 何来来. 加强军队公务消费管理探讨 [J]. 军队财务, 2013 (1): 47.

[65] 宋琦. 加强部队财务公开对策探讨 [J]. 军队财务, 2012 (7): 43.

[66] 刘靓婧. 财务部门领导职业风险及其防范 [J]. 军队财务, 2011 (5): 39.

[67] 匡永钦, 宋文水, 李建芬. 对行政消耗性支出货币化改革的几点 [J]. 军队财务, 2011 (7): 9.

[68] 芦明红. 如何提升旅团部队财务管理规范化水平 [J]. 军队财务, 2012 (12): 39.

[69] 靳继东. 预算改革: 逻辑视角与现实困境 [J]. 财经问题研究, 2012 (10): 63.

[70] 黄传跃, 房远. 军队财务监督体制的改进 [J]. 军队财务, 2010 (3): 39.

[71] 孙金邦. 对加强军队资金控制的几点思考 [J]. 军队财务, 2013 (2): 44.

[72] 王延军、罗昌飞. 切实加强公务接待的监督管理 [J]. 军队财务, 2012 (9): 47.

[73] 孟德斯鸠. 论法的精神（上册）[M]. 张雁深译. 北京: 商务印书馆, 1997: 153, 154.

[74] 马骏, 赵早早. 公共预算: 比较研究 [M]. 北京: 中央编译出版社, 2011: 32.

[75] 付义清, 段喜征, 胡德发. 外军财务制度研究 [M]. 北京: 海潮出版社, 2008: 38, 39.

[76] 翟刚. 美国国防费管理概况 [M]. 北京: 国防工业出版社, 2007:

88, 117, 118.

[77] 王鑫, 芦新. 推进部队预算管理改革要在"六化"上下功夫 [J]. 军队财务, 2013 (5): 17.

[78] D. Kettl. Deficit Politics [M]. New York: Macmillan Publishing Company, 1992: 84.

[79] N. Caiden & Aaron Wildavsky. *Planning and Budgeting in Poor Countries* [M]. New York: Wiley, John & Sons, Incorporated, 1974: 26.

[80] K. Helen. How Institutions evolve. In J. Mahoney and D. Rueschmeyer (eds). *Comparative Historical Analysis in the Social Sciences* [C]. Cambridge: Cambridge University Press. 2003: 217, 218.

[81] Wildavasky, Aaron. The Political Implications of Budgetary Reform [J]. *Public Administration Review*, Vol. 21 (Autumn), 1961: 183, 184.

[82] 吴志红, 何流, 王林. 应加强师以下单位财务控制与监督 [J]. 军队财务, 2012.5: 47.

[83] 卢现祥, 朱巧玲. 新制度经济学 [M]. 北京: 北京大学出版社, 2007: 433, 434.

[84] 李中富, 李君. 把握特点规律, 全面提升省军区部队财经管理水平 [J]. 军队财务, 2013 (1): 41.

[85] 吴兴东, 王冰, 进一步加强军队经费使用管理监督的思考 [J]. 军队财务, 2012 (11): 34

[86] 熊友存, 李劲松. 军队财务管理学 [M]. 北京: 解放军出版社, 2006: 69.

[87] 汪周松. 立足现行军队指挥领导体系, 优化军队财权财力关系 [J]. 军事经济研究, 2014 (3): 8.

[88] 武希志. 国防建设资源配置制度研究 [M]. 北京: 军事科学出版社, 2009: 256.

[89] 肖鹏. 美国政府预算制度 [M]. 北京: 经济科学出版社, 2014.3: 165.

[90] 徐远儒, 卢宝锦. 加强新时期空军部队财务管理的思考 [J]. 军队财务, 2012 (12): 36.

[91] 何来来. 加强军队公务消费管理探讨 [J]. 军队财务, 2013 (1): 47.

[92] Schick, Allen. 2002. Does budgeting have a future? [J]. *OECD Journal on Budgeting*. Vol. 2 (2): 35, 38.

[93] Congressional Budget Office, Congress of USA. Using performance measures in the Federal Budget Office [C], 1993: 4, 5, 6.

[94] 李瑞昌. 论绩效预算中透明度改进的社会交往策略 [J]. 理论与改革, 2008 (5): 19-21.

[95] Patashnik, Eric. The contractual nature of budgeting [J]. *Policy Science*. 1996. Vol. 29: 191, 192, 194.

[96] Schick, Allen. 1998. Why most developing countries should not try New Zealand reforms? [J]. *World Bank Research Observer*, Vol. 13 (1): 123-125.

[97] O. Key, The lack of budgetary theory [J]. *American Political Science Review*, Vol. 34, 1940, No. 12: 1137, 1138, 1140.

[98] 马骏. 中国公共预算改革: 理性化与民主化 [M], 北京: 中央编译出版社, 2005: 46, 47.

[99] 马骏, 牛美丽. 重构中国公共预算体制: 权力与关系——基于地方预算的调研 [J]. 中国发展观察, 2007 (2): 14-16.

[100] 吕炜, 靳继东. 中国预算改革论纲 [J]. 财经问题研究, 2013 (8): 8, 9.

[101] 艾伦·希克. 当代公共支出管理方法 [M]. 王卫星译. 北京: 经济管理出版社, 2000: 4, 5.

[102] 阿尔伯特·C. 海迪. 公共预算经典——现代预算之路 (第三版) [M]. 苟燕楠, 董静译. 上海: 上海财经大学出版社, 2006: 33.

[103] 艾伦·威尔达夫斯基. 预算过程的新政治学 (第四版) [M]. 邓淑莲, 魏陆译. 上海: 上海财经大学出版社, 2005: 329.

[104] 於莉. 省会城市预算过程中的政治——基于中国三个省会城市的研究 [M]. 北京: 中央编译出版社, 2010 (8): 161.

[105] 苟燕南, 董静. 公共预算决策: 现代观点 [M]. 北京: 中国财政经济出版社, 2004: 68.

[106] 青木昌彦. 什么是制度? 我们如何理解制度? [J]. 周黎安, 王珊珊译. 比较制度分析, 2000 (6): 30.

[107] 樊大为, 陶薇薇. 经费预算与资金收付相分离制度改革对权力结构影响的分析 [J]. 军队财务, 2011 (4): 8.

[108] 韩鹏, 马宝忠, 王语. 军队财务风险与防范 [J]. 军队财务, 2011 (5): 41.

[109] 李恩杰, 邱玉杰. 当前部队财经管理存在问题的原因及其对策 [J]. 军队财务, 2013 (5): 41.

[110] 廖恒祥. 谈当前部队公务接待开支现状及规范管控 [J]. 军队财务, 2011 (3): 32.

[111] 闭明雄. 潜规则、制度和经济秩序 [J]. 经济学动态, 2013 (8): 63.

[112] 张旭昆. 制度系统的关联性特征 [J]. 浙江社会科学, 2004 (3): 79.

[113] 张曙光. 论制度均衡和制度改革 [J]. 经济研究, 1992 (6): 31.

[114] 张旭昆. 论制度的均衡与演化 [J]. 经济研究, 1993 (9): 66.

[115] Chow C W, Shields M D, Wu A. The importance of national culture in the design of and preference for management controls for multi-national operations [J]. *Accounting, Organizations and Society*, 1999, (24): 441.

[116] 竺乾威. 从新公共管理到整体性治理 [J]. 中国行政管理, 2008.10: 52.

[117] Hicks, Perri. Coverning in the Round: Strategies for Holistic Government [M]. London: demos; 1999: 53.

[118] 马丁·米诺格、查里斯·波里达诺、大卫·休莫. 超越新公共管理（下）[J]. 北京行政学院学报, 2002.6: 92, 93.

[119] Khan, Jonathan. Budgeting Democracy: State Building and Citizenship in America, 1890—1928 [M]. New York: Cornell University Press, 1997: 2, 3.

[120] 吴迪, 喻友志, 翟锐江. 全面建设现代后勤背景下军费管理体制改革策略选择 [J]. 军队财务, 2009 (4): 34.

[121] 尚虎平. 预算过程中的非政治问题 [J]. 武汉大学学报（哲学社会科学版）, 2009 (6): 862.

[122] 浙江省绍兴市财政局课题组. 建立预算编制、执行、监督"三权分离"管理模式的研究 [J]. 预算管理与会计, 2010 (4): 35.

[123] Schick, Allen. 2001. The changing role of the central budget office [J]. OECD Journal of Budgeting. Vol.1, NO.1: 12-14.

[124] 隗芙利, 张雯雯, 陈晖. 我国国防预算制度改革借鉴 PPBES 的可

行性分析［J］．军事经济研究，2015（7）：11－14．

［125］许为．构建军队财务集中统管模式的设想［J］．军队财务，2013（2）：39．

［126］杨志勇．我国中期财政规划改革：基本方向与主要问题［J］．中国财政，2014（11）：15－17．

［127］白彦锋，叶菲．中期预算：中国模式与国际借鉴［J］．财政金融研究，2013（1）：77－78．

［128］李尽法．绩效预算管理工具创新［M］．北京：中国财政经济出版社，2014.12：116．

［129］姚宝燕．权责发生制政府会计改革问题研究：基于政府绩效治理的视角［M］．厦门：厦门大学出版社，2010：149－151．

［130］陈小锐，陈立奇．政府预算与会计改革：中国与西方国家模式［M］．北京：中信出版社，2002：29－31，143．

［131］苏舟．绩效预算改革：动因、进程与挑战［J］．财政监督，2018（7）：48－52．